Introdução ao estudo das
POLÍTICAS PÚBLICAS

Introdução ao estudo das
POLÍTICAS PÚBLICAS

uma visão interdisciplinar e contextualizada

Alvaro Chrispino

Copyright © 2016 Alvaro Chrispino

Direitos desta edição reservados à
EDITORA FGV
Rua Jornalista Orlando Dantas, 37
22231-010 | Rio de Janeiro, RJ | Brasil
Tels.: 0800-021-7777 | 21-3799-4427
Fax: 21-3799-4430
editora@fgv.br | pedidoseditora@fgv.br
www.fgv.br/editora

Impresso no Brasil | *Printed in Brazil*

Todos os direitos reservados. A reprodução não autorizada desta publicação, no todo ou em parte, constitui violação do copyright (Lei nº 9.610/98).

1ª edição – 2016; 1ª reimpressão – 2018; 2ª reimpressão – 2020; 3ª reimpressão – 2022; 4ª reimpressão – 2024.

Preparação de originais: Sandra Frank
Revisão: Fatima Caroni
Diagramação e capa: Ilustrarte Design e Produção Editorial

Ficha catalográfica elaborada pela

Biblioteca Mario Henrique Simonsen/FGV

Chrispino, Alvaro

    Introdução ao estudo das políticas públicas: uma visão interdisciplinar e contextualizada / Alvaro Chrispino. – Rio de Janeiro : FGV Editora, 2016. 256 p.

    Patrocinado pela Faperj.
    Inclui bibliografia.
    ISBN: 978-85-225-1780-0

    1. Políticas públicas. 2. Planejamento. I. Fundação Getulio Vargas. II. Título.

CDD – 351

A Diogo de Figueiredo Moreira Neto, pelo exemplo, pela disposição de sempre ensinar e por dividir sua experiência.

A Jorge Ferreira da Silva (in memoriam*), que foi o* fio de Ariadne *a conduzir-me seguramente na grande exploração do labirinto das políticas públicas.*

Política sofisticada não é assunto para amadores.

LUCIA HIPPOLITO
(Cientista política)

Os intelectuais e os formadores de opinião têm a obrigação moral de dizer o que pensam, não o que traz os aplausos fáceis da plateia.

CLAUDIO MOURA CASTRO
Crônicas de uma educação vacilante

Analfabeto político
O pior analfabeto é o analfabeto político.
Ele não ouve, não fala, nem participa dos acontecimentos políticos.
Ele não sabe que o custo de vida, o preço do feijão, do peixe, da farinha, do aluguel, do sapato e do remédio dependem das decisões políticas.
O analfabeto político é tão burro que se orgulha e estufa o peito dizendo que odeia política.
Não sabe o imbecil que da sua ignorância política nasce a prostituta, o menor abandonado, o assaltante e o pior de todos os bandidos, que é o político vigarista, pilantra, o corruptor e lacaio das empresas nacionais e multinacionais.

BERTHOLD BRECHT
(1898-1956)

SUMÁRIO

Explicação necessária como introdução	11
1. Políticas públicas e intencionalidade	15
Ensaio de conceito	15
A política pública na visão da política	21
A política pública como ato político e como ação de governo	29
2. Políticas públicas: dimensões e categorias	57
Rede de política (*policy networks*)	62
Arena de política (*policy arena*)	64
Ciclo de política (*policy cicle*)	65
Por uma taxionomia das políticas públicas	70
Visão sintética das políticas públicas	96
3. Políticas públicas transparentes: princípios, elementos, indicadores e critérios	105
Princípios e suas possíveis aplicações nas políticas públicas transparentes	105
Elementos das políticas públicas transparentes	116
Indicadores para políticas públicas transparentes	118
Características e critérios operacionais para políticas públicas transparentes	125

4. Avaliação, análise e controle das políticas públicas — 127
   Avaliação política — 128
   Análise de políticas públicas — 129
   Avaliação de políticas públicas — 132
   Controle sobre as políticas públicas — 136
   Considerações sobre a corrupção — 146

5. O planejamento — 155
   Definindo o planejamento — 155
   Política e planejamento ou político *versus* planejador? — 163
   O planejamento como técnica — 173
   Os perfis humanos na política e no planejamento — 191
   A diferença entre o público e o privado na efetividade da ação — 204

6. Os cenários futuros como consenso social: definindo
   rumos para as políticas públicas transparentes — 209
   O contratualismo — 211
   Os estudos de futuros e os cenários futuros — 219

7. À guisa de conclusão: o cenário servindo à sociedade — 233

Referências — 237

Anexo — 247
   1º exemplo de exercício de cenários futuros: as metas
   de desenvolvimento do milênio — 247
   2º exemplo de exercício de cenários futuros: o planejamento
   de políticas para a Aids na África — 249
   3º exemplo de exercício de cenários: qual o futuro da Rússia? — 252
   4º exemplo de exercício de cenários: os problemas do tabagismo — 253

EXPLICAÇÃO NECESSÁRIA COMO INTRODUÇÃO

Estamos vivendo momentos de grandes desafios.

A sociedade vai se tornando cada vez mais complexa, derivando em uma organização social cuja tessitura ainda não conhecemos e com a qual estamos aprendendo a lidar. O chamado global interfere intensamente no que se pode chamar de nacional, regional e local. Precisamos aprender a viver em um mundo cuja noção de fronteira se modifica, sem perder a capacidade de resguardar as tradições e valores do que seja nacional, regional e local.

A dinâmica social também se torna mais complexa. As populações se apresentam diferentemente no que tange ao perfil etário, que se redefine pela longevidade contraposta à baixa taxa de reposição. Os segmentos populacionais diversos se movimentam nos processos migratórios, redefinindo espaços e adensamentos urbanos, solicitando replanejamento de serviços públicos que atendam às novas necessidades que são apresentadas aos governantes, estes nem sempre bem preparados para a busca de soluções. Os desenhos sociais, as dificuldades financeiras próprias da hora de transição, os sobressaltos de mercados dos mais diversos com capacidade de impactar de forma ainda pouco estabelecida nas rotinas sociais provocam situações novas na definição de problemas públicos que exigem solução em tempo adequado e com a eficiência, eficácia e efetividade indispensáveis.

A representação política — tanto no viés legislativo quanto no executivo — vem acumulando episódios que dão mostra do momento sensível pelo qual passa a democracia representativa, ao mesmo tempo que se afigura a democracia participativa como alternativa de pressão para que os fins e interesses públicos sejam priorizados, em detrimento das ações que demonstram a voracidade com que os grupos de interesse restrito buscam locupletar-se dos recursos dos cofres públicos, invertendo prioridades e criando lacunas de direitos desde há muito prometidos. Isso sem falar da tentativa de vender a democracia direta como solução para todos os males da crise nas representações sociais.

Esses tempos de desafios complexos estão a solicitar reflexões que possam contribuir para um melhor entendimento dos acontecimentos sociais, das decisões políticas e das possibilidades de ação social, na busca de um equilíbrio social que garanta direitos na exata medida que os atores sociais diversos exercitem o cumprimento de deveres.

A experiência acumulada em gestão pública em vários níveis e setores, bem como a discussão nos foros acadêmicos próprios, apontava para uma lacuna de formação do gestor público para a formulação, execução, acompanhamento e avaliação de políticas públicas voltadas para a solução de problemas públicos. A pesquisa em torno da existência ou não e o escopo da disciplina políticas públicas (ou similar) em cursos de pedagogia e administração resultaram na publicação do artigo "Análise e proposta de formação de educadores e administradores em políticas públicas" (Chrispino, Oliveira e Rezende, 2012) e indicam o reduzido número de disciplinas que atendam à formação de gestores para a solução de problemas públicos, por mais que a sociedade esteja solicitando resultados positivos frente às muitas questões sociais.

Este trabalho, que busca contribuir para o preenchimento dessa lacuna, se estrutura visando apresentar o que seja política pública, um termo polissêmico, utilizando-se de ilustrações recolhidas no cenário nacional e reflexões sistematizadas nas diversas disciplinas e áreas do conhecimento. Pelo primeiro viés, podemos dizer que o trabalho é contextualizado; pelo segundo, que ele se estrutura como abordagem interdisciplinar. Os exemplos, retirados da vida real, foram propositadamente escolhidos en-

EXPLICAÇÃO NECESSÁRIA COMO INTRODUÇÃO

tre aqueles que aconteceram há algum tempo, permitindo avaliar o fato com menor interferência da paixão e das preferências.

Desde já, assumimos que, considerando a extensão e amplitude dos acontecimentos e as áreas do conhecimento envolvidas, foi necessário fazer escolha e, por tal, os exemplos, fontes e textos foram escolhidos e recortados a fim de compor um texto que atendesse à intencionalidade acadêmica previamente definida. Não há a pretensão de esgotar o assunto.

É um trabalho amadurecido ao longo do tempo, visto que foi aplicado em muitas versões nas disciplinas de políticas públicas dos mestrados e do doutorado do Centro Federal de Educação Tecnológica Celso Suckow da Fonseca (Cefet, RJ). Contém contribuições que merecem agradecimentos aos alunos dos diversos cursos.

Foi finalizado por conta do estágio pós-doutoral em administração pública realizado na Escola Brasileira de Administração Pública e de Empresas (Ebape) da Fundação Getulio Vargas (FGV), onde e quando foi possível amadurecer as ideias e propostas. Fica o agradecimento aos colegas que participaram do debate em torno do trabalho final, a saber: Fátima Bayma de Oliveira (FGV), Diogo de Figueiredo Moreira Neto (Ucam), Fernando de Souza Coelho (Each/USP), Paulo Emílio Matos Martins (UFF) e Joaquim Rubens Fontes Filho (FGV).

Busca ocupar um espaço de formação em políticas públicas voltadas não para a discussão ideológica *stricto sensu*, e sim para a formação que permita a definição de problemas públicos e a busca por soluções factíveis em que o interesse público impere. É, pois, um curso para gestores ou interessados em entender um pouco mais o complexo universo das políticas públicas.

Sendo este texto o resultado de trabalho e reflexão desenvolvidos ao longo de muito tempo, adiantamos que ele contém ideias, fragmentos e textos defendidos e apresentados ao longo de nossa trajetória, agora com a proposta de contribuir com a nova obra que retrata a nossa maneira de ver políticas públicas, no momento.

Aqui confluem nossas experiências de gestão pública, de aperfeiçoamento acadêmico e de angústia social.

1

POLÍTICAS PÚBLICAS E INTENCIONALIDADE

Durante quase 70 anos, o Brasil teve todo tipo de gente na política: liberais, comunistas, larápios, integralistas, guerrilheiros, trabalhistas, assassinos e até suicida. Todos tinham compromisso com o crescimento econômico.

ELIO GASPARI

ENSAIO DE CONCEITO

É comum encontrarmos o uso da expressão "políticas públicas" em textos acadêmicos, em matérias de jornal, em espaços reservados para o debate chamado político. É certo que a ausência de definição imediatamente ao uso da expressão quer indicar que seu sentido e seu conceito são conhecidos e dominados por aqueles que leem os textos, assistem aos debates ou deles participam. Ledo engano!

A expressão, com certeza, quer significar um conjunto de expectativas geralmente dirigidas ao poder público, e é tão ampla que podemos chegar ao cúmulo de debater o assunto "políticas públicas" a partir de conceitos, sentidos e entendimentos distintos mas não explicitados. Podemos também exigir, pela expressão "políticas públicas", algo que não pode ser atendido porque nosso interlocutor possui outro entendimento e julga descabido nosso pedido ou exigência.

Busquemos melhor definir a expressão, não com a expectativa de superar a dificuldade indicada, mas, pelo menos, buscando restringir o campo de aplicação da expressão, demarcando, mesmo que de forma pouco tangível, os limites do conceito.

Parafraseando Ferge (1996:586), quando trata de política social, podemos dizer que não há uma definição universalmente aceita de política pública. As descrições, baseadas na prática e no âmbito historicamente variável, de políticas públicas podem completar-se e complementar-se mutuamente. As explicações com pensamento ideológico podem oferecer enunciados conflitantes.

A visão crítica e distinta — que sempre deve ter espaço na discussão — vem de Saviani (1987:89), quando escreve:

Em 1984, participei de um simpósio sobre "A Política Educacional no Conjunto das Políticas Sociais", ocasião em que externei essa estranheza, uma vez que a denominação política social sugere a existência de políticas que não são sociais. Isto se agrava com a denominação correlata adotada em alguns locais, de políticas públicas, o que sugere, então, a existência de políticas privadas. Procurando entender a razão dessa denominação, me ocorreu que, na verdade, ela traduz já uma confissão tácita do caráter antissocial da economia. E, sendo a política econômica antissocial, é preciso constituir políticas que compensem o caráter antissocial da economia e que são denominadas políticas sociais. O caráter antissocial da política econômica está ligado ao caráter privado da economia. Uma economia centrada na propriedade privada, se organiza e se desenvolve segundo os interesses privados. Consequentemente, a partir daí, é possível entender a denominação de políticas públicas para as políticas chamadas "sociais".

Confirmando a dificuldade apontada, Bucci (2002:251) escreve que:

Política pública é uma locução polissêmica cuja conceituação só pode ser estipulativa. Isso porque, como entendem Pierre Muller e Yves Surel, uma política pública é um constructo social e um constructo de pesquisa. A

POLÍTICAS PÚBLICAS E INTENCIONALIDADE

delimitação das fronteiras de uma política pública tem sempre um componente aleatório.

Se quiséssemos transcrever o texto de forma mais simples, poderíamos recorrer ao mestre Houaiss e teríamos o seguinte:

> Política Pública é um conjunto de palavras que equivale a um só vocábulo, cujo conjunto próprio e função gramatical permitem mais de um significado, cujo conceito (variado) será estabelecido a partir das construções mentais elaboradas por elementos mais simples nas áreas social e de pesquisa.

Isso significa dizer que o conceito de política pública é resultado de inúmeras variáveis (constructo) e que seu significado será tão distinto quanto os valores, ideologias, contextos, ética etc. de seu formulador.

Em outras palavras, o conceito de políticas públicas não surge por si mesmo ou por fatores endógenos exclusivos. Ele é delimitado pelas múltiplas possibilidades de conexão de ações que contribuem para fazer dela, a política pública, o centro de equilíbrio dessas forças sociais diferentes.

Souza (2006:21-22), ao apresentar uma síntese histórica sobre o surgimento das políticas públicas, escreve:

> Entender a origem e a ontologia de uma área do conhecimento é importante para melhor compreender seus desdobramentos, sua trajetória e suas perspectivas. A política pública enquanto área de conhecimento e disciplina acadêmica nasce nos EUA, rompendo ou pulando as etapas seguidas pela tradição europeia de estudos e pesquisas nessa área, que se concentravam, então, mais na análise sobre o Estado e suas instituições do que na produção dos governos. Assim, na Europa, a área de política pública vai surgir como um desdobramento dos trabalhos baseados em teorias explicativas sobre o papel do Estado e de uma das mais importantes instituições do Estado — o governo —, produtor, por excelência, de políticas públicas. Nos EUA, ao contrário, a área surge no mundo acadêmico sem estabelecer relações com as bases teóricas sobre o papel do Estado, passando direto para a ênfase nos estudos sobre a ação dos governos.

Em interessante artigo de revisão, Souza (2006:24) escreve que "Não existe uma única, nem melhor, definição sobre o que seja política pública" e apresenta os conceitos de políticas públicas a partir dos chamados fundadores da área:

Mead (1995) a define como um campo dentro do estudo da política que analisa o governo à luz de grandes questões públicas e Lynn (1980), como um conjunto de ações do governo que irão produzir efeitos específicos. Peters (1986) segue o mesmo veio: política pública é a soma das atividades dos governos, que agem diretamente ou através de delegação, e que influenciam a vida dos cidadãos. Dye (1984) sintetiza a definição de política pública como "o que o governo escolhe fazer ou não fazer". A definição mais conhecida continua sendo a de Laswell, ou seja, decisões e análises sobre política pública implicam responder às seguintes questões: quem ganha o quê, por quê e que diferença faz.

Dagnino e colaboradores (2002:159), em interessante estudo, fazem um bom levantamento sobre os diferentes conceitos de política pública. Apresenta-nos o seguinte rol:

Easton (1953:130) considera "uma política (*policy*) uma teia de decisões que alocam valor". Mais especificamente, Jenkins (1978:15) vê política como um "conjunto de decisões inter-relacionadas, concernindo à seleção de metas e aos meios para alcançá-las, dentro de uma situação especificada".
Segundo Heclo (1972:84-85), o conceito de política (*policy*) não é "autoevidente". Ele sugere que "uma política pode ser considerada como um curso de uma ação ou inação (ou "não ação"), mais do que decisões ou ações específicas".
Wildavsky (1979:387) lembra que o termo política é usado para referir-se a um processo de tomada de decisões, mas, também, ao produto desse processo.
Ham e Hill (1993:13) analisam as "implicações do fato de que a política envolve antes um curso de ação ou uma teia de decisões que uma decisão", destacando aspectos como:

POLÍTICAS PÚBLICAS E INTENCIONALIDADE

- há uma rede de decisões de considerável complexidade;
- há uma série de decisões que, tomadas em seu conjunto, encerram mais ou menos o que é a política;
- políticas mudam com o passar do tempo e, em consequência, o término de uma política é uma tarefa difícil;
- o estudo de políticas deve deter-se, também, no exame de não decisões.

Os autores colocam, ainda, que o estudo de não decisões tem adquirido importância crescente nos últimos anos.

Se entendermos que o grau de complexidades e as inúmeras variáveis que se combinam, no espaço nucleador das políticas públicas, tornam extremamente difícil sua definição pelos canais da delimitação de seu campo de ação e delimitação de atributos, podemos optar pela construção do conceito possível estudando as partes que compõem a expressão: política e pública.

Como política, vamos entender a arte de governar ou de decidir os conflitos que caracterizam os agrupamentos sociais.

Como pública, vamos entender aquilo que pertence a um povo, algo relativo às coletividades.

Logo, poderemos deduzir que política pública — em um metaconceito — *seria a ação intencional de governo que vise atender à necessidade da coletividade*. A este metaconceito simplificante iremos agregar variáveis, instituir valores, perceber arranjos de forças, identificar processos e metas, propor avaliações.

Seguindo este protorraciocínio, encontraremos alguns autores concordantes:

1. Viana (1996:5), valorizando o Estado em ação, escreve que o modo de operar do Estado se traduz no ato de "fazer" políticas públicas.
2. Garcia (apud Frischeisen, 2000:78) conceitua políticas públicas como diretrizes, princípios, metas coletivas conscientes que direcionam a atividade do Estado, objetivando o interesse público.
3. Grau (apud Frischeisen, 2000:78) informa que a legitimidade do Estado social está ligada à realização de políticas públicas, que se caracterizam por todas as formas de intervenção do Estado (seja como provedor, gerenciador ou fiscalizador).

4. Höfling (2001:31) escreve que "políticas públicas são aqui entendidas como o 'Estado em ação' [...]; é o Estado implantando um projeto de governo, através de programas, de ações voltadas para setores específicos da sociedade".
5. Santos (2002:141) dirá que é o conjunto organizado de normas e atos tendentes à realização de um objetivo determinado.
6. Cunha e Cunha (2002:12) entendem política pública como linha de ação coletiva que concretiza direitos sociais declarados e garantidos em lei. É mediante as políticas públicas que são distribuídos e redistribuídos bens e serviços sociais, em resposta às demandas da sociedade. Por isso, o direito que as fundamenta é um direito coletivo e não individual.
7. Bucci (2002:241) sustenta que políticas públicas são programas de ação governamental visando coordenar os meios à disposição do Estado e as atividades privadas, para a realização de objetivos socialmente relevantes e politicamente determinados.
8. Graglia (2004:19) apresenta as políticas públicas como "projetos governamentais e atividades administrativas com os fins de satisfazer necessidades sociais".
9. Couto (2005:96) escreve que "é política pública tudo aquilo que o Estado gera como um resultado de seu funcionamento ordinário".
10. Secchi (2010:2) sintetiza que "uma política pública é uma diretriz elaborada para enfrentar um problema público".
11. Bergue (2011:508) entende "por política pública (*public policy*) o conjunto coerente de decisões, de opções e de ações que a administração pública leva a efeito, orientada para uma coletividade e balizada pelo interesse público".
12. Subirats e colaboradores (2012:25) escrevem que uma política pública se define como:

Uma série de decisões ou de ações, intencionalmente coerentes, tomadas por diferentes atores, públicos e às vezes não público — cujos recursos, nexos institucionais e interesses variam — a fim de resolver de maneira pontual um problema politicamente definido como coletivo. Este conjunto de decisões e ações dá lugar a atos formais, com um grau de obrigatoriedade variável, tendentes a modificar a conduta de grupos sociais que, se supõe, originaram o problema coletivo a resolver (grupo-objetivo), no interesse de grupos sociais que padecem os efeitos negativos do problema em questão (beneficiários finais).

13. Nirenberg (2013:23) escreve que:

As políticas públicas constituem o conjunto de objetivos, decisões e ações que leva a cabo um governo para solucionar os problemas que, em determinado momento histórico, os cidadãos e o próprio governo consideram prioritários. São estratégias intencionais, dirigidas a objetivos que se deve alcançar, fazendo convergir uma visão e uma ação de longo prazo, mas com efeitos também em curto e médio prazos.

Após tudo isso, podemos lembrar que o povo do deserto possui mais de 100 palavras para designar o camelo, e os esquimós possuem 40 palavras para designar o "branco da neve ou do gelo", o que quer denotar 40 significados ou graus diferentes para o mesmo objeto. Aqui, temos o mesmo fenômeno: uma expressão "políticas públicas" abarcando diferentes significados e valores, que podem variar, ainda, com o viés ideológico e com a posição no governo ou fora dele.

A POLÍTICA PÚBLICA NA VISÃO DA POLÍTICA

> *Não é que os políticos não vejam a solução.*
> *O que eles não enxergam é o problema.*
> GILBERT KEITH CHESTERTON (1874-1936)
> Escritor inglês

Escreve Secchi (2010:xiii), na introdução de sua obra, que "o ano de 1951 pode ser considerado o marco de estabelecimento da área disciplinar de estudos de políticas públicas". Nesse ano surgem dois livros: o de David Truman, *The governmental process*, e o de Daniel Lerner e Harold D. Lasswell, *The policy sciences*. Neste último, Secchi (2010) ressalta o capítulo intitulado "The policy orientation", onde é delimitado o "campo de conhecimento multidisciplinar e orientado para a resolução de problemas públicos concretos".

No contexto brasileiro, escreve Santos (2002:140), a política pública tornou-se objeto de estudo e de "interesse do Direito há aproximadamente 20 anos, havendo pouco acúmulo teórico a respeito, o que desaconselha a busca de conclusões acabadas". Continua a autora dizendo que o tema não tem ontologia jurídica, mas se origina na ciência política, onde sobressai seu caráter eminentemente dinâmico, confirmando a origem informada em 1951.

Essa é uma definição importante, porque nos basearemos nela para a construção de nosso texto: a política pública nasce no universo da ciência política e, como tal, deve comportar-se com a mesma dinâmica e mesmos valores que traspassam a política, entendida aqui como a *arte de governar* ou mesmo como *a arte de mediar os interesses contrários*. Logo, é certo dizer que criatura (política pública) e criador (política) possuem ligações intrínsecas que devem permitir analogias quase perfeitas.

Voltemos ao metaconceito de políticas públicas como a ação de governo que vise atender à coletividade e, como hipótese de trabalho, vamos agregar a palavra "intencionalidade", o que deixará a expressão com a seguinte construção: *política pública é a intencionalidade de ação de governo*. Ao fazermos isso, estaremos aptos a estudar o fenômeno em dois momentos: o da *criação política* e o da *ação governamental*. Ao primeiro está jungida a elaboração de cunho político e, ao segundo, a realização por meio dos instrumentos de planejamento e gestão próprios e disponíveis.

O primeiro momento, de eminente criação, está sustentado pelas regras da política.

O segundo momento, de efetiva ação de governo, está materializado nos instrumentos legais a que, ao mesmo tempo, deve submissão, respondendo ao campo do direito.

Ocupemo-nos do primeiro, preservando o segundo para posterior análise, sempre numa visão sintética, deixando para os especialistas a agradável tarefa de aprofundar analiticamente as relações das políticas públicas com a política e com o direito.

POLÍTICAS PÚBLICAS E INTENCIONALIDADE

Se utilizamos o metaconceito de "intencionalidade de ação de governo", podemos imaginar, *a priori*, que onde houver governo haverá políticas públicas. Ou, qualquer que seja o modelo de Estado,[1] haverá governos e políticas públicas pertinentes.

Sobre a origem e a evolução histórica do Estado, Bobbio (1987:114) propõe uma tipologia histórica que se inicia no Estado feudal, passando pelo Estado estamental, Estado absoluto e concluindo no Estado representativo. O autor chama nossa atenção para o fato de que:

> Saber se o Estado sempre existiu ou se se pode falar de Estado apenas a partir de uma certa época é uma questão cuja solução depende unicamente da definição de Estado da qual se parta: se de uma definição mais ampla ou mais estreita. A escolha de uma definição depende de critérios de oportunidade e não de verdade [Bobbio, 1987:69].

Atentos para o que escreve Bobbio (1987), tomemos dois exemplos de modelos de Estado, sendo o primeiro o de Morand (Bucci, 2002:146) e o segundo de Trosa (2001:65 e segs.), para o exercício didático de que necessitamos (quadro 1).

QUADRO 1
Dois modelos de Estado, a partir de Morand e Trosa

Morand	Trosa
• O Estado-providência — baseado na ideia de prestação de serviços públicos pelo Estado. • O Estado propulsivo — centrado nos programas finalísticos. • O Estado reflexivo — cuja expressão são programas relacionais. • O Estado incitador — fundado nos atos incitadores que combinam norma e persuasão.	• O Estado paternalista e autoritário, que conhece melhor que os usuários aquilo de que eles precisam e aquele em que os "chefes" sabem sempre mais do que os servidores. • O Estado-delegação, em que os meios de gestão e de flexibilidade são descentralizados em centros de responsabilidade/agências sem um contrato real. • O Estado contratual, que é baseado em escuta, negociação, compromisso e síntese.

---

[1] Buscando uma definição mais operacional de Estado, considerando o objetivo deste trabalho, lembramos a proposta de Costin (2010:1): "Estado é o conjunto de regras, pessoas e organizações que se separam da sociedade para organizá-la".

A nosso ver, cada modelo de Estado produzirá seu modelo próprio de políticas públicas, considerando a dinâmica do governo, sua relação com a sociedade e a capacidade desta em organizar-se para fiscalizar e cobrar a execução de direitos.

Como segundo exemplo, temos as seis grandes doutrinas (ideologias, no original) políticas nascidas na Revolução Francesa — que desenham o Estado — apontadas por Bobbio (2001:99): três são clássicas (conservadorismo, liberalismo e socialismo científico) e três são românticas (anarco--liberalismo, fascismo e tradicionalismo). Todos os modelos existem e se efetivam por meio da ação de governo; logo, por meio de políticas públicas derivadas de seus valores, reais ou proclamados.

O mesmo exercício poderia ser feito utilizando-se também outros autores e seus modelos, tais como Dallari (2001), Crespigny e Cronin (1999), Moreira Neto (1995) e Vincent (1995), entre outros.

Podemos, pelo mesmo raciocínio, imaginar que, a cada modelo de governo (esperando que os dirigentes tenham ideia do que seja modelar um governo), se tenha um conjunto de políticas públicas pertinentes ou mais coerentes com os modelos de gestão que se dispõem a implementar. Como exemplo, podemos citar Osborne e Gaeber (1994:9) em sua obra *La reinvencion del gobierno*, em que identificam alguns modelos de governo:

- governo catalisador: melhor usar o timão do que remar;
- governo de propriedade da comunidade: melhor facultar do que servir diretamente;
- governo competitivo: imprimir competitividade na prestação de serviços;
- governo inspirado em objetivos: a transformação das organizações regidas por regras;
- governo dirigido por resultados: financiar o produto, não os dados;
- governo inspirado no cliente: satisfazer as necessidades do cliente e não da burocracia;
- governo empresarial: ganhar ao invés de gastar;
- governo previsor: mais vale prevenir do que remediar;
- governo descentralizado: da hierarquia à participação e ao trabalho em equipe;

POLÍTICAS PÚBLICAS E INTENCIONALIDADE

- governo orientado para o mercado: provocar a mudança através do mercado.

Para cada modelo de Estado e de governo haverá um conjunto próprio e coerente de políticas públicas.

Ora! Se, como pretendemos ter provado, há políticas públicas em Estados e governos diferentes, o que diferencia ou influi na qualidade das políticas públicas propaladas (ciência política) ou aplicadas (direito)? Queremos defender a hipótese de que sejam a qualidade (a) da representação política e seus valores e (b) dos corpos de controle social e suas ações os maiores responsáveis pelo que se tem hoje no campo das políticas públicas.

Em outras palavras, queremos relacionar as qualidades boas ou más das políticas públicas existentes ou não produzidas com a qualidade dos representantes dos poderes Executivo e Legislativo, eleitos pelo voto popular, indicando a ineficácia — por incipiência e insipiência — dos controles institucionais e populares sobre esses mesmos corpos políticos e sua produção de políticas públicas.

Não é necessário muito esforço para desenhar uma linha histórica do quadro político brasileiro e pintar a realidade contemporânea; basta que se folheiem os jornais de grande circulação, que se assista aos noticiários televisivos de rede nacional ou se esteja atento as notícias e comentários do sistema de rádio. Quando iniciamos a preparação deste texto, havíamos indicado o caso de um deputado federal e um presidente de assembleia legislativa presos por crime. São tantos os casos que pontuam a coluna policial que, para citar só os mais impactantes, teríamos de guardar um capítulo inteiro. O grande símbolo da situação recente é o "petrolão",[2] que envolve recursos vultosos da Petrobras desviados em esquemas envolvendo grandes empresas brasileiras. O esquema envolve tantos recursos públicos, tantas empresas, tantas figuras públicas que ainda é cedo para desenhar seus impactos na vida brasileira. Ao desastre político que marca o Brasil não cabem adjetivos.

---

[2] Lembramos ao leitor que optamos por utilizar eventos políticos ocorridos há algum tempo a fim de tentar maior imparcialidade na análise.

O efeito nefasto é de tal ordem que o conceito de *crime organizado* se expandiu e hoje fala-se em *crime institucionalizado*, como escreve Jorge Pontes (2014:13) — delegado federal e ex-diretor da Interpol do Brasil —, em interessante matéria jornalística:

> Trata-se do que podemos denominar de "crime institucionalizado". Tal fenômeno, que adquiriu contornos marcantes, que o diferenciam conceitualmente do crime organizado convencional, merece urgente atenção não apenas das autoridades policiais, do Ministério Público e do Judiciário, mas, sobretudo, da imprensa e da sociedade como um todo, pois sua sedimentação tem a capacidade de minar as possibilidades de desenvolvimento nacional.
>
> Ao contrário do crime organizado, já rebaixado à delinquência juvenil, o "crime institucionalizado" não lança mão de atividades ilegais, como o tráfico de drogas, de armas, o jogo ilegal etc. Esse novo flagelo utiliza-se apenas da plataforma oficial, dos governos das três esferas, do estamento público, dos ministérios da República, da política partidária e das regras eleitorais para prospectar e desviar fortunas do Erário. Todo o seu faturamento tem origem nos contratos de serviços e obras, nas concorrências públicas, nos repasses para programas de governo.

Além dessas características, aponta que esse novo crime indica, nomeia e publica em todos os ramos da República; produz leis que facilitem o objetivo escuso; é estruturado e sistêmico.

Eis uma lista simbólica dos desvios e crimes organizados/institucionalizados:

- operações da Polícia Federal[3] que indicam a ação de agentes públicos e políticos envolvendo recursos públicos de alguma forma, entre elas, "Xeque-mate", "Sanguessugas", "Carta Marcada", "Vampiros", "Gafanhotos", "Mensaleiros" etc.;
- o Supremo Tribunal Federal julgou 40 políticos envolvidos no chamado "mensalão" do PT e caminha para avaliar os esquemas semelhantes;

---

[3] Obtido em: <www.dpf.gov.br/agencia/estatisticas>. Acesso em: 15 jan. 2012.

POLÍTICAS PÚBLICAS E INTENCIONALIDADE

- presidente de Assembleia Legislativa do Espírito Santo é preso e vários deputados acusados de recebimento de propina para elegê-lo;
- deputado federal do Acre com ações criminosas é afastado e preso... e seu suplente idem;
- no auge da defesa do controle externo como panaceia para todos os problemas do Judiciário, a mesma Polícia Federal prendeu quatro funcionários de alto escalão do Tribunal de Contas da União por fraudes diversas... um Tribunal de Contas de um estado tem seus funcionários investigados pela Receita Federal;
- dois investigadores da Polícia Federal que flagraram um conhecido especialista em marketing governista em uma rinha de galo — o que a lei proíbe — são transferidos, logicamente, por ação "administrativa rotineira";
- a oposição que chega ao poder diz que agora não pode mais fazer "*bravatas*";
- a oposição usa o artifício da "*promessa de campanha*" que não pode cumprir, aderindo a expedientes que sempre criticou;
- o líder do governo na Câmara dos Deputados encaminha votação de medidas que, no governo anterior, foram criticadas, e diz, placidamente: "Aquilo era disputa de poder", não dizendo onde fica o "*interesse público*";
- as representações populares na Câmara Federal, Senado e assembleias legislativas não são mais conhecidas pelas suas vinculações partidárias, mas pelos grupos de interesse que representam: bancada ruralista, empresários, evangélicos, católicos, banqueiros etc.;
- os partidos do governo recém-empossado incham na chamada "adesão de última hora";
- expressão comum para designar um bom político: "Este rouba, mas faz!";
- não se sabe mais quem é de "*esquerda*" e quem é de "*direita*".

Isso tudo surge quando fazemos um voo rasante somente sobre o cenário nacional recente e contemporâneo. Se nos detivermos nas análises da política municipal, vamos efetivamente ter o que contar. Afinal, são aproximadamente 5.500 municípios — e surgem outros tantos a toda hora, de tal sorte que não nos arriscamos mais a dizer quantos são os municípios existentes no Brasil. Como não é possível analisar tantos quadros específicos, indicamos, por exemplo, o rico trabalho de Maluf (2001), sobre a análise dos processos de afastamento dos prefeitos paulistas e algumas informações gerais de outros estados.

Mas esses fatos e relatos não são novos. Poderíamos escolher entre os muitos e qualificados autores que tratam da formação do povo brasileiro e perceber como cada um deles trata a história de nossa formação e os "descaminhos" até os dias atuais. Com pequenas variações na estruturação da análise e na intensidade da narrativa, Sérgio Buarque de Holanda,[4] Caio Prado Jr.,[5] Gilberto Freyre,[6] Raimundo Faoro e, antes deles, Manoel Bomfim,[7] apontariam a trajetória do povo brasileiro e apresentariam um conjunto de explicações para o que somos hoje, com nossas virtudes e lacunas sociais.

Vamos escolher Raimundo Faoro, que descreve de forma magistral esses fatos quando estuda o *coronelismo* na política brasileira. Escreve ele:

> Do compadrio depura-se o compadre-mor, que se entrosa com as categorias estaduais, na ordem econômica como na política. Lidar com a polícia, com a justiça, com os cobradores de impostos, obter uma estrada, pleitear uma ponte são tarefas que exigem a presença de quem possa recomendar o pobre cidadão, mal alfabetizado e sem maneiras. Diante do guichê da coletoria o contribuinte solitário pagará todo o produto de seu trabalho, se a lei não for abrandada pelas circunstâncias. Um "simples" crime de morte, tratado pela lei, com o delegado, o promotor, os jurados e o juiz não advertidos, dará cadeia. Outro será o resultado se o réu ou o contribuinte tiverem um compadre ou um padrinho — "quem tem padrinho não morre pagão" [Faoro, 1996:633].

---

[4] Especialmente a obra *Raízes do Brasil* (Holanda, 2006).
[5] Especialmente a obra *Formação do Brasil contemporâneo* (Prado Jr., 1970).
[6] Especialmente a obra *Casa grande e senzala* (Freyre, 2004).
[7] Especialmente a obra *O Brasil na América: caracterização da formação brasileira* (Bomfim, 1929).

Esse fenômeno — do coronelismo — estudado por Faoro no capítulo que trata da chamada República Velha é antigo, mas absolutamente contemporâneo. O quadro atual é similar àquele que é descrito na preciosa obra sobre a formação do patronato político brasileiro.

Para temperar ainda mais as possíveis ilações sobre a contemporaneidade desse infeliz fenômeno, gostaríamos de trazer mais duas passagens de Faoro. A primeira diz que

> A caracterização sociológica do fenômeno coronelista ainda não mereceu tratamento sistemático [...] O poder, assinala Hobbes, se exerce de modo original, de homem a homem, ou através de uma estrutura instrumental, com a impessoalidade derivada dessa intermediação institucionalizada [Faoro, 1996:633].

A segunda passagem, dedicamos àqueles que acham que eliminando a figura do coronel antigo e seus correlatos atuais, resolveremos esse problema. Ledo engano! Vejamos a singular passagem: "Borges de Medeiros interrompe um chefe político, que diz pensar '[...] Engano, Coronel, o senhor pensa que pensa, mas quem pensa sou eu [...]'" [Faoro, 1996:633].

Então, fica a questão: em nosso cenário político, quem será que pensa que pensa e quem realmente pensa?

Por essa e por outras, retornemos à dificuldade de produzir as políticas públicas efetivamente necessárias e de qualidade por conta do quadro político que possuímos e que tem origem enraizada na história brasileira.

A POLÍTICA PÚBLICA COMO ATO POLÍTICO E COMO AÇÃO DE GOVERNO

> *Todas as ciências progrediram, menos a de governar:*
> *é hoje só um pouco mais bem praticada*
> *do que há 3 ou 4 mil anos.*
>
> JOHN ADAMS
> Segundo presidente dos Estados Unidos da América

Se tomarmos o metaconceito de políticas públicas como "intencionalidade de ação de governo", vamos perceber que ela, a política pública, existe em um determinado momento como ideia-diretriz, que teve início (motivação) e um fim (objetivo). Ela, inicialmente, existe como vontade do governante e, em um determinado momento, transforma-se em realidade pelos canais naturais.

Defendemos que ela deva ser estudada em dois momentos consecutivos enquanto política. Queremos ver a política pública como gênero, do qual derivam duas espécies necessárias: como ideia, ela pertence ao universo da ciência política, e, como ação de governo, ela vive e se subjuga ao universo do direito. Em ambos os aspectos propomos o aprimoramento dos sistemas de acompanhamento e controle visando ao que realmente importa: o resultado das políticas públicas. Detalhemos melhor essa proposta.

O SURGIMENTO DA POLÍTICA PÚBLICA

Política sofisticada não é assunto para amadores.

LUCIA HIPPOLITO
(Cientista política)

Oponho-me ao intelecto sem disciplina.
Oponho-me ao poder sem propósito construtivo.

SR. SPOCK
(*Star Trek*)

Se entendermos a política pública como instrumento político e de governo que pretende atender às necessidades da sociedade, deveremos fechar um interessante e moderno "circulo virtuoso do poder social": a sociedade democrática, no exercício livre do voto, escolhe os dirigentes dos poderes Legislativo e Executivo como seus representantes, e esses produzem políticas públicas que retornam ao cidadão na proteção e execução de seus direitos.

POLÍTICAS PÚBLICAS E INTENCIONALIDADE

Se vista dessa forma, a política pública — como intencionalidade política — deveria surgir da sociedade e retornar a ela. Esse seria o chamado interesse público, tão proclamado nos estudos de políticas públicas.

Esse interesse público está explícito em diversos pontos da Constituição Brasileira na forma de *direitos*. Entre eles, podemos enumerar, aproveitando o estudo de Frischeisen (2000:81), os descritos no quadro 2.

QUADRO 2
Direitos expressos na Constituição e na legislação infraconstitucional

À seguridade social	Arts. 194 a 204 da Constituição Federal (CRFB/1988).
À saúde	Leis nº 8.080/1990 e nº 8.142/1990 (Sistema Único de Saúde).
À previdência social	Leis nº 8.212/1990 e nº 8.213/1990 (sobre custeio e benefícios previdenciários).
À assistência social	Lei nº 8.742/1993 (Lei Orgânica da Assistência Social) e Lei nº 8.909/1994 (Lei das Filantropias).
À educação	Arts. 205 a 214 da CRFB/1988; leis nº 9.394/1996 (Lei de Diretrizes e Bases da Educação Nacional) e nº 9.424/1996 (Fundef).
À cultura	Arts. 215 e 216 da CRFB/1988 e Lei nº 8.313/1991 (Lei de Incentivos Fiscais).
Ao desporto	Art. 217 da CRFB/1988 e Lei nº 9.615/1998.
À ciência e tecnologia	Arts. 218 e 219 da CRFB/1988 e o conjunto de leis dos fundos setoriais.
À comunicação social	Arts. 220 a 224 da CRFB/1988 e leis nº 9.472/1997 e nº 9.612/1998.
Ao meio ambiente	Art. 225 da CRFB/1988 e Lei nº 9.605/1998.
À família, criança, adolescente e idoso	Arts. 226 a 230 da CRFB/1988 e leis nº 8.069/1990 (Estatuto da Criança e do Adolescente) e nº 8.842/1994 (Política Nacional do Idoso).

Os itens constitucionais indicados seriam, para Dror (1999:147), a chamada tarefa "ordinária" da governância[8] que se divide em:

- satisfação de necessidades e desejos do cidadão;

---

[8] Dror divide as tarefas em ordinárias e substantivas. Nestas últimas, estão os processos históricos de intervenção que impactam e tecem o futuro da sociedade.

- prestação de serviços de manutenção da ordem pública, de alocação de recursos etc.

Para cumprir o segundo item das classificações de Dror, precisamos identificar as políticas públicas que estão relacionadas com a ordem econômica e financeira, nos itens relativos à política agrária, à gestão urbana, ao direito do consumidor etc.

Eis tudo! As políticas públicas deveriam fechar o "círculo virtuoso do poder social", primeiramente como concepção política e depois como atos de governo. A sociedade deveria ser a origem e o destino do "círculo virtuoso do poder social", mas, infelizmente, nem sempre é assim!

Como vimos, o cenário político em todos os níveis está construído a partir de acontecimentos que são diametralmente opostos aos princípios que sustentam o interesse público numa sociedade democrática. Esse fato é também identificado em Kenneth Minogue:

> Há razões positivas pelas quais o poder tende a ser uma bola de neve e é dado àqueles que o possuem. As manobras prosperam porque todo mundo quer juntar-se ao poder e ter sucesso — a chamada adesão de última hora [...] a política é um negócio cínico [Minogue, 1998:72].
>
> Uma forma de cinismo ronda conceitos como "interesse público" e "bem comum". É fácil desacreditar tais expressões mostrando que praticamente todo ato de governo tem tantas consequências boas quanto más para diferentes grupos de pessoas [Minogue, 1998:87].

Eis um exemplo concreto e recente, trazido a público pela pena sábia de Elio Gaspari (2003:16), em matéria intitulada "Dando, não paga":

> Pelo menos um senador tem ciência de que há no Planalto um refinado sistema de monitoramento das atividades dos parlamentares. Quando é o caso, cruzam-se votos com pleitos de empresas junto à viúva.
>
> O senador não sabia direito como votar. Aprendeu que na outra ponta havia um burocrata que não sabia direito o que fazer com o processo de suas empresas na anistia tributária do Refis.

POLÍTICAS PÚBLICAS E INTENCIONALIDADE

Entenderam-se, numa variante da lição franciscana: "É dando que não se paga".

E para não acharmos que o triste exemplo reside somente no Senado Federal, eis outro retirado do cotidiano da Câmara Federal:

O deputado Roberto Balestra (PP-GO) anunciou: "Uso da tribuna para comunicar ao meu partido e ao líder que a partir deste momento votarei de acordo com a minha consciência até que algumas questões sejam resolvidas". E o tucano Aloysio Nunes Ferreira (SP) comentou: "Se as questões forem resolvidas a consciência vai às favas" [Franco, 2003:2].

O governo Lula foi rico em exemplos de politização do Poder Executivo. Maria Celina D'Araújo (2007) coordenou pesquisa intitulada "Governo Lula: contornos sociais e políticos da elite do poder", que foi popularizada pelo comentário de Merval Pereira (2007a:4), que deixa claro o perfil do poder desse governo:

Cerca de 25% dos cargos mais altos da administração pública federal[9] estão em mãos de funcionários filiados a partidos políticos, sendo que 20% são petistas de carteirinha. Desses, um percentual maior está entre DAS-6 (39,6% de filiados), seguido pelos NES (22,2%). "ou seja, maior o escalão, maior o percentual filiado ao PT" [...]
Uma característica da arregimentação de petistas para o serviço público federal é que a maior parte deles vem do serviço público estadual ou municipal, e de não servidores, o que leva os pesquisadores a interpretar que "a convocação de filiados passaria mais pela lógica partidária do que pela experiência profissional". [...] é a área econômica a mais profissionalizada, "pois tem menos filiados a partidos e a sindicatos e mais pessoas com experiência anterior em cargos similares".

---

[9] Os cargos do governo federal, por enquanto, se aproximam da casa dos 20 mil. Os chamados cargos de direção e assessoramento superior (DAS) 6 e 5 possuem vencimentos entre R$ 8.400 e R$ 10.400, quando do fechamento deste texto. Os cargos de natureza especial (NES) passam de 1.200 e possuem os maiores salários.

A taxa de sindicalizados é mais expressiva ainda: enquanto a média nacional de trabalhadores filiados a sindicatos é, segundo o IBGE, 14,5%, o estudo mostra que nesses principais cargos do governo é de 45%.

Outro interessante, mas triste comentário, é atribuído à senadora Ideli Salvati, quando ainda líder do PT no Senado, frente à resistência de alguns políticos da "base do governo" para votarem a favor da *new CPMF*, chamada agora Contribuição Social da Saúde (CSS). Diz "que eles estão valorizando e inflacionando a "Bolsa de Valores" (Franco, 2008:2). Agora, além da política de São Francisco (é dando que se recebe), estão criando um índice para acompanhar o custo das ações políticas... falta-nos apenas que proponham criar uma Estatal para organizar o setor.

Não é difícil perceber que o aparelhamento da máquina pública é evidente, o que não significa dizer que o partido vencedor não tenha o direito de indicar sua equipe de trabalho. O problema não é esse. O problema é que equipe e com que intenção de fundo. O estudo de D'Araújo merece ser lido e refletido.

Sobre esse sintoma que assola o governo, é rica a pesquisa de Monteiro (2007) sobre como funciona o governo e como este se relaciona com os demais poderes na manutenção do poder.

A esse sintoma, que se assemelha à "síndrome do menino na padaria", contrapomos uma resposta da então ministra Dilma Roussef, em entrevista, quando perguntada sobre a politização da máquina em detrimento do necessário choque de gestão, que é esclarecedora sobre o pensamento do governo Lula sobre gestão pública de resultados (positivos, é claro!): "Pensar que é possível uma gestão pura e simplesmente técnica é, para mim, uma ingenuidade tupiniquim".[10] A resposta do Editorial do mesmo veículo jornalístico é ilustrativa da indignação dos que trabalhamos em gestão pública e sonhamos com um Estado de resultados:

A jabuticaba e o fisiologismo
No entender de Dilma Roussef, além da jabuticaba, o Brasil tem outra peculiaridade: pessoas que acreditam em administração técnica, uma "ingenuidade tupiniquim", nas palavras dela.

---

[10] *O Globo*, 5 out. 2007, p. 11.

POLÍTICAS PÚBLICAS E INTENCIONALIDADE

Dessa forma, a ministra-chefe da Casa Civil fez, no auditório da "Folha de S.Paulo", a defesa das nomeações políticas para empresas estatais. Então, ficamos assim: as estatais são administradas com grande esperteza, porém, ostentam atávica ineficiência; e as empresas privadas são dirigidas a partir de uma visão ingênua e tupiniquim, mas esbanjam lucratividade, empregam mais pessoas e pagam mais impostos.

Essa resposta da então ministra-chefe da Casa Civil é preocupante e está na contramão dos movimentos de governos mais sintonizados com o resultado público de suas ações, como demonstram diversas publicações que circulam em língua portuguesa feitas, inclusive, por órgãos públicos, como Trosa (2001), Alecian e Foucher (2001), Zouain (2001), Osborne e Gaebler (1994), Barzelay (2003), Levy e Drago (2005), Martins e Pieranti (2007), entre outros. Além de desconsiderar que 28 dos 30 governos-membros (Pereira, 2007b:4) da Organização para Cooperação e Desenvolvimento Econômico (OCDE) incluem dados de desempenho não financeiro em seus orçamentos (72%), relacionam gastos com a maioria de suas metas fiscais (18%) ou possuem mecanismos formais para premiar os funcionários com a combinação de desempenho, metas atingidas e bônus salarial (11%).

Se esses estudos já não bastassem para fundamentar o óbvio movimento de profissionalização da ação de governo, poderíamos chamar à discussão autores que vêm demonstrando que a ineficiência, a ineficácia, a inefetividade, a falta de demonstração de intencionalidade, a frágil relação da decisão com o interesse público são alvos da decisão judicial que resgata o direito do cidadão e recoloca a necessidade do resultado das ações de governo no plano principal. É a chamada judicialização da política (Vianna et al., 1999) e juridicização da política e da administração pública (Moreira Neto, 2006, 2007). Um espetacular movimento de juridicização da política se deu com a manifestação do Supremo Tribunal Federal sobre a fidelidade partidária.

Sobre a indagação que não cala nas sociedades contemporâneas — "Como o direito deverá tratar a irresponsabilidade na direção política-administrativa da formulação e da execução das políticas públicas?" —, Moreira Neto (2006:177) escreve:

INTRODUÇÃO AO ESTUDO DAS POLÍTICAS PÚBLICAS

Não obstante, como é de geral sabença, os agentes políticos e administrativos, aqui e alhures, insistem em proclamar com destaque os acertos de suas *intenções* para encobrir os desacertos e a miséria dos resultados de suas ações... não obstante, weberianamente, a ética que se lhes deva aplicar só possa ser a ética dos resultados — pois a ninguém se obriga assumir responsabilidade de zelar e de promover o bem de todos — de modo que, se alguém a tanto se abalança por sua livre vontade, decidindo e administrando interesses alheios, é justo que, perante todos, este agente responda pela eficiência de seus atos, tal como na vida privada se exige de um procurador ou um gestor de negócios, que, do mesmo modo, empregam em confiança *recursos* alheios para satisfaze *interesses* igualmente alheios [grifos no original].

Ora! Se a expressão da então ministra-chefe é a manifestação do pensamento do grupo dirigente "da hora", e tudo leva a crer que sim, o nosso propalado "círculo virtuoso de poder social" está ferido gravemente em sua essência. O "interesse público" nem sempre é que dirige a "intencionalidade de ação de governo". Em alguns momentos, poderá haver a supremacia de interesse do coletivo e, em outros, interesses individuais, que nem sempre redundam em ganho financeiro, mas, sim, ganho político ou de poder.

Se usarmos como exemplo a representação corporativa (bancada da saúde, dos evangélicos, dos ruralistas etc.) da Câmara Federal e do Senado, seremos levados a imaginar que seus votos — na área de seu interesse original — atenderão a interesses corporativos que nem sempre — para não dizer na totalidade das vezes — serão públicos. Se isso é verdade, o processo de obtenção dos votos necessários no Legislativo e de apoio político no Executivo necessitará de "moedas de barganha" fortes o bastante para cooptar os demais integrantes do poder e que se aproximam bastante do mecanismo infeliz da "adesão de última hora".

Todos podem defender o "interesse público" em qualquer partido ou posição política. Basta votar positivamente as matérias cujo resultado aponte para o atendimento de direitos e necessidades do cidadão.

POLÍTICAS PÚBLICAS E INTENCIONALIDADE

Se precisam estar adesos ao poder é porque buscam outras satisfações que não a de votar matérias de interesse público. Podemos imaginar o que seja (poder, mídia etc.), mas esse é um processo que exige exercício constante, visto que política é como um teatro de ilusão — não revela seus significados aos olhos desatentos (Minogue, 1998:15). É um processo de amadurecimento democrático no longo exercício do tempo que educa o olho.

No momento, fica o alerta de que nem tudo o que parece ser bom em políticas públicas o é na verdade. Precisamos saber a quem servem seus autores: ao interesse público, ao interesse de uma coletividade específica ou ao interesse individual.

Por outro lado, não seria imparcial apenas indicar as dificuldades de formular políticas públicas corretas no corpo político, que deveria obedecer aos princípios constitucionais. Encontramos, na Carta Magna, algumas diretrizes que merecem estudo, quer pela sua total impossibilidade de execução, quer pela resistência à execução por forças antagônicas encasteladas na sombra do poder político.

Segundo Barroso (1993:55), um caso — em que o preceito constitucional é impossível de ser executado — ocorre, por exemplo, pela deficiência do texto constitucional, da ausência de condições materiais para execução do dispositivo na própria constituição. Como exemplo, temos o art. 86 da Constituição de 1969, que dizia ser "toda pessoa, material ou jurídica, responsável pela Segurança Nacional". Imaginemos que ação de governo, sério e eficaz, poderia atender a esse princípio constitucional. Fora a dificuldade de interpretar o que seja "toda pessoa", uma vez que se enquadram os menores, os incapazes, os doentes mentais, fica a discussão sobre o que se entende por "segurança nacional".

Outro aspecto interessante que impede o processo de formulação de políticas públicas é a ambição desmedida contida no preceito constitucional em nome da defesa desse mesmo direito. Nesse caso, é justamente a "generosidade dos políticos" que impede a efetivação dos direitos. Como exemplos temos:

1. "É garantido a todos o direito, para si e sua família, de moradia digna e adequada [...]", contido no anteprojeto da Constituição de 1988;

INTRODUÇÃO AO ESTUDO DAS POLÍTICAS PÚBLICAS

2. a universalização da cobertura e a equalização de benefícios previdenciários urbanos e rurais (estes sem base contributiva), permitindo a incorporação de cerca de 60 milhões de indivíduos à previdência social (Melo, 2001:21); ou

3. a obrigatoriedade de matrícula no ensino médio para um país que ainda não resolveu seus problemas graves com os alunos que possui nesse nível de ensino (esse artigo foi modificado pela Emenda Constitucional nº 14 para universalização do ensino médio, em um declarado rasgo de bom-senso, mesmo que retardado!).

Ao encerrarmos o item que expõe as dificuldades de produzir políticas públicas, quer pela qualidade do "corpo político", quer pela existência de interesses outros que não o público, quer pela inexatidão ou generosidade do texto constitucional, gostaria de apresentar interessante reflexão de Barroso (1993:58):

Todas essas normas, que ressoam preciosamente inócuas, padecem de um mesmo mal: não são eficazes na prática, não se realizam efetivamente no dia a dia das pessoas. O ideário constitucional torna-se, assim, vazio e vão.

A POLÍTICA PÚBLICA COMO ATO POLÍTICO

A filiação à nação exige um esforço cotidiano. Como disse certa vez Ernest Renan, a nação é um plebiscito diário, uma totalidade que tem de ser diariamente renovada pelo voto de adesão. A doçura da inclusão que a nação oferece não é gratuita — tem que ser conquistada. A inclusão oferecida é doce porque, no caso da nação, dá uma chance de segurança; mas essa segurança é uma questão de talento, não uma conclusão prévia. Requer domínio das tropas e uma ação concertada.

ZYGMUNT BAUMAN
(*Em busca da política*)

POLÍTICAS PÚBLICAS E INTENCIONALIDADE

Até aqui, tratamos as políticas públicas como "intencionalidade de ação de governo" que estão no universo da política e, como tal, seguem suas regras. É certo que essas regras nem sempre são explícitas ou, quando são, nem sempre são exatamente aquelas que foram enumeradas no momento da decisão política.

A política pública como ato político é, na verdade, um grande jogo de cena. É um exercício de retórica aprimorada em que o político ensaia o impacto social de meias-ideias ou de *insight* surgido num determinado momento de debate, ou mesmo um impulso de retórica frente à multidão ávida por discursos bombásticos e espetaculares que lhes preencha as expectativas, fenômeno comum quando os políticos fazem discursos de improviso para plateia repleta de amigos, que não poupam aplausos e ovações, mesmo para absurdos e bravatas.

Muitas destas propostas de políticas públicas ou intencionalidades de ação de governo jamais foram refletidas, raríssimas foram construídas a partir de análises circunstanciais ou situacionais que permitissem sua execução. Surgem da necessidade de dizer ao povo o que ele quer/precisa ouvir! Esse é o teatro de ilusão a que se referiu Minogue!

Quando um político toma decisão de implementar uma política pública, ele possui um rol de itens que são efetivamente diferentes daqueles que são apresentados ao público. Na decisão política, existe a verdade endógena e a exógena, a intramuros e a pública (Minogue, 1998:86).

Para o observador externo, é indiferente o motivo real que gerou a política pública divulgada ou efetivada! Para quem não habita os círculos do poder, esse tipo de questão só será respondido por especulação ou pelo tempo.

Isso já não acontece quando o "ato político" torna-se concreto. A política pública corporifica-se por meio dos diversos instrumentos existentes na administração pública. Nesse momento, a política pública deixa o universo da retórica política e das promessas para existir no mundo jurídico.

Essa materialização da vontade política por meio das políticas públicas traz algumas questões apontadas por diversos autores.

A primeira questão é: ao interpretar as políticas públicas como questão política, o que impediria o julgamento pelo Poder Judiciário?

INTRODUÇÃO AO ESTUDO DAS POLÍTICAS PÚBLICAS

A segunda, feita por Comparato (apud Bucci, 2002:256) é: se a política pública não se confunde com o ato ou a norma, mas é a atividade que resulta de um conjunto de atos ou normas, o que deve ser submetido ao contraste judicial: o ato, a norma ou a atividade?

A terceira questão é: se a política pública é um ato discricionário, até que ponto se pode representar o poder discricionário?

Tentando seguir o princípio deste trabalho, que é a visão generalista das políticas públicas, respeitando o espaço da especialização, gostaríamos de trazer algumas reflexões sobre as questões, a partir de autores e de nossa própria experiência no campo difuso das políticas públicas.

A expressão "ato político" ou "ato de governo", em direito administrativo, quer significar

> ato emanado da autoridade ou órgão mais elevado do Poder Executivo, em especial no relacionamento com outros poderes, com outros Estados, com organismos internacionais ou na tomada de decisão de alto relevo político [Medauar, 2003:164].

Muitas são as teorias que pretendem explicar o "ato político" (Moreira Neto, 2001b:25, 132). Elas vão desde a tentativa de fazê-lo a quarta força (o ato político, a lei, a sentença e o ato administrativo) até ao extremo de negar-lhe as "regalias".

Atualmente, toma força a corrente que aceita o aspecto político do ato sem afastar a possibilidade de análise jurídica dos componentes formais desse mesmo ato. Ele é um ato administrativo dotado do aspecto político. Na análise de Medauar (2003:165):

> É ato que expressa a função governamental, que é precipuamente política, por referir-se às diretrizes amplas para a vida da coletividade.
>
> Dentre suas características estão:
>
> a) Provém da autoridade ou órgão mais elevado do Executivo, como Presidente da República, Governador, Prefeito;
>
> b) [...]
>
> c) Refere-se a decisões de alto relevo para o País, o Estado ou o Município.

Moreira Neto (2001b:132; 2009:153) chama a atenção para o fato de que o poder discricionário do ato político é distinguido pelo seu conteúdo político. Aponta, ainda, para o fato de que é somente esse conteúdo político discricionário que não poderá ser alterado pelo controle judiciário. O ato político, quando materializado como ato administrativo, poderá ser analisado pelo Poder Judiciário no que se refere a seus elementos. Fica claro, então, que o entendimento de que o ato de governo, o ato político e, por conseguinte, a política pública que se entende como ato político são passíveis de análise judicial no que se refere a seus elementos, se houver lesão ou ameaça de direito.

A segunda questão está parcialmente respondida. A questão é: se a política pública é um conjunto de normas e atos, o que deve ser submetido ao Poder Judiciário: o ato, a norma ou a atividade?

Primeiramente, cabe ressaltar que o juízo que se possa fazer sobre política e sobre política pública não é passível de ser estendido aos atos pelos quais elas se manifestam. Se há dúvida quanto à possibilidade de análise judicial das políticas públicas como exercício de manifestação política, não há sombra de dúvida de que tal análise ocorre nos atos e normas administrativos emanados pelo Poder Executivo e nas leis votadas pelo Poder Legislativo.

Na análise da primeira questão, ficou claro que a proteção do ato político recai apenas no seu conteúdo político discricionário e não na forma como se manifesta. Podemos, pois, estender esse raciocínio ao que Comparato chamou de "atividade": ao se manifestar por meio dos atos administrativos conhecidos ou da lei, ela é sujeita ao regramento e pode sofrer análise dos seus elementos.

A terceira questão é sobre a possibilidade de se representar o poder discricionário.

Essa questão pode ser retratada com célebre frase surgida no auge do absolutismo francês: "O Estado sou eu!". Com o mesmo sentimento e convicção, alguns políticos encastelados tanto no Legislativo quanto no Executivo acreditam também que tudo podem, tudo são. Esse tipo de sentimento faz com que, a todo momento, eles invoquem o chamado poder discricionário, rotulando a ação constitucional dos demais poderes como "invasão de seu espaço". Se tivéssemos de escolher uma frase histórica de impacto para retratar melhor o equilíbrio, deveríamos indicar aquela outra, aquela que os políticos reis se negam a memorizar por significar esvaziamento do poder que pensam ser absoluto: "O rei reina mas não governa"!

A questão da discricionariedade do ato administrativo não é questão pacífica. O tema foi tratado em rica obra de referência por Moreira Neto, *Legitimidade e discricionariedade*, classificada em primeiro lugar para o prêmio José Ribeiro da Costa Filho, da OAB, RJ. É daí que retiramos o conceito de discricionariedade como:

> Uma técnica desenvolvida para permitir que a ação administrativa defina com precisão suficiente um conteúdo de oportunidade e de conveniência que possa vir a constituir-se no mérito adequado e suficiente à satisfação de um interesse público específico, estabelecido na norma legal como finalidade [Moreira Neto, 1998:46].

Em outras palavras, temos que "poder discricionário é a faculdade conferida à autoridade administrativa de, ante certa circunstância, escolher uma entre várias soluções possíveis" (Medauar, 2003:119).

Fica claro, pois, que o poder discricionário não é arbítrio. É, sim, faculdade de escolha da administração entre as múltiplas alternativas para *alcançar um fim específico* definido em lei, por caminhos que devem possuir alguma fundamentação técnica que ampare a decisão.

Na mesma direção caminha Mukai (2000:214) quando afirma que não se deve falar em ato discricionário, mas sim em poder discricionário da administração. "A atividade discricionária é feita dentro da lei e de acordo com a liberdade dada por ela. Há que ser atendido sempre um fim legal (princípio da finalidade administrativa)". Aqui realça-se o fim em si mesmo, que se materializa no ato administrativo.

Prossegue Mukai (2000:214) informando que, por isso, "discricionários são os meios e modos de administrar, mas não os fins [...]. O fim é sempre imposto pelas leis e regulamentos, implícita ou explicitamente". É possível à administração a liberdade quanto à escolha dos motivos que

POLÍTICAS PÚBLICAS E INTENCIONALIDADE

justificam a opção e a decisão. Essa liberdade inexiste quanto à competência, a finalidade e à forma, que estão sujeitas à submissão legal.

A política pública, então, quando se conforma como ato administrativo de qualquer teor, pode atender à discricionariedade da administração (opção de escolha) desde que atenda aos interesses públicos e finalidades definidas em lei. Não está livre o administrador para fazer o que deseja, mas o que precisa...

A nosso ver, o ato administrativo e as políticas públicas, como atos administrativos que são, precisam submeter-se a duas vinculações: à lei e ao direito, que Moreira Neto (2009:129) chama de fundamento e limite da atividade estatal.

A esse fenômeno, a ação do Judiciário na análise política, chamamos de judicialização da política. Quanto a esse ponto, merece nossa reflexão a dificuldade do Poder Judiciário na análise das políticas públicas, visto que esta se dá pontualmente, tal qual uma foto de um processo que deve ser dinâmico. Certamente, o Judiciário será chamado a decidir sobre a falta de medicamento de uso contínuo para pacientes transplantados, e a decisão tem de atender a uma necessidade pontual, concreta e imediata. Não basta o gestor público informar que está licitando um espetacular sistema de acompanhamento de distribuição de medicamentos, nos moldes dos mais desenvolvidos sistemas de saúde do mundo, e que chegará logo após a conclusão do processo licitatório pertinente. O problema se resolverá porque os pacientes transplantados morrerão até lá. O grande desafio do administrador público é produzir políticas de longo prazo, com visão prospectiva e capacidade de agregar valores substantivos, sem deixar de atender aos direitos dos cidadãos e aos deveres mínimos da administração pública, qualquer que tenha sido o motivo causador: pela incompetência, descompromisso, omissão, desorganização, falta de planejamento, desvios de finalidade, equívoco na definição de prioridades etc., sempre culpa do governo anterior ou do antecessor que ocupava a cadeira.

A opção de um governante por construir uma escola em bairro de classe média alta, já provida desse serviço, enquanto deixa de atender com escola outra comunidade pobre, com indicadores muito mais deficitários é, a nosso ver, passível de questionamento social e de análise pelo Judiciário. Antes, dizia-se que era ato discricionário do administrador...

INTRODUÇÃO AO ESTUDO DAS POLÍTICAS PÚBLICAS

Superada a controvérsia quanto à discricionariedade do administrador, passemos, então, a considerar alguns passos básicos e mínimos na formulação de políticas públicas. São diversos os autores que propõem etapas para esse fim, mas ficaremos com a proposição simples e eficaz de Lindblom, apresentada por Dagnino (2002:203):

> Como método de trabalho para a compreensão do processo de elaboração de políticas, Lindblom em seu trabalho seminal propõe a sua divisão no que considera seus componentes principais. Disto resulta sua sugestão de que os seguintes passos devam ser observados:
> 1. Os diferentes problemas e reclamações, sociais ou de governo, chegam ao processo decisório e convertem-se em temas da agenda política dos dirigentes;
> 2. As pessoas ou atores concretamente envolvidos com o processo concebem, formulam ou descrevem estes temas objeto da ação governamental;
> 3. Planejam-se a ação futura, os riscos e potencialidades envolvidas, as alternativas, os objetivos previstos e os resultados esperados;
> 4. Os administradores aplicam (implementam) a política formulada;
> 5. Uma determinada política pode ser avaliada, o que pressupõe a construção de metodologias específicas para este tipo de análise.

> Uma observação dos três primeiros passos remete ao processo de formulação de uma política. Muito embora a preocupação com a implementação, para que ela seja eficiente e eficaz, e também a definição dos processos de avaliação devam existir previamente à implementação da política, este processo de planejamento deve ser separado de sua execução propriamente dita.

POLÍTICAS PÚBLICAS E ORÇAMENTO PÚBLICO

O poder corrompe, e o poder absoluto corrompe absolutamente.

LORD ACTON

POLÍTICAS PÚBLICAS E INTENCIONALIDADE

No abuso do poder não vejo diferença entre um redator-chefe
e um chefe de polícia, como de resto não há diferença entre
dono de jornal e dono de governo, em conluio,
um e outro com donos de outros gêneros.

RADUAN NASSAR (2013)

Não é possível fazer política pública sem recurso financeiro. Toda vontade política pede um "preço" para se concretizar na prática. Toda boa ideia que não considere os custos e a origem dos recursos está fadada a não se realizar. Por isso, quando falamos em políticas públicas, precisamos conhecer os limites e possibilidades do chamado orçamento público, que nada mais é do que o plano de utilização das receitas e despesas do poder público.

Para entendermos como as políticas públicas estão submetidas às disposições orçamentárias e como os orçamentos refletem a vontade política dos governantes, que não podem fazer o que querem — como prometem — mas o que podem — quando sabem —, vamos buscar detalhar um pouco os conceitos e as etapas envolvidas nesse processo pouco conhecido do cidadão. Há uma infinidade de livros voltados aos temas, mas Rezende e Cunha (2002) coordenaram interessantes obras, uma das quais é *Contribuintes e cidadãos compreendendo o orçamento federal*, que tem como objetivo o esclarecimento ao grande público sobre o tema em questão. Outra, *O orçamento público e a transição do poder* (2003), é uma análise do orçamento de 2003 e da proposta orçamentária para 2004, fazendo a comparação entre a vontade política e a manifestação desta.

Devemos entender como orçamento a lei (federal, estadual ou municipal), de iniciativa exclusiva do Poder Executivo, aprovada pelo Poder Legislativo, que *estima receitas e fixa despesa para o período de um ano para todos os seus órgãos*, discriminando o programa de trabalho autorizado a ser realizado. Daí dizer-se que o orçamento é autorizativo e não determinístico.[11]

---

[11] Quando do fechamento deste trabalho, estava em curso uma discussão, no Congresso Nacional, visando tornar o orçamento um orçamento impositivo, isto é, obrigatório de

Numa visão mais política temos que orçamento público:

> É a consolidação, a prazo de um exercício financeiro, dos planos governamentais, devidamente monetarizados, em função dos recursos disponíveis. Do ponto de vista jurídico, é o ato pelo qual o Poder Legislativo prevê e autoriza, em pormenor, as despesas destinadas ao funcionamento dos serviços públicos e outros fins adotados pela política econômica ou geral do país, assim como a arrecadação de receitas já criadas em lei.
>
> Constitui-se um processo intimamente ligado ao desenvolvimento dos princípios democráticos, à ideia da soberania popular e, por conseguinte, ao triunfo dos sistemas representativos do Governo. Seu objetivo é avaliar os custos para a consecução das metas traçadas em comparação com os benefícios a serem esperados dos mesmos e, assim, tornar possível o uso inteligente de recursos pelo setor público.
>
> Nesse aspecto deve ser considerado não apenas um documento contábil mas um documento de autorização do Poder Legislativo, por meio do qual a Sociedade referenda os projetos e os gastos programados do Governo [MPOG, 2000].

O orçamento público tem como fundamentos normativos, principalmente, a Constituição Federal, as constituições estaduais, a Lei Federal nº 4.320/1964, a Lei Complementar nº 101/2000, portarias ministeriais diversas e a lei orgânica municipal (em caso de orçamentos municipais), principalmente.

Diferentemente do que se pensa, o orçamento público é peça primordial na administração pública, uma vez que nele devem estar apontadas todas as receitas possíveis com as memórias de cálculo estimativos, discriminadas as despesas por grupo e categorias, contidos os projetos que

---

executar após sua votação. Claro que a ideia parece boa, visto que obrigaria o Executivo a planejar e apresentar orçamentos exequíveis, assim como levaria o Legislativo a votar o que espelha a realidade de fazer da coisa pública. Ocorre que o verdadeiro motivo que leva os políticos a votarem o orçamento impositivo é a obrigatoriedade do Executivo na execução das chamadas emendas parlamentares que são, na verdade, um fazer executivo nas mãos dos legisladores. Uma aberração a que a sociedade saberá dar fim brevemente, visto que a função precípua do Legislativo é fazer leis e fiscalizar o Executivo.

POLÍTICAS PÚBLICAS E INTENCIONALIDADE

tornarão realidade as propostas de políticas públicas declamadas pelo administrador. As restrições de ordem orçamentária são restrições legais e devem ser obedecidas, sob risco de crime de responsabilidade previsto em leis próprias.

A partir da Constituição de 1988, de acordo com seu art. 165, planejamento e orçamento institucionais passaram a ser ferramentas integradas ao Sistema de Planejamento Integrado, regulado por três instrumentos legais: plano plurianual (PPA), Lei de Diretrizes Orçamentárias (LDO) e Lei do Orçamento Anual (LOA) (Silva, 2002; Kohama, 2000).

O plano plurianual (PPA) é um plano que estabelece, para a administração pública, nos quatro anos seguintes, diretrizes, objetivos e metas, que devem ser compatíveis com as disponibilidades de receitas também projetadas para o mesmo período, visando atender às demandas da sociedade. A remessa do PPA ao Poder Legislativo deve ocorrer no primeiro ano de mandato do governante e servirá como norteador das leis de diretrizes orçamentárias e leis orçamentárias anuais dos anos subsequentes.

A LDO tem por finalidade estabelecer as regras que nortearão a elaboração, pelo Poder Executivo, da LOA nas suas partes componentes (orçamento fiscal, orçamento de investimento e orçamento de seguridade social), de forma a garantir que os objetivos e metas da administração pública estejam obedecendo ao que foi proposto e aprovado no PPA. A LDO é a ponte entre o PPA e a LOA.

A LOA deve ser encaminhada no segundo semestre de cada ano (variando de acordo com o ente — união, estados e municípios) para votação pelo Poder Legislativo respectivo e deverá conter, em linhas gerais, pelo menos:

- mensagem;
- projeto de lei orçamentária;
- tabelas explicativas (em que devem constar detalhadamente o cálculo de todas as receitas existentes no âmbito federal, estadual ou municipal);
- especificação dos programas de trabalho (todas as despesas divididas em programas de trabalho, projetos, ações, metas, ações continuadas);

INTRODUÇÃO AO ESTUDO DAS POLÍTICAS PÚBLICAS

- anexos da Lei nº 4.320/1964 (riscos fiscais, renúncia de receita etc.);
- anexos da Lei Complementar nº 101/2000 — Lei de Responsabilidade Fiscal ou LRF (comprometimento de receita corrente com despesas de pessoal, obediência aos limites de transferências para outros poderes etc.).

A LOA deverá ser elaborada de acordo com os *princípios orçamentários* relacionados no quadro 3.

QUADRO 3
Princípios orçamentários que norteiam a elaboração da LOA

Princípio	Conceito
Anualidade	A vigência do orçamento deve ser limitada a um ano, coincidindo com o ano civil.
Unidade	Todas as receitas e despesas devem estar contidas numa só lei orçamentária, atendendo à prática da movimentação financeira do Tesouro consubstanciada no chamado princípio de unidade de caixa.
Universalidade	O orçamento é um plano financeiro global, também chamado de orçamento bruto, no qual devem estar contidas todas as receitas e as despesas pelos seus totais.
Equilíbrio	O montante da despesa não deve ultrapassar a receita prevista para o exercício.
Exclusividade	A lei orçamentária não conterá matéria estranha à previsão da receita e à fixação da despesa.
Publicidade	Torna o conteúdo orçamentário público para o conhecimento da sociedade e eficácia de sua validade.
Clareza	Sem se descuidar das exigências técnicas, especialmente em matéria de classificação da receita e despesa, o orçamento deve ser claro e compreensível para qualquer indivíduo.

O orçamento público é estruturado, obrigatoriamente, a partir de uma classificação funcional, que padroniza e unifica os gastos em todas as esferas de governo por meio de uma uniformização de terminologias. Esse esquema de classificação é determinado pela Portaria MPOG nº 42, de 14 de abril de 1999.

POLÍTICAS PÚBLICAS E INTENCIONALIDADE

Exemplo de classificação funcional:

		Exemplo de aplicação na educação
Função	XX	12 — Educação
Subfunção	XXX	362 — Ensino médio
Programa	XXX	043 — Esporte na escola
Projeto	XXXX	1022 — Construção e reforma de quadras desportivas

Sendo que:

- função: representa o maior nível de agregação das diversas despesas que competem ao setor público (veja quadro a seguir);
- subfunção: cria-se o nível de subfunção, absorvendo os programas e subprogramas. Representa uma divisão da função, agregando subconjunto de despesas. Cada unidade orçamentária ou secretaria poderá ter mais que uma função, e as subfunções poderão ser combinadas com funções diferentes daquelas a que estão subordinadas.

Exemplo de funções e subfunções de governo, de acordo com o anexo à Portaria MPOG nº 42, de 14 de abril de 1999 (atualizada).

Funções	Subfunções
01 — Legislativa	031 — Ação legislativa 032 — Controle externo
02 — Judiciária	061 — Ação judiciária 062 — Defesa do interesse público no processo judiciário
03 — Essencial à Justiça	091 — Defesa da ordem jurídica 092 — Representação judicial e extrajudicial
04 — Administração	121 — Planejamento e orçamento 122 — Administração geral 123 — Administração financeira 124 — Controle externo 125 — Normatização e fiscalização 126 — Tecnologia da informatização 127 — Ordenamento territorial 128 — Formação de recursos humanos 129 — Administração de receitas 130 — Administração de concessões 131 — Comunicação social

continua

INTRODUÇÃO AO ESTUDO DAS POLÍTICAS PÚBLICAS

Funções	Subfunções
05 — Defesa nacional	151 — Defesa área 152 — Defesa naval 153 — Defesa terrestre
06 — Segurança pública	181 — Policiamento 182 — Defesa civil 183 — Informação e inteligência
07 — Relações exteriores	211 — Relações diplomáticas 212 — Cooperação internacional
08 — Assistência social	241 — Assistência ao idoso 242 — Assistência ao portador de deficiência 243 — Assistência à criança e ao adolescente 244 — Assistência comunitária
09 — Previdência social	271 — Previdência básica 272 — Previdência do regime estatutário 273 — Previdência complementar 274 — Previdência especial
10 — Saúde	301 — Atenção básica 302 — Assistência hospitalar e ambulatorial 303 — Suporte profilático e terapêutico 304 — Vigilância sanitária 305 — Vigilância epidemiológica 306 — Alimentação e nutrição
11 — Trabalho	331 — Proteção e benefícios ao trabalhador 332 — Relação de trabalho 333 — Empregabilidade 334 — Fomento ao trabalho
12 — Educação	361 — Ensino fundamental 362 — Ensino médio 363 — Ensino profissional 364 — Ensino superior 365 — Educação infantil 366 — Educação de jovens e adultos 367 — Educação especial 368 — Educação básica (acrescentada pela Portaria nº 54/2011/SOF/MP)
13 — Cultura	391 — Patrimônio histórico, artístico e arqueológico 392 — Difusão cultural
14 — Direitos da cidadania	421 — Custódia e reintegração social 422 — Direitos individuais, coletivos e difusos 423 — Assistência aos povos indígenas

continua

POLÍTICAS PÚBLICAS E INTENCIONALIDADE

Funções	Subfunções
15 — Urbanismo	451 — Infraestrutura urbana 452 — Serviços urbanos 453 — Transportes coletivos urbanos
16 — Habitação	481 — Habitação rural 482 — Habitação urbana
17 — Saneamento	511 — Saneamento básico rural 512 — Saneamento básico urbano
18 — Gestão ambiental	541 — Preservação e conservação ambiental 542 — Controle ambiental 543 — Recuperação de áreas degradadas 544 — Recursos hídricos 545 — Meteorologia
19 — Ciência e tecnologia	571 — Desenvolvimento científico 572 — Desenvolvimento tecnológico e engenharia 573 — Difusão do conhecimento científico e tecnológico
20 — Agricultura	601 — Promoção da produção vegetal (excluída pela Portaria nº 67/2012/SOF/MP) 602 — Promoção da produção animal (excluída pela Portaria nº 67/2012/SOF/MP) 603 — Defesa sanitária vegetal (excluída pela Portaria nº 67/2012/SOF/MP) 604 — Defesa sanitária animal (excluída pela Portaria nº 67/2012/SOF/MP) 605 — Abastecimento 606 — Extensão rural 607 — Irrigação 608 — Promoção da produção agropecuária (acrescentada pela Portaria nº 67/2012/SOF/MP) 609 — Defesa agropecuária (acrescentada pela Portaria nº 67/2012/SOF/MP)
21 — Organização agrária	631 — Reforma agrária 632 — Colonização
22 — Indústria	661 — Promoção industrial 662 — Produção industrial 663 — Mineração 664 — Propriedade industrial 665 — Normalização e qualidade
23 — Comércio e serviços	691 — Promoção comercial 692 — Comercialização 693 — Comércio exterior 694 — Serviços financeiros 695 — Turismo

continua

INTRODUÇÃO AO ESTUDO DAS POLÍTICAS PÚBLICAS

Funções	Subfunções
24 — Comunicações	721 — Comunicações postais 722 — Telecomunicações
25 — Energia	751 — Conservação de energia 752 — Energia elétrica 753 — Combustíveis minerais (alterada pela Portaria nº 41/2008/SOF/MP) 754 — Biocombustíveis (alterada pela Portaria nº 41/2008/SOF/MP)
26 — Transporte	781 — Transporte aéreo 782 — Transporte rodoviário 783 — Transporte ferroviário 784 — Transporte hidroviário 785 — Transportes especiais
27 — Desporto e lazer	811 — Desporto de rendimento 812 — Desporto comunitário 813 — Lazer
28 — Encargos especiais	841 — Refinanciamento da dívida interna 842 — Refinanciamento da dívida externa 843 — Serviço da dívida interna 844 — Serviço da dívida externa 845 — Outras transferências (alterada pela Portaria nº 37/2007/SOF/MP) 846 — Outros encargos especiais

As leis que dispõem sobre a elaboração orçamentária, por exemplo, a Lei nº 9.995, de 25 de julho de 2000, definem os diversos elementos formadores dos orçamentos públicos. A partir disso, podemos buscar entender melhor cada um deles:

- Programa — É um instrumento de organização da ação governamental visando à concretização de objetivos. Cada programa identifica ações para atingir seus objetivos, na forma de projetos, atividades e operações especiais. A codificação das ações é composta de quatro algarismos, sendo que o primeiro algarismo identifica o tipo da ação. Os projetos são identificados por algarismos de ordem ímpar (1), à exceção do algarismo (9) que identifica as operações especiais. As atividades são identificadas por algarismos de ordem par (2).
- Projeto — Instrumento de programação para alcançar o objetivo do programa, envolvendo um conjunto de operações, limitadas no

tempo, das quais resulta um produto que concorre para a expansão ou o aperfeiçoamento da ação do governo.

- Atividade — Instrumento de programação para alcançar o objetivo de um programa, envolvendo um conjunto de operações que se realizam de modo contínuo e permanente, das quais resulta um produto necessário à manutenção da ação do governo.
- Operações especiais — São despesas que não contribuem para a manutenção das ações do governo, das quais não resulta um produto e que não geram contraprestação direta na forma de bens e serviços. Exemplo: amortização e encargos, aquisição de títulos, pagamento de sentenças judiciais, transferências a qualquer título, fundos de participação, operações de financiamento, ressarcimentos de toda a ordem, indenizações, participações acionárias, contribuição a organismos nacionais e internacionais, compensação financeira, pagamento a inativos.

Fases do ciclo orçamentário

Elaboração

Esta fase do ciclo orçamentário é de competência do Poder Executivo, que é responsável pela elaboração da estimativa de receita, consolidação das propostas parciais das unidades orçamentárias, organização dos programas de trabalho, confecção das tabelas e anexos etc. Encerrada essa etapa, o Poder Executivo deverá enviar o projeto de lei orçamentária dentro dos prazos estabelecidos pela Constituição Federal ou conforme estabelecido na lei orgânica.

Estudo e aprovação

Fase de competência do Poder Legislativo, quando os legisladores analisarão e votarão o projeto de lei orçamentária. Os parlamentares, por meio de emendas, podem aperfeiçoar a proposta, visando a uma alocação melhor dos recursos públicos. As emendas são sujeitas a restrições de diversas ordens, conforme normas constitucionais e infraconstitucionais.

Execução

A execução do orçamento constitui a fase de concretização dos objetivos e metas da administração pública através da realização das despesas conforme a realização das receitas.

Avaliação

A avaliação refere-se à definição dos critérios para o julgamento dos resultados alcançados com os programas de trabalho desenvolvidos durante a execução do orçamento. A avaliação do orçamento poderá se dar por meio da sociedade organizada, dos tribunais de contas e mesmo pela função de fiscalização dos poderes constituídos.

Os recursos apontados no orçamento e aprovados pelo processo legislativo indicado não podem ser utilizados de acordo com a vontade ou humor dos governantes. Existe uma série de limitações legais — quer para mais, quer para menos — que precisa ser obedecida. Eis, a seguir, uma série desses comprometimentos orçamentários:

- aplicação mínima de recursos com ações e serviços públicos de saúde (Emenda Constitucional nº 29/2000);
- aplicação mínima de recursos na manutenção e desenvolvimento do ensino (art. 212 da CRFB/1988 e Emenda Constitucional nº 14/1996);
- aplicação máxima de recursos na manutenção da câmara municipal (Emenda Constitucional nº 25/2000);
- aplicação no Instituto de Previdência dos Servidores Públicos (lei orçamentária anual);
- *limite máximo de despesas com pessoal* (Lei Complementar nº 101/2000 — LRF);
- *reserva de contingência*: despesa destinada ao atendimento de passivos contingentes e outros riscos e eventos fiscais imprevistos. Seu montante será definido com base na receita corrente líquida.

É certo que o orçamento público existe para disciplinar o gasto dos recursos que se originam da sociedade e que devem voltar para ela na figura dos benefícios vários identificados por meio de seus representantes.

POLÍTICAS PÚBLICAS E INTENCIONALIDADE

Logo, o orçamento é um disciplinador de fazer e um artifício de análise do que foi realizado, mas, nem por isso, será uma "camisa de força" para o bom governante. A lei orçamentária prevê a possibilidade de se proceder a alterações ao longo do ano fiscal, sempre com o objetivo de atender às necessidades da sociedade, considerando a devida autorização do Poder Legislativo. Essa opção é utilizada quando ocorre algum tipo de desastre natural, impossível de ser previsto pelo planejador e cuja solução necessita de recursos orçamentários, ou mesmo nas ocorrências cujo planejamento é de difícil precisão, conforme quadro 4.

QUADRO 4
Situações em que a lei orçamentária admite alteração da destinação de recursos

Alterações orçamentárias	*Créditos adicionais*: são autorizações de despesas não computadas ou insuficientemente dotadas na lei do orçamento (art. 40 da Lei nº 4.320/1964)	*Suplementares*: destinados a reforço de dotação orçamentária.	
		Especiais: destinados a despesas para as quais não haja dotação orçamentária específica;	
		Extraordinários: destinados a despesas urgentes e imprevistas, em caso de guerra, comoção intensa ou calamidade pública.	
	Remanejamentos: são utilizados em casos de reestruturação administrativa, movimentação de pessoal de uma unidade para outra, fusão, desmembramento ou incorporação de entidades governamentais (art. 167 da CRFB/1988).		
	Transposições: são utilizadas para movimentação de recursos entre projetos e atividades de um programa ou entre programas da mesma unidade orçamentária (art. 167 da CRFB/1988).		
	Transferências: são utilizadas para movimentação de recursos entre elementos de despesa de uma mesma categoria econômica ou entre categorias econômicas dentro da mesma unidade orçamentária (art. 167 da CRFB/1988).		

2

POLÍTICAS PÚBLICAS: DIMENSÕES E CATEGORIAS

> *O que de mais perigoso pode fazer o mundo de hoje é*
> *prosseguir na política, como de costume.*
>
> KARL DEUTSCH (1980)

Até aqui, percorremos um longo caminho em que buscamos posicionar as políticas públicas no contexto político, nos seus aspectos mais diversos: legitimidade, legalidade, liberdade de fazer, limites etc. Na verdade, estudamos as políticas públicas numa visão exógena: olhamos de fora!

Podemos também estudar o assunto por meio de uma análise endógena, isto é, conhecendo como as políticas públicas se estruturam: suas distintas classificações, dimensões e categorias e as vias de interferência entre elas. Para esse fim, vamos recorrer ao olho educado daquele setor da ciência política que se dispõe a estudar a política pública em todo o seu processo, que é conhecido como "análise de políticas públicas" (*policy analysis*), sempre com a tarefa do generalista que toma emprestado o conhecimento e abre espaço para o aprofundamento junto ao especialista.

O grupo que se dedica à análise de políticas públicas no Brasil ainda é reduzido e também incipiente (Belloni, Magalhães e Souza, 2001:9), tal qual os que se dedicam à formulação de políticas públicas. Esse exercício avaliativo é, em geral, empírico, e por tal está circunscrito a estudos de casos e possui validade reduzida, não podendo ainda caminhar para a generalização. Mais uma vez, fica clara a necessidade de apresentação de modelos teóricos que atendam à formulação de políticas públicas, sua análise, acompanhamento e avaliação.

Apesar dessa restrição concreta, é possível encontrar trabalhos que não só avaliam políticas públicas, mas também estudam e propõem dimensões e categorias para as mesmas, com o objetivo de permitir melhor análise de suas etapas, desde sua definição pelo governante até suas consequências — felizes ou não — para a sociedade. Para essa etapa de nosso trabalho, usaremos principalmente as obras de Frey (2000), Rico (2001) e Belloni, Magalhães e Sousa (2001), cuja leitura recomendamos para aprofundamento dos temas em estudo.

Buscando socializar os termos comuns nessa área de estudo, vamos apresentar os conceitos de três dimensões de análise de política (Frey, 2000:216), a saber: *polity, politics* e *policy*. Vejamos:

- A "dimensão institucional '*polity*' se refere à ordem do sistema político, delineada pelo sistema jurídico, e à estrutura institucional do sistema político-administrativo". Estão nessa dimensão as estruturas políticas.
- Na "dimensão processual '*politics*' tem-se em vista o processo político, frequentemente de caráter conflituoso, no que diz respeito à imposição de objetivos, aos conteúdos e às decisões de distribuição". Estão nessa dimensão todos os movimentos, explícitos ou não, que levam os atores envolvidos em uma política pública específica ao conflito, ao consenso, à coalizão e à cisão.
- "A dimensão material '*policy*' refere-se aos conteúdos concretos, isto é, à configuração dos programas políticos, aos problemas técnicos e ao conteúdo material das decisões políticas". Estão nessa dimensão todos os movimentos que produzam resultados materiais concretos.

Na mesma direção, Couto (2005:95-96) apresenta as três dimensões da política e trata da relação entre elas e suas implicações mútuas, apresentando o conceito de política pública na perspectiva de um cientista político, preocupado com questões de ordem jurídica. Escreve ele:

A primeira dimensão, a da política constitucional, diz respeito à estruturação básica do Estado, à sua conformação fundamental. De acordo com a política constitucional vigente podemos definir a natureza de um Estado em particular, levando em consideração os direitos fundamentais que assegura e os procedimentos que aciona para permitir a tomada de decisão pelos governantes e a participação política pelos governados. Desta forma, é possível definir uma política constitucional como democrática em função dos procedimentos (quem governa e como governa), mas também como social, ou de bem-estar social, caso assegure a seus cidadãos direitos sociais mínimos (o que garante o Estado). Utilizando a denominação dada a esta dimensão em linguagem corrente no inglês, poderíamos definir a política constitucional como *polity*.

A segunda dimensão, a da política competitiva, concerne à atividade política que tem lugar no âmbito de certa conformação estatal. Política aqui é jogo, com suas diversas possibilidades: conflito, cooperação, alianças, vitórias, derrotas, empates, ganhos, perdas etc. Pode-se dizer que em certa medida toda atividade política é, ao menos em certo grau, competitiva, mas é em regimes poliárquicos (democráticos, sobretudo, mas também os liberais) que a competição política ganha relevo (Dahl, 1997), na medida em que se torna não apenas um elemento de fato da atividade política, algo posto e inevitável, mas também algo legítimo e mesmo desejável. [...]. É do desenvolvimento desta atividade estatal que resultam as decisões de governo, por um lado, e que se transforma a estrutura estatal vigente, por outro. Na denominação em inglês, teríamos aqui a *politics*.

Finalmente, a terceira dimensão, a das políticas públicas, concerne ao produto da atividade política no âmbito de um determinado Estado. É política pública tudo aquilo que o Estado gera como um resultado de seu funcionamento ordinário. Podemos dizer, por isto, que a produção das políticas públicas é condicionada tanto pela política competitiva, quanto pela política constitucional, sendo que esta define duas coisas. Primei-

INTRODUÇÃO AO ESTUDO DAS POLÍTICAS PÚBLICAS

ramente, o parâmetro possível no âmbito do qual a competição política pode se desenvolver. Em segundo lugar, os conteúdos legítimos das políticas públicas concretizadas como um desfecho do jogo político — determinando os programas de ação governamental iniciados, interrompidos, alterados ou que têm prosseguimento. Na denominação em inglês, teríamos aqui a *policy*.

É certo que a identificação de três dimensões para a política não faz com que essas três dimensões sejam estanques ou pressupõe que as mesmas possam existir isoladamente. Na verdade, a intercomunicação é permanente e os impactos das políticas públicas em cada uma delas — no campo real ou no campo da simulação — são o bastante para provocar uma real interdependência a ser levada em conta no momento da decisão e da implementação das políticas públicas.

Como exemplos dessa interdependência temos as políticas públicas setoriais que afetam um grande número de pessoas (mudança na previdência) ou que se referem a temas com valores simbólicos (meio ambiente).

Neste último caso, podemos lembrar a importância de se transformar o meio ambiente em tema merecedor de políticas públicas específicas, ocasionando uma reengenharia dos poderes e instituições públicas (*polity*) no sentido de atender efetivamente à demanda social materializada nas políticas públicas (*policy*), resultante de numerosas negociações envolvendo os poderes Executivo e Legislativo, bem como a crescente participação da sociedade organizada por meio de grande número de organizações não governamentais, associações etc. (*politics*). Esse jogo de forças é um sistema de vasos comunicantes. Nada está acabado ou definido, tudo está "em processo" e, dependendo do jogo de forças (*politics*), as definições e prioridades se modificam (*polity*), acarretando novos programas, projetos, ações, metas, recursos, público-alvo etc. (*policy*).

Se é certo que as dimensões possuem grau de interdependência, não é tão certo que haja uma supremacia permanente de uma das dimensões sobre as demais. Parece mais correto dizer que a posição de influência,

POLÍTICAS PÚBLICAS

ou de prevalência, dependerá do momento político, ou do clamor social, bem como da queda de braço permanente entre as forças que se agrupam para aprovar ou impedir certas realizações. Nessa lista de interferentes, devemos incluir, principalmente, *fatores restritivos* à execução de políticas, como o calendário político, que será sempre múltiplo de quatro — com resultados parciais a cada dois anos, coincidindo com as eleições, que são os principais momentos de renovação de "poder" para a classe política —, e *fatores motivadores*, como a necessidade de realizar ações de governo em determinada região geográfica — casa do aliado ou reduto do adversário —, dando prioridade à análise política em detrimento dos ditames técnicos.

Sobre isso, descreve Frey (2000:219):

> A pergunta pelo grau de influência das estruturas políticas (*Polity*) e dos processos de negociação (*Politics*) sobre o resultado material concreto (*Policy*) parte, no meu entender, do pressuposto de concatenação de efeitos lineares.
>
> [...]
>
> As disputas políticas e as relações das forças de poder sempre deixarão suas marcas nos programas e projetos desenvolvidos e implementados.
>
> [...]
>
> O exame da vida de certas políticas setoriais, sobretudo as de caráter mais dinâmico e polêmico, não deixa dúvidas referentes à interdependência entre processos e resultados das políticas.

Realçados os jogos de forças entre as dimensões, devemos, nesse momento, introduzir no "tabuleiro" mais algumas peças importantes: os atores sociais (de vários tipos) e seus múltiplos interesses e valores, e as instituições, com uma série de instrumentos de intervenção e de estratégias de política. Para melhor entendermos como esses personagens se movimentam no contexto das políticas públicas, vamos estudá-los a partir de três categorias de políticas públicas (Frey, 2000): rede de política (*policy networks*), arena de política (*policy arena*) e ciclo de política (*policy cicle*).

REDE DE POLÍTICA (*POLICY NETWORKS*)

> *As virtudes perdem-se no interesse*
> *como as águas do rio se perdem no mar.*
>
> FRANÇOIS LA ROCHEFOUCAULD

Entenderemos rede de política como a reunião circunstancial de instituições, cidadãos ou grupo organizado de cidadãos, oriundos dos poderes Executivo e Legislativo e da sociedade, em torno de uma política pública de interesse comum, quer em sua etapa política, quer em sua etapa administrativa.

Essas redes de política possuem desenhos e hierarquias que variam de acordo com seus membros formadores. Podem possuir uma estrutura de adesão por competências, com hierarquia horizontal, em geral agregando pessoas ou instituições de tamanho, experiência e poder aglutinador semelhantes.

Podem, também, por conta da existência de um ou mais componentes com poder diferenciado, possuir desenho de submissão e hierarquia centrada na obediência.

Os desenhos de "rede de política" serão tão numerosos quanto possam ser as combinações dos diferentes tipos de atores políticos e suas distintas competências e valores. Por conta disso, devemos buscar — na tentativa de estruturar o fenômeno para melhor estudá-lo — grandes conjuntos de análise. Podemos dizer que existem dois eixos com binômios extremos: aberta/fechada e inclusiva/excludente:

- aberta: grupo com alta densidade comunicativa com o "exterior", vai atrás de novos membros;
- fechada: grupo com baixa ou nenhuma comunicação com o "exterior", é procurado por novos membros;
- inclusiva: grupo com baixa barreira de acesso a novos membros. Tem baixa ou nenhuma exigência como pré-requisito;
- excludente: grupo com altas barreiras de acesso e novos membros. Exige algum tipo de pré-requisito.

POLÍTICAS PÚBLICAS

Se buscarmos construir uma matriz envolvendo os dois eixos e seus binômios, poderemos ter o seguinte desenho de "redes de política", como hipótese de trabalho:

QUADRO 5
Redes de política

	Inclusiva	Excludente
Aberta	Todos Relações não institucionais, com controle mútuo e democrático, de estrutura hierárquica horizontal por escolha. Ex.: política de direitos e associações temáticas.	Escolhidos Relações institucionalizadas, com baixa confiança, alta competitividade, aberta a quem pode, com estrutura vertical por escolha entre os pares. Ex.: política de exportação e política de C & T.
Fechada	Desbravadores Relações intensas, de fácil acesso, mas por vontade do novo membro; estrutura horizontal com hierarquia pela maior representatividade. Ex.: grupo de servidores públicos e setores da economia de alta competitividade.	Poucos Relações intensas, rotineiras, institucionalizadas, com estrutura vertical de hierarquia pelo poder constituído. Ex.: política monetária e política de defesa nacional.

O conceito de "rede de política" permite algumas inferências, no mínimo, enriquecedoras do debate sobre políticas públicas:

- as "redes de políticas" se formam em torno de grandes temas ou temas gerais que alcançam o conjunto da coletividade. Os agrupamentos formados em torno de temas pontuais ou que atingem um pequeno grupo não se caracterizam como "rede de política" (Frey chama de *issue network*);
- um mesmo tema pode ter mais de uma "rede de política", uma vez facultado a seus membros aderir ou não à rede existente e, em caso negativo, formar outra "rede de política" com pessoas mais afins, na tentativa de defender interesses ou interpretações distintas sobre o mesmo tema;
- as "redes de políticas" agregam seus atores enquanto houver uma motivação temática. Cessado o motivo que provocou a formação

da rede, é provável que os atores se dispersem. A luta por recursos do orçamento é um exemplo: cessado o período de distribuição de recursos, a "rede de política" por mais recursos se desfaz;

- atores sociais podem participar de "redes de política" distintas e até mesmo antagônicas ao longo do tempo. O fator diferencial nesses casos está no contexto social e valores que interferem de maneira superlativa no tema. Um exemplo clássico é a mudança de "rede de política" de políticos em campanha (uma rede de política) e quando estão no governo (outra rede de política);
- os partidos políticos deveriam se comportar como uma "rede de política", em que o ideário partidário funcionaria como tema aglutinador.

ARENA DE POLÍTICA (*POLICY ARENA*)

Segundo Frey (2000), a concepção de arena de política surge do pressuposto de que a reação e a expectativa das pessoas em relação à política são fatores que influenciam nas decisões políticas. Os ganhos e perdas das pessoas, o que elas vão pensar sobre seus ganhos e perdas e, principalmente, como elas vão reagir a isso são fatores relevantes nos processos de decisão de políticas públicas, tendo como consequência a opção por um ou por outro modelo de política.

Essas arenas políticas podem ser classificadas como formais (Poder Legislativo ou qualquer ministério), ou informais (a "rua" ou a sociedade de modo geral). Um exemplo bastante comum é a repetida discussão entre o Poder Executivo e as categorias, como o sindicato dos professores. Quando a "arena" é formal, os debates ocorrem nos gabinetes, tendo como atores seus representantes, e passa a ser uma "arena" informal quando o movimento alcança as ruas e a sociedade nos movimentos de paralisação e de greve. A arena e a dinâmica do debate resultam fortemente do perfil, força e intransigência dos atores. Para acompanhar o exemplo anterior temos que a arena que formula políticas educacionais tem, quase que exclusivamente, dois fortes atores: O Poder Executivo e os sindicatos de professores.

O Banco Interamericano de Desenvolvimento (2007:23-124), quando analisa os atores de políticas públicas, cita três grandes categorias, que adaptamos:

1. na primeira delas, estão os partidos políticos, a legislatura e o titular do Poder Executivo (presidente, governadores e prefeitos), que ocupam lugar central na arena formal;
2. na segunda categoria, estão as equipes de governo, a burocracia e o Poder Judiciário;
3. na terceira categoria, estão as empresas, os sindicatos, os meios de comunicação, os movimentos sociais e as fontes especializadas em políticas (atores do conhecimento específico).

Ruiz (1997), citando Larson, diz que investigadores de administração educacional reconhecem as escolas como arenas de política. Os estudos micropolíticos em administração educacional, continua a autora, têm se voltado para as lutas entre administradores e indivíduos ou grupos sujeitos ao controle administrativo formal dentro dos sistemas escolares. Esse campo de investigação tem iluminado o pensamento político e as estratégias de poder usadas nos conflitos entre administradores e professores, diretores e administradores escolares e superintendentes e conselhos escolares.

CICLO DE POLÍTICA[12] (*POLICY CICLE*)

Até aqui, estudamos as "redes de políticas" e percebemos o quanto elas são influenciadas pelos atores e instituições que as compõem e pelo contexto que as envolve no traçado do tempo. Vimos as "arenas de políticas" e as hipóteses de modelos de ação das políticas, identificando os conflitos, consensos, coalizões e cisões consequentes.

---

[12] Esse tipo de estudo será também desenvolvido no capítulo voltado para o planejamento de políticas. O item foi colocado aqui para compor o conjunto de dimensões e categorias.

INTRODUÇÃO AO ESTUDO DAS POLÍTICAS PÚBLICAS

O "ciclo de política" é o responsável por ordenar essas diferenças de forma racional, servindo de ponte entre a "intencionalidade de ação de governo" — nosso metaconceito de política pública — e sua efetiva realização junto à sociedade que, afinal, é quem paga as contas.

O "ciclo de política" é dividido em etapas racionais que permitem uma ordenação ótima de tempo, recursos, pessoas etc. na busca de execução daquilo que a vontade política intentou projetar. Se bem planejado e seriamente executado, o "ciclo de política" permitirá ao analista de políticas públicas identificar as forças atuantes (vencedoras e derrotadas), as "redes de política" envolvidas, as práticas administrativas adotadas e os instrumentos de acompanhamento, avaliação e controle de cada fase do processo proposto.

Ainda fiéis à tentativa de criar padrões que permitam generalizações, podemos dizer que o "ciclo de política" deve obedecer a um princípio geral e ideal de ordenação. Tanto Bucci (2002:266) quanto Frey (2000:226) propõem, por analogia, o modelo da processualidade, que se sustenta sobre três momentos: o da formação ou formulação das políticas públicas, o da execução ou implementação e o da avaliação e controle. Podemos detalhar a proposta da seguinte forma:

- 1º momento: é o da apresentação dos pressupostos políticos que sustentam a proposta de políticas públicas, pelos formuladores, aos interessados ou mesmo à sociedade em geral. De acordo com nossa hipótese de trabalho, este é um espaço político;
- 2º momento: é aquele em que as ideias tomam corpo por meio dos canais administrativos, apresentando os pressupostos, os fundamentos, as etapas, os indicadores de processo e de resultado, o público-alvo, o custo etc.;
- 3º momento: é aquele guardado para a avaliação dos resultados da política pública, em que são comparados os efeitos pretendidos e aqueles obtidos.

Avançando um pouco mais e propondo uma estrutura analítica para o "ciclo de política", Frey (2000:226) indica cinco etapas, que apresentamos a seguir:

1ª etapa: percepção e definição de problemas — Nesse ponto o autor chama a atenção para aqueles que efetivamente conseguem identificar a necessidade de produzir políticas públicas para diferentes setores: a administração pública, os políticos, a própria sociedade e a mídia. Deixa clara a distância entre a sociedade solicitar uma política para uma dificuldade e o governo efetivamente estar convicto de que o problema é "merecedor de política".

2ª etapa: agenda — É nessa etapa que se decide se a proposta de política é prioritária (mesmo que seja importante) e, por tal, inserida na agenda de realizações presente. Em contexto sério, são feitas avaliações de mérito, ensaio de custo, simulações de impacto, opções de modelo de implementação de políticas e as "redes de políticas" envolvidas no "a favor" e no "contra".

3ª etapa: elaboração de programas e de decisão — nessa etapa, o formulador de política se dedica a escolher a melhor ação ou caminho. Para decidir, deve considerar os conflitos a serem gerados e as alianças possíveis entre os atores políticos que participaram da decisão. A decisão possível, em geral, está longe da decisão ideal. Diz Frey que "decisões verdadeiras, isto é, escolhas entre várias alternativas de ação, são raras exceções nesta fase do ciclo político" (2000:228).

4ª etapa: implementação de política — é a etapa em que a política pública se concretiza, buscando aproximar ao máximo o objetivo pretendido e o objetivo alcançado. Para alcançar seu intento, essa fase deve responder àquelas perguntas básicas, que serão aprofundadas no capítulo de planejamento:

- O que eu quero?
- Como vou fazer?
- Por que eu quero?
- Quando vou fazer?
- Quem será beneficiado? Quantos são eles?
- Quais as dificuldades previsíveis?
- Como vou medir o processo e o resultado?
- Quanto vai custar?
- Quem vai pagar?

INTRODUÇÃO AO ESTUDO DAS POLÍTICAS PÚBLICAS

- Com quem eu conto na execução e qual seu poder (aliados)?
- Quem não vai gostar e qual seu poder (adversários)?

5ª etapa: avaliação e controle — nessa etapa, devemos comparar os resultados pretendidos e alcançados, relacionar os indicadores previamente calculados, apurar a relação custo x benefício, conhecer os impactos sociais verdadeiros, enumerar as inconsistências e efeitos colaterais, reavaliar a proposta, propor o fim do "ciclo de políticas" e/ou o início de um novo ciclo.

Calmon (1999), citando Eugene Bardach, indica oito passos para a análise de políticas públicas:

1. *definição do problema* — identificar o que deve ser superado. É preferível que o levantamento possua dados quantitativos;

2. *coleta das informações relevantes* — delimitar o problema e coletar informações são atividades complementares: a coleta de informações será muito mais eficiente se você delimitar o problema com precisão. O principal erro nessa etapa é perder tempo coletando dados que não têm nenhum valor analítico, deixando de coletar outro que o tempo mostrará ser importante;

3. *proposição de alternativas* — a acepção dada à palavra "alternativas" equivale ao termo "diferentes cursos de ação" ou "diferentes estratégias de intervenção", que podem ser mutuamente excludentes ou podem significar a possibilidade de combinação de "alternativas";

4. *seleção de critério para a escolha de alternativas* — todo critério é arbitrário. Por isso, não espere que ele atenda a todos indistintamente. Para identificar a alternativa, busque o critério que aponte para um melhor resultado objetivo e que você possa defender e justificar;

5. *estimativa dos resultados* — se você delineou o problema com alguma precisão, se coletou as informações mais relevantes, se identificou um conjunto de alternativas viáveis, se construiu critérios baseados em resultados e defensáveis, você terá um pouco mais de facilidade em prever os resultados. É certo que o desenho de cenários sempre está condicionado a imprevistos e a variações,

POLÍTICAS PÚBLICAS

mas será sempre possível identificar um quadro normativo a que se deseja chegar;

6. *análise de negociação* — quando uma das alternativas é predominante sobre as demais, não há o que negociar. Ela, por si só, conquista o consenso. Pode, entretanto, acontecer de as alternativas levarem a negociações sobre vantagens e desvantagens: "Vale a pena gastar mais R$ 100.000 por mês para manter a biblioteca da universidade aberta 24 horas por dia, sete dias por semana? Ou é melhor manter o total gasto atualmente e fechá-la durante a madrugada e aos domingos?" (Calmon, 1999:17);

7. *decisão* — após todos esses passos, você será chamado a decidir o que fazer. Em alguns casos, você deverá preparar o projeto e defendê-lo frente ao chefe ou a uma comissão. Se você estiver convencido... decida! Se não, reavalie os fatos e as análises. Se você, que é o formulador da política, não está convencido dela, não será capaz de convencer os demais!;

8. *elaboração do relatório* — nesse momento você deve apresentar o que formulou. Calmon (1999:18) lembra o teste do motorista de táxi... um espetacular exemplo:

Suponha que você tenha acabado de chegar ao aeroporto e tenha entrado em um táxi. No trajeto para o hotel, o motorista pergunta onde você trabalha. Sua resposta é: "Sou analista de políticas públicas". A pergunta do motorista é óbvia: "O que faz um analista de políticas públicas?" Você responde que vem trabalhando na análise de um determinado problema e caracteriza, de forma muito resumida, o problema. Aí o motorista de táxi, com a objetividade, pergunta: "E qual é a solução para esse problema?" Você tem apenas um minuto para apresentar, de forma articulada, coerente e bastante simples, a resposta, antes que ele comece a lhe acusar de ser um intelectual incompreensível ou um sujeito muito confuso. Se você acredita que não é capaz de apresentar uma resposta de forma suficientemente simples para fazer sentido para um indivíduo leigo, talvez realmente não tenha entendido o problema e a solução que está querendo propor. É hora de retornar ao trabalho.

INTRODUÇÃO AO ESTUDO DAS POLÍTICAS PÚBLICAS

Ter essas etapas bem definidas pode fazer a diferença entre formular as políticas e conduzir sua execução ou deixar-se levar pelos acontecimentos e ser surpreendido a cada etapa. Entretanto, a prática pode indicar que as coisas não acontecem assim, considerando os atores envolvidos, as forças e pressões antagônicas, os tempos, os custos, os interesses legítimos e mesquinhos... Logo, esperemos que haja alguma racionalidade, mas esperemos, mais ainda, que haja resultados positivos. Isto é, identificado um problema público — diferença entre a situação atual e uma situação melhor e ideal a ser perseguida —, que ele possa ser (bem) superado.

POR UMA TAXIONOMIA DAS POLÍTICAS PÚBLICAS

> *Classificar é uma forma de dar sentido. A classificação costuma ser hierárquica e permite estabelecer relações de pertencimento. Ao classificar definimos, e ao definir, tomamos uma decisão a respeito da essência de algo.*
>
> JOSEPH REDORTA (2004:95)

Parece-nos importante estabelecer sistemas de execução de políticas públicas que auxiliem a modelagem de ações com a padronização possível das reações daqueles que sofrem os efeitos dessas mesmas políticas, criando espaços de participação para os atores envolvidos, sem desconsiderar que há temas que devem ser tratados na arena formal e outros que merecem ser tratados na chamada arena informal.

Essas modelagens de ações ou formas de executar políticas, apesar de arbitrárias, trazem benefícios ao formulador e ao avaliador de políticas públicas, uma vez que podem "ser caracterizadas, no tocante à forma e aos efeitos dos meios de implementação aplicados, aos conteúdos das políticas e, finalmente, no que tange ao modo da resolução de conflito" (Frey, 2000:223), a antecipação de hipóteses de consenso, as possibilidades concretas de coalizão e a identificação de cisão de grupos.

Nossa proposta aqui é buscar uma modelagem de políticas públicas que atenda aos propósitos deste trabalho na visão de políticas públicas que

POLÍTICAS PÚBLICAS

buscamos disseminar. As tipologias clássicas que foram apresentadas por autores disponíveis em língua portuguesa devem ser buscadas visando ao aprofundamento deste tipo de estudo. Aqui apresentaremos uma síntese da tipologia recolhida por Secchi (2010) e Souza (2006).

Secchi (2010) faz interessante estudo sobre os tipos de políticas públicas e apresenta as tipologias clássicas de Theodore Lowi, que propõe as políticas públicas distributiva, redistributiva, regulatória e constitutiva; as de James Q. Wilson, que propõe as políticas majoritária, empreendedora, clientelista e de grupos de interesse, partindo de tabela de dupla entrada, usando custos e benefícios (distribuídos e concentrados); as de Gormley, que propõe as políticas de audiência, de baixo escalão, de sala de reuniões e de sala de operações, partindo de tabela de dupla entrada, usando a saliência pública e a complexidade técnica (alta e baixa); a de Gustafsson, que propõe a política real, pseudopolítica, política simbólica e a política sem sentido, a partir de tabela de dupla entrada, envolvendo o conhecimento para elaboração da política e a intenção de implementar a política; e, por fim, a de Bozeman e Pandey, que dividem as políticas públicas em de conteúdo essencialmente político e de conteúdo essencialmente técnico.

Souza (2006:28-34) apresenta os tipos de políticas públicas considerando as contribuições de

Theodor Lowi (1964; 1972) [que] desenvolveu a talvez mais conhecida tipologia sobre política pública, elaborada através de uma máxima: a política pública faz a política; [...]

Incrementalismo: A visão da política pública como um processo incremental foi desenvolvida por Lindblom (1979), Caiden e Wildavsky (1980) e Wildavisky (1992). Baseados em pesquisas empíricas, os autores argumentaram que os recursos governamentais para um programa, órgão ou uma dada política pública não partem do zero e, sim, de decisões marginais e incrementais que desconsideram mudanças políticas ou mudanças substantivas nos programas públicos. Assim, as decisões dos governos seriam apenas incrementais e pouco substantivas; [...]

O ciclo da política pública: Esta tipologia vê a política pública como um ciclo deliberativo, formado por vários estágios e constituindo um processo dinâmico e de aprendizado. O ciclo da política pública é constituído dos seguintes estágios: definição de agenda, identificação de alternativas, avaliação das opções, seleção das opções, implementação e avaliação. [...] Coalizão de defesa: O modelo da coalizão de defesa (*advocacy coalition*), de Sabatier e Jenkins-Smith (1993), discorda da visão da política pública trazida pelo ciclo da política e pelo *garbage can* por sua escassa capacidade explicativa sobre por que mudanças ocorrem nas políticas públicas. Segundo estes autores, a política pública deveria ser concebida como um conjunto de subsistemas relativamente estáveis, que se articulam com os acontecimentos externos, os quais dão os parâmetros para os constrangimentos e os recursos de cada política pública. [...]

Arenas sociais: O modelo de arenas sociais vê a política pública como uma iniciativa dos chamados empreendedores políticos ou de políticas públicas. Isto porque, para que uma determinada circunstância ou evento se transforme em um problema, é preciso que as pessoas se convençam de que algo precisa ser feito. É quando os *policy makers* do governo passam a prestar atenção em algumas questões e a ignorar outras [...]

Modelo do "equilíbrio interrompido": O modelo do "equilíbrio interrompido" (*punctuated equilibrium*) foi elaborado por Baumgartner e Jones (1993), baseado em noções de biologia e computação. Da biologia veio a noção de "equilíbrio interrompido", isto é, a política pública se caracteriza por longos períodos de estabilidade, interrompidos por períodos de instabilidade que geram mudanças nas políticas anteriores [...]

Modelos influenciados pelo "novo gerencialismo público" e pelo ajuste fiscal: A partir da influência do que se convencionou chamar de "novo gerencialismo público" e da política fiscal restritiva de gasto, adotada por vários governos, novos formatos foram introduzidos nas políticas públicas, todos voltados para a busca de eficiência [...]

Em seu trabalho, Howllett, Ramesh e Perl retomam a diferença de abordagem entre o racionalismo (2013:162) e o incrementalismo (2013:165) e apresentam modelos de tentativa de superar essas diferenças a fim de alcançar a maximização de resultados sociais. Citam Mintzberg, Raisinghani e Theoret (1976):

POLÍTICAS PÚBLICAS

Diante de uma situação complexa, não programada, os tomadores de decisão procuram reduzir a decisão a subdecisões às quais ele [*sic*] aplica propósito geral, conjuntos intercambiáveis de procedimentos, ou rotinas. Em outras palavras, os tomadores de decisão lidam com situações não estruturadas, decompondo-as fatorialmente em elementos familiares, estruturais. Além disso, o tomador de decisão individual usa muitos atalhos para a resolução de problema, contenta-se com o que o "satisfaz" em vez de obter vantagem máxima, não olha muito longe à sua frente, reduz o ambiente complexo a uma série de "modelos" conceituais simplificados (Mintzberg et al., 1976:247; ver também Weiss, 1982 apud Howllett, Ramesh e Perl, 2013:170).

Parece que há uma referência explícita ao modelo de resolução de problemas públicos que diz que transformar um grande problema em muitos problemas menores pode ser um caminho de solução.

Propomos que esse conjunto de modelos de estudo seja dividido em políticas públicas de execução, de correlação, de confronto, de topologia e desprezíveis.

As políticas públicas de execução podem ser chamadas de: distributivas, redistributivas, regulatórias, constitutivas, sociorregulatórias, compensatórias (Frey, 2000; Lavinas, s.d.), às quais adicionamos, ainda, as afirmativas e as de fomento. As políticas públicas distributivas, redistributivas, regulatórias e constitutivas, como bem lembram Souza (2006) e Secchi (2010), são propostas por Theodore J. Lowi (1964).

As políticas públicas de correlação (Belloni, Magalhães e Sousa, 2001) podem ser chamadas de: congruentes, complementares e reparadoras.

As políticas públicas de confronto são aquelas que podem ser classificadas quanto à posição de seu formulador/divulgador num determinado contexto político. Podem ser chamadas de políticas públicas de oposição ou de situação.

As políticas públicas topológicas são assim chamadas por conta da analogia que fazemos com as *posições* de esquerda e de direita, e com sua pretensa alternativa: a terceira via.

INTRODUÇÃO AO ESTUDO DAS POLÍTICAS PÚBLICAS

A política pública desprezível agrupa aquelas executadas por motivações negativas e que manifestam valores políticos, sociais ou éticos que precisam ser superados em uma democracia que se pretende amadurecida.

POLÍTICAS PÚBLICAS DE EXECUÇÃO

Políticas distributivas

São processos de caráter eminentemente voltado para a distribuição de algum tipo de vantagem (renda, bens etc.) com recursos próprios da fonte formuladora da política, isto é, da coletividade. Como não aparece o grupo que "perde vantagens" para que outro grupo as receba, esse tipo de política apresenta baixo índice de conflito, até porque a maioria da população parece desconhecer que todo recurso público provém da mesma fonte: a sociedade. Políticas desse tipo alcançam um grande número de beneficiários mas em escala pequena. Diz Frey (2000:224) que "potenciais opositores costumam ser incluídos na distribuição de serviços e benefícios".

Nesse modelo, todos podem vir a ganhar. As emendas parlamentares ao Orçamento da União, por exemplo, estão entre essas políticas (visto que são trocadas por apoio a outras ações políticas).

Secchi (2010:19) ressalta que a essa política de Lowi corresponde à política do tipo clientelista de Wilson.

Políticas redistributivas

São ações de governo que se propõem a deslocar recursos, bens ou valores de uma área, grupo ou setor para outro. Concedem benefícios ou vantagens a algum grupo ou a alguma categoria específica e absorvem recurso de outros grupos ou categorias. Nesse modelo de ação, para que um segmento ganhe, outro deve perder. São ações de governo que, antecipada e deliberadamente, produzem reações e conflitos, de risco/benefício calculados. A decisão institucional é difícil e refletida de acordo com a "taxa de gratificação de futuro". O processo político é difícil, porque as forças antagônicas são mobilizadas visando não perder os bens, direitos, recursos ou benefícios e, por fim, a dimensão material das políticas públicas requer dos planejadores cuidados na formulação e segurança na condução da implementação dessas políticas.

Essa é uma política do tipo alguém perde para que alguém ganhe.

Um exemplo exitoso de política pública redistributiva foi o Fundo de Desenvolvimento do Ensino Fundamental e de Valorização do Magistério (Fundef), que passou a transferir recursos para o ente (estado ou município) que efetivamente detivesse o aluno do ensino fundamental (primeira a nona séries) em sua rede. Isso provocou uma mudança na lógica dos administradores dos sistemas educacionais e propiciou o direcionamento de recursos para quem verdadeiramente detinha a despesa.

Um exemplo genérico é a criação de uma nova área de fomento público com recursos originários da redistribuição de recursos orçamentários já existentes e alocados em outros programas. Por mais que o novo programa seja importante para a sociedade, aquela área que terá seus recursos redistribuídos reage e se organiza em "redes de política" tentando esvaziar a proposta.

Secchi (2010:19) aponta que essa política de Lowi corresponde à política de grupo de interesse de Wilson e às de conteúdo eminentemente político, de Bozeman e Pandey.

Políticas compensatórias

São políticas, em geral, do campo social, muito "utilizadas por sociedades fortemente diferenciadas e desiguais, pois permitem mitigar os efeitos da pobreza" (Lavinas, s.d.:5). Costumam ser focais e nunca universais, uma vez que atendem a uma clientela específica: os pobres. Essas políticas possuem caráter complementar e residual, e devem ter duração limitada para que o "transitório não vire permanente".

Dois exemplos concretos que permitem análise e avaliação de mérito e resultado são os programas Bolsa-Escola, em que a família, com determinado perfil, recebe recursos financeiros para manter os filhos na escola (Lavinas, 2000), e os programas de combate à carência alimentar, que se dispõe a oferecer um complemento alimentar que *compense* a carência alimentar de um determinado segmento da sociedade (Lavinas, s.d.).

Antes de prosseguirmos, vamos extrair da observação de Lavinas (s.d.), dois modos de ação distintos, especialmente utilizados em políticas sociais e que sempre trazem confronto entre os formuladores de políticas (Engel, 2003:7): a *universalização* e a *focalização* de políticas, e acrescer no texto a tão discutida política de ações afirmativas.

Universalização de políticas

A primeira distinção necessária é quanto aos direitos chamados universais, que estão dispostos na Constituição, como educação e saúde, e a universalização de políticas. Não é desse tipo de universalização que estamos tratando, pois esses são direitos a serem cobertos por políticas universais. A universalização de políticas é, antes, um método, uma abordagem, uma maneira de realizar o que se pretende, uma maneira de atingir o grupo a que se destina a política pública.

Quando falamos em universalização de políticas sociais, estamos querendo referir a estratégia de atender a todo o universo do público pretendido (os pobres, por exemplo) em vez de atender de forma focalizada (um tipo de pobre, ou o pobre mais pobre, por exemplo).

A universalização é bastante cômoda para aquele que tem a tarefa de gerenciar a política. Afinal, basta "jogar a rede" e tudo que cair na rede "é peixe". A universalização de políticas busca atender a toda a demanda possível, utilizando-se de toda a infraestrutura existente. Eis aí sua maior limitação, pois, no mais das vezes, aqueles que estão em situações extremas não estão ao alcance das estruturas comuns de atendimento social. A estrutura de engenharia social existente não garante o atendimento às exceções, mas sim à regra geral. Quando propomos a construção de creches em favelas e dizemos que atenderão filhos de mães trabalhadoras, estamos fazendo uma universalização de política. Mas deixamos de fora aquelas mães que, além de não terem com quem deixar seus filhos, não têm como procurar emprego, como se qualificar para achar um emprego e nem meios de subsistência mínimos para si e para seus filhos... Para atingir essas pessoas, não basta a visão universalista de política.

Focalização de políticas

A focalização de políticas, ao contrário do que foi exposto, busca atingir grupos previamente identificados como merecedores do atendimento pela política pública pretendida, mas de difícil alcance, uma vez que estão fora da rede de proteção social naturalmente mantida pelos organismos de atendimento.

Tradicionalmente, os recursos para atendimentos sociais são repassados para estados, regiões ou municípios que mantenham serviços de apoio ou atenção aos segmentos sociais (criança, adolescente, gestantes, idosos, portadores de necessidades especiais etc.), mas os que efetivamente necessitam desses recursos — os destituídos de qualquer apoio — podem não estar no entorno desses programas. Logo, podemos dizer que a focalização de políticas é indispensável para atender àqueles que "são os mais necessitados entre os necessitados".

Numa visão geral, a universalização de políticas serve para "tirar a diferença" e atingir as massas. Os traços estatísticos ou números reduzidos, que permanecem teimando em constar dos levantamentos, possuem características próprias que não serão atendidas por generalidades, solicitando estudo, atendimento e acompanhamento específicos e, por tal, focalizados. Políticas de atendimento à pobreza e de educação de adultos, tal como os baixos índices que restam para os 100% de crianças na escola, são exemplos típicos que requerem a focalização de políticas, se a expectativa de governo for resultado e transformação efetiva ao invés de marketing.

No Brasil, temos vários exemplos no campo da ação contra a fome: desde o Programa de Comida para os Trabalhadores, nos anos 1940, até o recente programa "Fome Zero".

A política compensatória, em tese, é do tipo ninguém perde e alguns ganham. Pode, também, ser enquadrada como política de redução de desigualdade.

Políticas de ações afirmativas

Um ponto importante nas políticas compensatórias são as *chamadas ações afirmativas*, muito em voga atualmente. Essas ações — assim como as políticas compensatórias — buscam oferecer condições especiais a um determinado grupo para que este possa alcançar um patamar mínimo em algum tipo de direito específico. Na verdade, esse tipo de política é um atentado predeterminado ao direito de igualdade a fim de atender a uma desigualdade ainda maior. Nesse aspecto, a história brasileira contemplou a mulher com tempo menor de aposentadoria, considerando a dupla jornada e a vergonhosa tradição de salários menores se comparados aos dos homens na mesma função; contemplou os portadores de necessidades especiais, ofertando-lhes grupos diferenciados de concorrentes para concursos públicos e pontos de emprego na iniciativa privada e, mais recentemente, com ações ainda pouco discutidas e procedimentos questionáveis: as cotas para negros[13] autodeclarados nas universidades públicas, como é o caso do estado do Rio de Janeiro.

Políticas regulatórias

São aquelas ações de governo que visam disciplinar a sociedade, a partir de direitos e deveres surgidos por meio de legislação. São as ordens de fazer ou as proibições, são atos administrativos. Cabe, nas políticas regulatórias, todo o arcabouço que sustenta e ordena o sistema tributário (federal, estadual e municipal), que normatiza a gestão urbana, os recursos minerais e hídricos etc. Estas são políticas coercitivas e que devem submeter a sociedade como um todo, em nome do objetivo do Estado.

Um exemplo bastante rico é a recente Lei Complementar nº 101/2000, ou Lei de Responsabilidade Fiscal, em que o legislador indica os procedimentos ideais para a gestão responsável e transparente dos recursos públicos por meio de dispositivos concretos a que se devem subordinar os sistemas públicos.

---

[13] Sobre este tema ver, entre outros, Kamel (2006).

Outros exemplos são o Código Nacional de Trânsito, o Novo Código Civil etc.

Pelos exemplos, fica claro que a estrutura política se manifesta por meio de "redes de política" interessadas em influir no desenho de políticas públicas a serem implementadas e que resultaram em cada um dos exemplos citados. A política regulatória é sempre alvo de interesses controversos (redes de política antagônicas), de conflitos, consensos, coalizão e cisão.

Será sempre um tipo de política perde-ganha.

Políticas constitutivas ou estruturadoras

São as políticas de base e de fundo. São, na verdade, os pilares que sustentam e movem os modelos de política anteriores. Quando as políticas constitutivas são propostas, elas têm como resultado a mudança das normas que regem o sistema existente. Mudam as regras do jogo. São ações que não podem ficar exclusivamente sob controle de um dos poderes. Políticas constitutivas devem exigir coeficientes políticos altos, além daqueles que podem ser obtidos pelo "é dando que se recebe".

Essa política solicita mudanças constitucionais, modela novas instituições, modifica o sistema de governo e eleitoral, interfere nos processos de negociação e de conflito etc.

Em suma, ela se dispõe a modificar o que é essencial para o Estado como ele se entende.

Política sociorreguladora

Frey (2000:10) propõe esse tipo de política para tratar das questões morais e as que são discutidas de forma controvertida. O autor chama a atenção para o plebiscito sobre a forma de governo do Brasil (presidencialismo *vs.* parlamentarismo), que não despertou a atenção de grande parte da população brasileira. Diz ele: "o interesse da opinião pública é sempre mais dirigido aos conteúdos da política e bem menos aos aspectos processuais e estruturais".

Política de fomento

Até aqui, relacionamos uma série de políticas públicas de intervenção social que visam atender a necessidades humanas e a justiça social (distributivas, redistributivas, compensatórias), atender à nova realidade do Estado e da sociedade (estruturante) e impor regramentos necessários à ordem pública e manutenção do Estado (regulatória). Neste ponto, gostaríamos de introduzir uma categoria inovadora no rol já existente: a política de fomento.[14]

A nosso ver, o conjunto de atribuições primárias do Estado contém inúmeros e distintos itens com graus de complexidade variados, o que dificulta que o Estado esteja em todos os lugares, fazendo tudo para todos. Apesar de ser essa a proposta, a expectativa e a intenção de muitos, não é a realidade brasileira, muito menos a que se consolida no cenário internacional. Não estamos aqui pregando o Estado mínimo, nem atacando o estatismo. O tamanho do Estado deve ser aquele que lhe permita realizar ações tidas como prioritárias para a sobrevivência do cidadão e manutenção da ordem pública. Mas parece óbvio que não é possível ao Estado estar em todos os lugares, fazendo todas as coisas e, ainda, garantir qualidade no resultado e velocidade no processo.

Surge daí a necessidade de o Estado fomentar parcerias em áreas que julgue de interesse público ou estratégico, a fim de atender a necessidades prementes ou vislumbradas para o futuro.

Por tal, devemos entender como política de fomento o estímulo concreto a realizações, em áreas previamente definidas, por agentes diferenciados pela competência, *expertise*, exclusividade, conveniência e oportunidade identificadas pelo poder público.

A política de fomento pode alcançar áreas tidas como indispensáveis à sociedade, mas que possuem obstáculos que impedem a ação mais comum. Temos. por exemplo, a área de ciência e tecnologia, que exige investimentos de médio e longo prazos até o surgimento de resultados teóricos

---

[14] Para um aprofundamento quanto ao estudo do fomento, ver Moreira Neto (2001b:513-546).

ou mesmo práticos (tecnologias), demandando equipamentos e recursos humanos de alto custo. Daí a necessidade de recursos oriundos do poder público por meio do fomento.

A ciência e tecnologia (C&T) ou a pesquisa e desenvolvimento (P&D) são exemplos notáveis de ação de governos nos âmbitos federal e estadual, por meio de seus órgãos mais conhecidos: o Conselho Nacional de Desenvolvimento Científico e Tecnológico (CNPq) e a Financiadora de Estudos e Projetos da Presidência da República (Finep), bem como seus similares estaduais: as fundações de amparo à pesquisa (FAPs). A esses órgãos devemos agregar os planos de desenvolvimento (PADCT) e os fundos setoriais (Almeida e Morais, 2002) que já alcançam os setores:

- petróleo e gás;
- energia;
- recursos hídricos;
- transportes terrestres;
- mineral;
- espacial;
- telecomunicações;
- tecnologia de informações;
- universidade/empresa;
- infraestrutura;
- agronegócio;
- biotecnologia;
- saúde;
- aeronáutica.

As áreas a serem beneficiadas pela política de fomento são variadas e, dentro delas, ainda podemos esperar indicações de subáreas, setores, temas etc. Na área da química, pode-se esperar que sejam indicados setores específicos, tais como a química fina, a química de polímeros, a petroquímica, em detrimento de outros setores também importantes mas não identificados como prioridades pelo poder público.

É aqui que está o poder discricionário do Estado. Ele exerce seu poder de escolha quando indica uma área (e setor) em detrimento de outras,

INTRODUÇÃO AO ESTUDO DAS POLÍTICAS PÚBLICAS

sabendo que o fluxo de recursos e incentivos iniciará um ciclo de cadeia produtiva em torno do tema e promoverá a formação de "redes de política" favoráveis e contrárias à decisão, todas se considerando bem fundamentadas na defesa de suas posições. Espera-se que o Estado também saiba dizer os motivos que resultaram no fomento de determinada área a fim de se cumprir o ciclo de geração de conhecimento e de inovação, criação tecnológica, produção tecnológica. Ao discutirmos a ação do Estado no exercício do fomento, somos levados a lembrar uma questão pertinente levantada por Rattner (2000:354): "Aumentar o volume de informações científicas e tecnológicas mudará as políticas governamentais nas áreas de saúde, educação, saneamento básico e, sobretudo, geração de empregos?". Em outras palavras, o fomento, pelo Estado, de áreas importantes deve primeiro explicitar a intencionalidade de ação mas, certamente, requer um Estado aparelhado para absorver os conhecimentos resultantes do fomento, visando transformá-lo em benefício para a coletividade. Saímos, então, do campo do exercício da política para o da gestão competente e comprometida com resultados... que distância!

No Brasil, temos exemplos (Castro, 2004:22) que obtiveram êxito como política de fomento em longo prazo: a Embraer, a Embrapa, a Petrobras.

A Embraer começou com um projeto de Casimiro Montenegro, em 1950, resultando inicialmente no ITA e, depois, na empresa exportadora de aviões e produtora de conhecimento e de tecnologia.

A Embrapa iniciou sua "construção" na década de 1950, com a ida de pesquisadores brasileiros para os Estados Unidos para programas de pós-graduação, com financiamento das fundações Ford e Rockefeller, e depois da Capes e do CNPq. A formação de pesquisadores permitiu a criação da Embrapa em 1973, redundando em contribuições substantivas para a melhoria da produção e da qualidade da agricultura brasileira que, recentemente, fez a diferença na balança comercial do Brasil.

A Petrobras também se diferencia quando o assunto é extração de óleo em águas profundas. Uma tecnologia desenvolvida no Brasil a partir de visão de futuro e percepção de oportunidade, considerando nossa costa.

Além da ciência e tecnologia e da pesquisa e desenvolvimento, teremos a política de fomento atingindo áreas como a inovação, a indústria, o meio

POLÍTICAS PÚBLICAS

ambiente, a agropecuária, os novos modelos de parceria com o poder público — organizações não governamentais (ONGs), organizações sociais de interesse público (Oscips) etc. —, o turismo, a cultura, o lazer, o esporte, a informação, os portadores de necessidade especiais etc.

POLÍTICAS PÚBLICAS DE CORRELAÇÃO

Belloni, Magalhães e Sousa (2001:33) fazem interessante avaliação de política pública voltada para a educação profissional e, na descrição da atividade, propõem avaliar como as diversas políticas existentes no projeto se correlacionam. De nossa parte, acreditamos que a proposta dos autores é interessante e pode ser generalizada como categoria de política pública, uma vez que as políticas nunca existirão isoladamente. Pelo contrário, haverá sempre um grande número de ações de governo, o que solicita do planejador uma visão de conjunto e de correlação entre elas.

Cabe ressaltar que, às vezes, a correlação de dois projetos ou duas políticas públicas resulta em consequências muito maiores do que a soma dos dois, alcançando, na verdade, uma relação exponencial.

O estudo de correlação deve sempre acontecer entre, no mínimo, duas políticas formuladas, que não devem desatender às chamadas políticas prioritárias. No momento brasileiro, as políticas prioritárias são aquelas que surgem no universo das políticas públicas do campo da economia. As políticas podem ser analisadas quanto à correlação com a política econômica, quanto à correlação com políticas da mesma área (políticas sociais, por exemplo), quanto a políticas setoriais, quanto a políticas regionais, e assim por diante.

POLÍTICAS PÚBLICAS CONGRUENTES

São aquelas que estão de acordo com a(s) política(s) classificadas como prioritárias ou norteadoras pelo governo, de acordo com um determinado momento social ou uma planificação estratégica.

INTRODUÇÃO AO ESTUDO DAS POLÍTICAS PÚBLICAS

Um bom exemplo sobre congruência de políticas públicas é o estudo de Sagasti (1986), quando analisa a concepção, implantação e implementação de políticas científica e tecnológica sem perder de vista as limitações impostas pelas políticas econômicas nos países chamados "em desenvolvimento".

Uma política incongruente pode ocasionar algumas consequências no mínimo interessantes como objeto de estudo para o observador atento: a descontinuidade ou cancelamento da ação de governo, por conta da força da política prioritária; a destituição do formulador que "desobedece" a uma hierarquia, mesmo quando esta não está explícita, ou ambas as ações. Em uma análise mais branda, a política incongruente será aquela que, quando sobreviver, terá baixa performance. A incongruência pode se dar também por incompatibilidades entre os fatores que compõem a política pública proposta. Um rico exemplo de incongruência é dado por Rezende (2002:124), quando estuda "Por que reformas administrativas falham?". Diz ele:

A explicação proposta neste trabalho parte da premissa de que a) as reformas administrativas são políticas formuladas com o propósito geral de elevar a performance do aparato burocrático do Estado, e que estas, de modo geral, visam a dois objetivos gerais: o ajuste fiscal, e a mudança institucional; b) a cooperação simultânea dos atores estratégicos na arena política da reforma administrativa para o ajuste fiscal e a mudança institucional é variável-chave para o sucesso de implementação, ou seja, da elevação da performance; c) as reformas administrativas usualmente possuem chances reduzidas de obter cooperação simultânea para os dois objetivos, pois estes trazem em si uma contradição que pode ser expressa na seguinte frase: "ao mesmo tempo em que o objetivo de ajuste fiscal demanda mais controle sobre o aparato burocrático, a mudança institucional demanda menos controle".
O problema estabelecido a partir de um conflito de percepção em torno dos objetivos necessários e suficientes para a reforma orientada pela performance. Por um lado, os formuladores das reformas consideram a performance do setor público dependente dos dois objetivos. Por outro, para os atores estratégicos, a performance depende em muito da disposição de seus inte-

POLÍTICAS PÚBLICAS

resses focais, e, em certas condições, tendem a considerar o ajuste fiscal e a mudança institucional nas políticas de reforma administrativa contraditórios. Em outras palavras, performance e controle são a fonte central de conflitos entre reformadores e reformados, e tendem normalmente a conduzir as reformas à falha sequencial.

Políticas públicas complementares

São aquelas que fornecem "elementos reforçadores de seus objetivos e metas principais" (Belloni, Magalhães e Sousa, 2001:33). Em outras palavras, são políticas de apoio e/ou suporte àquelas tidas como prioritárias ou estratégicas.

Na mesma linha de raciocínio, as políticas de suporte à exportação são complementares à política econômica vigente.

Políticas públicas reparadoras

São aquelas que atuam nos danos ou consequências das políticas prioritárias ou estratégicas, com o objetivo de atenuar seus resultados.

Uma política pública de renda mínima ou de microcrédito é congruente com a política econômica de juros altos, considerando que esta dificulta a geração de novos pontos de emprego e inibe a produção, acarretando dificuldades para o assalariado. Logo, atuarão como reparadoras dos impactos causados pelas políticas prioritárias em algum tipo de segmento social.

POLÍTICAS PÚBLICAS DE CONFRONTO

Essa categoria de política pública tem a função social de impedir que pessoas de bom-senso se acreditem em um universo esquizofrênico, considerando as alternâncias e absoluto antagonismo entre as políticas públicas propostas pelas mesmas pessoas quando em diferentes lados da política nacional.

Políticas públicas de oposição

São as políticas públicas dos nossos sonhos! Estão lastreadas naquilo que todos nós gostaríamos de ouvir de nossos governantes. Todos os nossos problemas e nossas dores serão facilmente superados e qualquer problema social grave ou antigo será resolvido de forma rápida e indolor para os bolsos indefesos dos contribuintes.

São belíssimas peças de marketing a serem transmitidas nos horários nobres de televisão e rádio.

Nesse universo maravilhoso, os empregos se multiplicam facilmente, os salários são dobrados, os impostos são, logicamente, reduzidos, os outros países passarão a comprar nossos produtos, a terra terá produtividade muito maior.

Tudo é simples e fácil. Todo o sonho só não se realiza por conta da incompetência da elite dirigente que ocupa o governo (a situação). A elite é a culpada e deve ser defenestrada dando lugar àqueles que irão representar o povo no poder e realizar-lhe os sonhos de felicidade.

Nada de novo na retórica oposicionista — Manoel Bomfim já escrevia tudo isso com muito mais ênfase e dureza que todos os atuais juntos!

As políticas públicas de oposição serão analisadas e avaliadas quando da vitória da oposição e o surgimento da possibilidade de concretizar o sonho prometido, que transformará o Brasil na "Nova Canaã"!

A política pública de oposição bem poderia se chamar "política pública de vitrine"!

O "jogo da vidraça e da vitrine" parece já fazer parte da política nacional! Ansiamos por um arranjo de forças que caracterize a chamada oposição e a dita situação. Esperamos que a oposição, derrotada nas urnas, mantenha-se tanto quanto possível distante das cooptações e exerça sua função. Não uma função de antagonista visceral e intransigente, mas a função de (a) fiscalizar e criticar para, logo depois, (b) apresentar propostas que divirjam do governo, (c) identificando alternativas que os olhos dos governantes não percebam e (d) aprimorando, no debate lúcido, os projetos de lei que tramitem pelo espaço político.

Políticas públicas de situação

São as políticas públicas do pesadelo dos dirigentes e de nossas angústias! Estão lastreadas na realidade cotidiana do governo, respaldadas pelos limites de orçamento, de diversidades de interesses, de lutas internas, de despreparo decisório, de descompasso no tempo, de irresponsabilidade com o dinheiro público.

Nessa categoria está a política pública necessária, a política pública que se pode e não a que se quer. Está a grande luta entre os desejos e as possibilidades. Está a busca de otimização entre o "quanto custa" e o "quanto se tem em caixa"!

Aqui a promessa de duplicar o salário esbarra no limite da Lei de Responsabilidade Fiscal e na realidade de que a propalada receita leva anos para aumentar efetivamente... Todos sabem disso, mas, ao que parece, só os governantes estão submetidos a ela.

Aqui está a dura realidade que ensina que o domínio da maioria pode ser socialmente suicida, pois nada impede que a maioria esteja tomada pela febre de decidir pontualmente sobre algo que tem repercussões de longo prazo. Matar a "galinha dos ovos de ouro" parecia ser uma belíssima ideia até que se viu que dentro dela não havia muitos ovos...

A política pública de situação bem poderia se chamar "política pública de vidraça"!

Vejamos um bom exemplo de políticas de vitrine e de vidraça a partir da campanha do candidato Lula ou as defesas tradicionais do PT e as ações de governo de Lula, na leitura atenta de Gaspari[15] e de Merval Pereira.[16]

---

[15] Elio Gaspari. *O Globo*, 11 abr. 2004, p. 16.
[16] Merval Pereira. *O Globo*, 21 out. 2004.

INTRODUÇÃO AO ESTUDO DAS POLÍTICAS PÚBLICAS

QUADRO 6
Quadro exemplificativo das políticas de "vidraça" e de "vitrine"

Como seria: a vitrine!	Como é: a vidraça!
1. Na administração do companheiro Lula reduziu-se a carga tributária que tanto inibe a produção neste país.	1. Lula aumentou a carga tributária em 0,2 ponto percentual do PIB. Descontando-se alguns recolhimentos extraordinários de 2002, o companheiro elevou a carga em um ponto percentual. A mordida no bolso do contribuinte ficou em 35,8% do PIB, a maior da história. Em 1995, quando a "ekipekonômica" instalou-se em Brasília, ela estava em 26%.
2. Nunca na história conseguiu-se uma redução de gasto tão racional.	2. No seu primeiro ano de governo, Lula gastou o equivalente a 28,5% do PIB. Recorde histórico. O companheiro elevou o percentual da despesa federal em 3,3 pontos em relação a 2002.
3. Como o PT tanto prometeu, reduziu-se o peso dos juros no conjunto das despesas nacionais.	3. Lula não construiu um único metro de estrada nova. O dinheiro foi para a banca, que embolsou 7,5% do PIB, contra o recorde de 4,6% ocorrido em 1998/1999. Produziu o espetáculo do empobrecimento.
4. O ajuste fiscal feito pelo companheiro Palocci semeou a retomada do desenvolvimento.	4. O ajuste fiscal da "ekipekonômica" é pura fantasia. O déficit nominal do Tesouro foi de 4,9% do PIB, quase quatro vezes maior que o 1,3%, de 2002.
5. Estabilizou-se a relação da dívida do governo com o PIB.	Em vez de cair, a relação da dívida com o PIB subiu. Fechou o ano em 58,7%. É provável que nenhum presidente tenha conseguido um resultado tão desastroso.
6. "O PT sempre usou o Ministério Público para fazer suas denúncias".	"Hoje o demoniza".
7. "Sempre foi contra o foro privilegiado para autoridades governamentais".	"Mas apressou-se a dar *status* de ministro ao presidente do Banco Central para protegê-lo de possíveis processos".
8. "Se ganharmos a eleição, tenho certeza de que parte da corrupção irá desaparecer já no primeiro semestre".	"Passados quase dois anos de seu mandato, Lula agora criou mais um conselho, o de Transparência Pública e Combate à Corrupção".

Essa "esquizofrenia" leva a problemas internos graves na administração de governos. Há, comumente, aqueles que discordam das decisões de alguns segmentos poderosos da administração. Diz a prudência que as críticas devem ficar "intramuros". O *locus* próprio para esse tipo de divergência é a intimidade do próprio governo. Mas nem sempre é assim. Recentemente, o Brasil experimentou dois casos semelhantes de divergência pública de ministros em relação à política econômica conduzida por ministros da Fazenda, os principais condutores das políticas públicas congruentes. O primeiro deles no governo do presidente Fernando Henrique Cardoso e outro no governo Lula. Como nosso trabalho é sobre políticas públicas e suas aplicações, cabe a narrativa comparada sobre o comportamento dos dois presidentes frente ao mesmo problema, nas palavras de Miriam Leitão:[17]

> Diante dos ataques públicos ao seu ministro da Fazenda, que já está enfrentando um duro momento, o presidente Lula decidiu resolver tudo. Chamou Palocci e Dilma e deu uma bronca em ambos. Não resolveu coisa alguma. Palocci, que não respondeu publicamente a Dilma, nem a qualquer outro colega que o tenha criticado nesses 33 meses de governo, ficou mais fraco depois desta semana. Até porque o país ficou sabendo que a chefe da Casa Civil discorda inteiramente dele, acha que sua política é equivocada, conservadora, que ele só ouve sua igrejinha, que apoia ideias rudimentares, que está impedindo o Brasil de crescer. E ficou sabendo também que o presidente Lula imagina que esse tipo de fratura se cola com um sabão em ambos, entre quatro paredes. Rudimentos de técnica gerencial mostram que o chefe, em momentos assim, precisa escolher claramente de que lado está. Como fez o ex-presidente Fernando Henrique quando Clóvis Carvalho fez uma crítica, bem mais incipiente que essa, a Pedro Malan. A ambiguidade agora é a pior escolha.

---

[17] Miriam Leitão. *O Globo*, 12 nov. 2005, p. 30.

POLÍTICAS PÚBLICAS TOPOLÓGICAS

> *Ricardo Kotscho, assessor de imprensa de Lula, é o entrevistado da revista "Caros Amigos" que chega às bancas amanhã. Pelo visto, o cargo tem lhe dado lições de vida. Diz ele a certa altura: "A gente acha que a esquerda é de um jeito, a direita de outro e o centro de outro. No governo aprende-se que a natureza humana é uma só. É fogo".*
>
> TEREZA CRUVINEL
> Panorama Político. *O Globo*, 14 out. 2004

Chamaremos de políticas públicas topológicas aquelas que se pretendem rotular de políticas públicas de esquerda e políticas públicas de direita, considerando que a origem da díade se deu quando, no período da Revolução Francesa, um partido se colocava à direita e outro à esquerda do plenário e, daí, surge a distinção. A analogia é feita, pois, a partir do conceito de topologia.

Esquerda e/ou direita?! Eis um tema complexo que requer tempo de reflexão — pelas variáveis difusas que encerra — e espaço para apresentação dos diversos itens que precisam compor um texto mínimo, considerando algumas variações essenciais. Uma das grandes variações é que o significado da díade direita/esquerda hoje é diferente daquele de tempos atrás. Nas questões atuais, não existe clareza sobre o que seja posição de esquerda e posição de direita, uma vez que as posições se alternam de acordo com o contexto, com a motivação e com a relação de poder. Tal fato é assinalado por Norberto Bobbio e por Yehezkel Dror ao escreverem que, quando os

> meios podem ser adotados, conforme as circunstâncias, tanto pela esquerda quanto pela direita, conclui-se que direita e esquerda podem se encontrar e até mesmo trocar de lado, sem porém deixarem de ser o que são [Bobbio, 2001:98]

e que

as culturas políticas contemporâneas ocidentais baseiam-se cada vez menos em ideologias, e a maioria dos partidos propõem políticas semelhantes para praticamente quase todas as questões. [...] Presidentes e Primeiros-ministros ocasionalmente anunciam seu compromisso com determinadas posições ideológicas mas, em geral, sem que isso altere por muito tempo a natureza de suas políticas [Dror, 1999:137].

Cabe ressaltar que o fato de essas políticas se encontrarem nos "meios", não as torna iguais. Hobsbawm (2000:101), ao comentar o fato de a esquerda estar no poder em vários países, suas práticas e o fato de ela ainda existir, diz:

A esquerda continua a existir, pois ainda persiste uma diferença entre direita e esquerda. Em geral, aqueles que negam essa diferença pertencem à direita. Em termos históricos, essa é uma distinção muito antiga, que remonta à Revolução Francesa. Evidentemente ela sofreu modificações com o passar dos séculos, mas o que cabe perguntar é se a divisão entre esquerda e direita é inevitável e, portanto, se está destinada a continuar existindo, independentemente do conteúdo que assuma em cada época.

Sem entrar no mérito sobre o que são, Bobbio aponta para o fato de esquerda e direita se encontrarem no uso dos meios, provando a relatividade da postura no mundo real, por mais "puro" que possa vir a ser o conceito no mundo "ideal". No Brasil, temos alguns indicativos: ser de esquerda é "chique" e ser de direita é "comprometedor", pois que se fez uma relação falaciosa entre a direita e a ditadura, a antidemocracia, a ladroagem, a miséria, a morte. Esqueceram-se, os construtores da falácia, de que essas mesmas características são encontradas nas "vitrines de esquerda" como Cuba, China, ex-URSS, Camboja, Coreia do Norte, só para citar as mais animadas! São, na verdade, "vidraças" — e não "vitrines" —, encobertas pela visão unificadora, homogeneizante e redutora da ideologia de esquerda, que subtrai espaços ao pluralismo de ideias e de visões de mundo, indispensáveis à formação do cidadão crítico. E, certamente, encontraremos a mesma prática nos defensores da chamada direita no que se refere à análise da dita esquerda.

Logo, será imprudente discorrer, no limite deste trabalho, sobre as bases da dita direita e da chamada esquerda e sobre o processo de mutação dessas bases.

No campo da gestão pública — que é o instrumento que torna real a política — também podemos discutir o que seja esquerda e direita. Utilizaremos a oportunidade criada pelo presidente Lula — em frase infeliz — quando diz que só se mantém na *esquerda* o jovem e que os "maduros" passam para a *direita*. Miriam Leitão[18] terá a oportunidade de levantar algumas questões sobre essa inconclusa dicotomia. Escreve que:

- O sucesso capitalista da China, do Vietnã, e a ascensão ao patamar de ídolo da esquerda de um coronel que tentou golpe de Estado e quer se eternizar no poder. São exemplos de esquerda ou de direita?
- Indenização política milionária a ex-militantes — calculadas com critérios questionáveis e que superam o princípio da reparação por atos políticos, criando mais desigualdade —, é de esquerda ou de direita?
- A inflação e os planos econômicos foram taxados de instrumentos de direita. O presidente Lula sempre fez oposição a estes instrumentos. Vitoriosa a chamada esquerda, são mantidas as mesmas ações, com justificativas variadas. Afinal, são instrumentos de direita ou de esquerda?
- "O aumento salarial autoconcedido pelos deputados e senadores é de direita porque um ex-collorido preside o Senado, ou de esquerda porque um comunista preside a Câmara?"

Deixando claro tal limite de conceito, apresentamos uma lista de palavras — todas valoradas e ideologizadas, o que significa que podem ser interpretadas diferentemente, de acordo com o leitor — comumente associadas à esquerda ou à direita (Bobbio, 2001; Bobbio, 2000; Giddens, 2001; Bauman, 2000), deixando de fazer a distinção entre as duas categorias de políticas públicas, por impossibilidade de identificar limites.

---

[18] Miriam Leitão. *O Globo*, 17 dez. 2006, p. 34.

QUADRO 7
Quadro comparativo entre as ditas características da esquerda e da direita

Esquerda	Direita
Inovadora	Conservadora
Estatizante	Privatista
Sociedade aberta	Sociedade fechada
Socialista	Neoliberal
Progressista	Tradicionalista
Pela igualdade	Pela desigualdade
Pela inclusão	Pela exclusão
Pela emancipação	Pela tradição
Pela não violência	Pela violência

Frente a essa dicotomia de difícil limite, surge uma alternativa que vem sendo discutida nos meios políticos e acadêmicos e que se propõe a ser uma alternativa: a chamada política pública de terceira via. Seguindo nossa posição neste item do trabalho, daremos a palavra a Giddens (2001:12-13), para que ele apresente esse modelo de política:

> Precisamos apresentar uma estrutura diferente, que evite ao mesmo tempo o governo burocrático e hierarquizado, favorecido pela velha esquerda, e a pretensão da direita em desmantelá-lo.
> Diz-se que as pedras fundamentais do novo progressismo são oportunidades iguais, responsabilidade pessoal e mobilização de cidadão e comunidades. Com os direitos vêm as responsabilidades. Temos de descobrir como cuidar de nós mesmos, porque agora não podemos mais confiar que as grandes instituições o farão. A política pública precisa substituir sua preocupação na concentração e redistribuição de riqueza pelo incentivo à criação de riqueza. Em vez de oferecer subsídios às empresas, os governos devem fomentar condições que levam as empresas a inovar e os trabalhadores a se tornarem mais eficientes na economia global.

As críticas à terceira via surgem tanto da direita quanto da esquerda. Os primeiros dizem de sua "vacuidade fundamental" e dizem que debater com seus defensores é como lutar com um boneco inflável que, ao se apertar um braço, todo o ar se desloca para o resto do corpo. Os seguidores da esquerda, por sua vez, dizem que sua filosofia é essencialmente de direita em um ângulo mais atraente: "Margaret Thatcher sem a bolsa na mão" (Giddens, 2001:17).

POLÍTICAS PÚBLICAS DESPREZÍVEIS

> *'Inutilezas'*
> *Genoino, ontem à noite, de Cuiabá para a coluna:*
> *— Estou louco para o Maluf declarar logo apoio a Marta.*
> *— Aí o PT bota na TV?*
> *— Tá louco?! Aí já é demais!*
> *Como diria o poeta da terra, Manoel de Barros,*
> *isso são "Inutilezas".*
>
> JORGE MORENO
> Nhenhenhém. *O Globo*, 9 out. 2004

É certo que estas não são as únicas maneiras de categorizar as políticas públicas que, apesar de todas as possíveis diferenças ou divergências, são positivas. É possível fazê-lo utilizando a dura realidade observada a cada dia, sem a palavra redonda da ciência, e sim com o bisturi que extrai o que está velado, que chamaremos de políticas públicas desprezíveis, pois que são essencialmente negativas. Podemos tomar por empréstimo a classificação de Moreira Neto (2001a:27) quando estuda a exclusão social, e aplicá-la à generalidade das políticas públicas. Teremos então:

- *políticas públicas errôneas*, porque se concentram sobre efeitos e não sobre causas;
- *políticas públicas ideologizadas*, porque preconceituosas, xenófobas e radicais, que levaram e ainda levam, onde são praticadas, a violentas confrontações armadas;

POLÍTICAS PÚBLICAS

- *políticas públicas demagógicas*, porque se suportam sobre programas populistas, que levam à perpetuação de ressentimentos e à agudização de confrontações emocionais intermináveis que inviabilizam a harmonia social, que é o valor sobre o qual se constrói o verdadeiro progresso.

Moreira Neto (2011:108) lembra que Marcos Juruena Villela Souto, quando se referia às políticas públicas demagógicas, dizia que estas "não se vinculam a nenhum valor constitucional e que, por isso, não são nem políticas públicas nem, muito menos, constitucionalmente válidas".

Um bom exemplo desse grupo de políticas pode ser encontrado na matéria da jornalista Miriam Leitão[19] quando compara o avanço das tecnologias das políticas sociais com políticas equivocadas de vários tipos. Escreve ela:

Velha ordem

Um dos mais importantes avanços ocorridos no Brasil foi o da tecnologia das políticas sociais. As boas políticas têm avaliação de desempenho, preocupação com o foco, impessoalidade na entrega. Antes, eram cestas básicas entregues pelos políticos. Agora, são créditos em conta bancária. No Rio, ainda funciona a velha ordem em que o dinheiro é entregue através de instituições religiosas e a população se cadastra em eventos políticos, aos quais têm que comparecer portando o título de eleitor.

Avaliação de desempenho não é pesquisa em um restaurante popular para saber se as pessoas estão satisfeitas por estarem comendo a R$ 1. A questão desafiadora é saber se aquele dinheiro público empregado no restaurante está indo na direção correta: aos verdadeiramente pobres. O restaurante popular é um dos exemplos de política sem foco, porque a maioria dos seus frequentadores não é pobre, como já mostraram reportagens que O GLOBO mesmo publicou. Servem como competidores para os restaurantes de comida a quilo.

---

[19] Miriam Leitão. *O Globo*, 26 out. 2004, p. 26.

VISÃO SINTÉTICA DAS POLÍTICAS PÚBLICAS

A política é a ciência de criar o bem de todos
e nesse princípio nos firmaremos.

Deputado A. Bezerra de Menezes

A categorização das políticas públicas apresentadas anteriormente, em um esforço de taxionomia, é uma visão analítica possível. É possível, também, fazermos uma leitura sintética das políticas públicas, o que enfatizaria a visão delas como sistema. Nesse caso, estará relacionada em um sistema integrado uma série de políticas públicas como aquelas descritas anteriormente, formando um todo orgânico, com intencionalidade, acompanhamento, controle, avaliação, indicadores de processo e de resultado, financiamento etc.

Escrevemos anteriormente sobre a complexidade da gestão do sistema e, especialmente do sistema educacional, descrevemos algumas das muitas variáveis que geralmente compõem esse sistema e perguntamos:

Afinal, o que é sistema? Essa pergunta foi brilhantemente respondida por Saviani (1996): "sistema é a unidade de vários elementos intencionalmente reunidos de modo a formar um conjunto coerente e operante" (p. 80).

Não se deve confundir sistema (coerente e intencional) com estrutura, pois que esta última é destituída de intencionalidade. Além do que "o sistema implica uma ordem que o homem impõe à realidade. Entenda-se, porém, não se trata de criar a realidade" (Saviani, 1996:82).

Parece ficar claro que o sistema não cria a realidade em que se insere. Ele busca, na verdade, movimentar a realidade na direção e velocidade desejadas.

O sistema cumprirá seu papel quanto mais competente for o gestor e quanto mais perícia possua na arte da gestão escolar.

Neste caso, devemos ampliar a discussão e lembrar que o sistema escolar é composto de vários níveis — ou unidades do sistema — que se conectam

POLÍTICAS PÚBLICAS

em uma declarada rede de hierarquia e dependência, girando em torno das decisões do gestor principal. Surgem, então, problemas pertinentes ao processo decisório típico de organizações deste modelo. Conforme aponta Fukuyama (2005) há uma ambiguidade porque não existem maneiras teoricamente ideais de especificar direitos de decisão em uma organização. "Tudo depende do contexto, da história passada, da identidade dos participantes da organização e de uma série de variáveis independentes" (p. 104) [Chrispino, 2007:11-12].

O contraponto da visão de sistema pode ser encontrado em Dagnino (2007:25), quando diferencia sistema de complexo ao escrever *complexo público de ensino superior e de pesquisa.* O autor esclarece que usará o termo *complexo,* ao invés de *sistema,* "que decorre da percepção de que as organizações que o formam não possuem laços sistêmicos suficientemente fortes".

Já Sérgio Rezende e Conceição Vedovello preferem o termo *sistema* e apresentam um exemplo bastante ilustrativo da visão sintética das políticas públicas formando um sistema setorial de ciência, tecnologia e inovação (C, T & I):

Sistemas de Inovação envolvem várias instituições e mecanismos que dão apoio e moldam os caminhos nos quais a inovação é incorporada nas sociedades. Particularmente no contexto de economias em desenvolvimento, os sistemas de inovação têm adquirido crescente importância devido à expectativa de que os mesmos possam apoiar o desenho e a formulação de políticas públicas na área de Ciência, Tecnologia e Inovação (C, T & I) [Rezende e Vedovello, 2006:75].

Componentes dos sistemas de inovação dizem respeito a instituições ligadas à articulação, à coordenação, ao financiamento e à execução das atividades de inovação. Alguns desses componentes — articulação, coordenação e mesmo financiamento — são vinculados à organização dos Estados, desempenhando ação indireta, porém crucial, em relação ao processo de inovação. Outros componentes são mais diretamente vinculados

INTRODUÇÃO AO ESTUDO DAS POLÍTICAS PÚBLICAS

às atividades de inovação, tais como empresas, organizações públicas e privadas de pesquisa e desenvolvimento, universidades, escolas técnicas e consultorias. Todos esses componentes sistêmicos têm na geração, na transferência e no uso da informação, conhecimento e tecnologia uma atividade fundamental ou as consideram *inputs* essenciais à atividade de inovação [Rezende e Vedovello, 2006:76].

Além da estrutura federal, uma similar tem sido implementada em várias unidades da federação. As fundações de apoio à pesquisa nos Estados (FAPs) têm a função de apoiar as atividades de C, T & I em nível local, para complementar as atividades desenvolvidas em nível federal [Rezende e Vedovello, 2006:83].

Os quadros 8 e 9 organizam melhor as ideias apresentadas por Rezende e Vedovello (2006).

QUADRO 8
Sistema Brasileiro de Inovação
Exemplos de organizações voltadas para a articulação,
a coordenação e o financiamento das atividades de C, T & I

Atividade	Organização	Atividade principal	Produtos e serviços
Coordenação: política pública em C, T & I	CCT — Conselho Nacional de Ciência e Tecnologia (vinculado à presidência da República)	Formulação e acompanhamento da política nacional para o desenvolvimento científico e tecnológico.	Integração de C & T na política de desenvolvimento; definição de prioridades, programas, instrumentos e recursos; avaliação da política de C & T nacional.
	MCT — Ministério da Ciência e Tecnologia	Formulação, coordenação e implementação da política de C, T & I.	Desenvolvimento e gestão do patrimônio de C, T & I

continua

POLÍTICAS PÚBLICAS

Atividade	Organização	Atividade principal	Produtos e serviços
Financiamento: desenvolvimento e inovação	Finep — Financiadora de Estudos e Projetos (vinculada ao MCT)	Promoção e financiamento da inovação e da pesquisa científica e tecnológica em empresas, universidades, institutos tecnológicos, centros de pesquisa e outras instituições públicas ou privadas.	Mobilização de recursos financeiros e integração de instrumentos para fortalecer a infraestrutura científico-tecnológica do país e estimular a inovação tecnológica no tecido empresarial, buscando, dessa forma, contribuir para o desenvolvimento econômico e social do país.
	BNDES — Banco Nacional de Desenvolvimento Econômico e Social (vinculado ao Ministério do Desenvolvimento, Indústria e Comércio Exterior)	Financiamento de longo prazo para as iniciativas empresariais que contribuam para o desenvolvimento do país (fortalecimento da estrutura de capital do setor privado).	Instrumentos financeiros para atender às necessidades de investimento de empresas de qualquer dimensão e setor produtivo.
Financiamento: formação de recursos humanos	CNPq — Conselho Nacional de Desenvolvimento Científico e Tecnológico (vinculado ao MCT)	Apoio financeiro para a formação e treinamento de recursos humanos e desenvolvimento de pesquisas; contribuição ao desenho de políticas de C, T & I.	Apoio básico a programas específicos (áreas tradicionais e estratégicas do conhecimento); bolsas para a formação de recursos humanos altamente qualificados (iniciação científica, graduação e pós-graduação); apoio a grupos de pesquisa.
	Capes — Coordenação de Aperfeiçoamento de Pessoal de Nível Superior (vinculada ao Ministério da Educação)	Apoio financeiro para a formação e treinamento de recursos humanos (acordos com instituições nacionais e internacionais).	Apoio à formação de recursos humanos altamente qualificados e à política de pós-graduação.

INTRODUÇÃO AO ESTUDO DAS POLÍTICAS PÚBLICAS

QUADRO 9
Sistema Brasileiro de Inovação
Exemplos de organizações executoras das atividades de C, T & I

Atividade	Instituições	Atividade principal	Produtos e serviços
C, T & I — Pesquisa, formação e difusão	Universidades federais e estaduais, universidades privadas, escolas técnicas.	Formação e treinamento qualificados, pesquisa científica e tecnológica e atividades de extensão.	Recursos humanos especializados em todas as áreas humanas, científicas e tecnológicas.
C, T & I — Informação: produção, análise e difusão	CGEE — Centro de Gestão e Estudos Estratégicos.	Promoção, implementação e avaliação de estudos prospectivos e pesquisa em C, T & I.	Prospectiva tecnológica e estudos de mercado, objetivando o desenvolvimento e a melhoria das atividades de C, T & I.
Articulação e mobilização setorial	Anpei — Associação Nacional de Pesquisa, Desenvolvimento e Engenharia das Empresas Inovadoras.	Difusão da novação tecnológica junto ao setor produtivo.	Eventos, publicações, bases de dados, estudos e projetos vinculados à inovação no setor produtivo.
	SBPC — Sociedade Brasileira para o Progresso da Ciência.	Estímulo aos avanços científicos e tecnológicos.	Eventos, publicações, bases de dados, estudos e projetos vinculados às atividades de C, T & I.
	ABC — Academia Brasileira de Ciências.	Apoio ao desenvolvimento de inúmeras atividades ligadas à ciência no Brasil.	Desenvolvimento de programas e eventos científicos; estabelecimento de convênios internacionais; apoio à criação de diversas instituições científicas; publicações científicas.
Instrumentos regulatórios e normativos	Inpi — Instituto Nacional de Propriedade Industrial.	Implementar, internamente e externamente, as leis e regulamentações em apoio à política industrial.	Patentes, contratos de transferência de tecnologia, desenho industrial e registro de software.
	Inmetro — Instituto Nacional de Metrologia, Normalização e Qualidade Industrial.	Fortalecimento das empresas locais através da melhoria da qualidade de seus produtos e serviços.	Execução da política nacional relativa à metrologia e qualidade.

POLÍTICAS PÚBLICAS

Da mesma forma, poderíamos identificar o sistema de saúde, de energia, de transporte, de segurança etc. Cada um deles com suas peculiaridades e idiossincrasias.

Para se ter uma ideia da complexidade do que seja gerir um sistema setorial, eis a composição de variáveis do sistema educacional:

> A gestão de sistemas educacionais tem-se demonstrado um exercício de grande complexidade. Sob todos os ângulos que se possa observar, o sistema educacional brasileiro apresenta interessantes aspectos: é grande e, ao mesmo tempo, é formado por inúmeros subsistemas (municipais); envolve três esferas com funções e obrigações definidas mas interdependentes pois que oferecem um *continuum*; possui particularidades em grande número no que se refere à clientela: bebês, crianças, jovens, adultos, índios, negros, portadores de necessidades especiais, habitantes da zona rural, trabalhadores etc.; possui igualmente um sem-número de níveis e modalidades: educação infantil, ensino fundamental, ensino médio, graduação, cursos sequenciais (curta e longa durações), tecnólogos, especializações, mestrados (acadêmico e profissional), doutorado, extensão, educação de jovens e adultos, educação profissional (com diversos cursos), educação especial, educação indígena... sem esquecer que estes tipos podem sofrer combinações variadas nas escolas; possui órgãos normativos de sistemas educacionais nos três entes federativos; possui um corpo qualificado e ativo de profissionais que atuam de forma efetiva na busca de direitos; possui sempre uma comunidade à sua volta e, em geral, uma família vinculada a cada aluno, com suas expectativas de futuro e entendimento sobre o passado que quer ver reproduzido nas gerações contemporâneas. A gestão de sistemas educacionais é o que se chama em Direito um *hard case* (caso difícil), considerando sua complexidade [Chrispino, 2007:9].

Todo processo de análise e execução de políticas públicas setoriais é, pois, multidisciplinar e possui um grande número de variáveis, nem todas dóceis à vontade do formulador ou mesmo do político chefe. Desconfiem de quem disser que o problema-alvo das políticas públicas "é simples e fácil de resolver!"

INTRODUÇÃO AO ESTUDO DAS POLÍTICAS PÚBLICAS

QUADRO 10
Taxionomia das políticas públicas — resumo

Políticas públicas de execução	Políticas distributivas	São processos de caráter eminentemente voltado para a distribuição de algum tipo de vantagem (renda, bens etc.) com recursos próprios da fonte formuladora da política.
	Políticas redistributivas	São ações de governo que se propõem a deslocar recursos, bens ou valores de uma área, grupo ou setor para outro. Ex.: Fundef.
	Políticas compensatórias Focalização de políticas Universalização de políticas Políticas afirmativas	São políticas, em geral, do campo social, utilizadas por sociedades diferenciadas e desiguais, pois permitem mitigar os efeitos da pobreza. Atendem a uma clientela específica: os pobres. Essas políticas possuem caráter complementar e residual e devem ter duração limitada para que o "transitório não vire permanente". Ex.: Bolsa-Escola.
	Políticas regulatórias	São aquelas ações de governo que visam disciplinar a sociedade a partir de direitos e deveres surgidos por meio de legislação. Ex.: Lei de Responsabilidade Fiscal.
	Políticas constitutivas ou estruturadoras	São as políticas de base e de fundo. Quando as políticas constitutivas são propostas, elas têm como resultado a mudança das normas que regem o sistema existente. Mudam as regras do jogo. São ações que não podem ficar exclusivamente sob controle de um dos poderes. Políticas constitutivas devem exigir coeficientes políticos altos, além daqueles que podem ser obtidos pelo "é dando que se recebe".
	Política de fomento	Devemos entender como política de fomento o estímulo concreto a realizações, em áreas previamente definidas, por agentes diferenciados pela competência, pela *expertise*, pela exclusividade, pela conveniência e pela oportunidade, identificados pelo poder público.
Políticas públicas de correlação	Políticas congruentes	Estão de acordo com a política prioritária.
	Políticas complementares	São políticas de apoio àquelas tidas como prioritárias.
	Políticas reparadoras	São aquelas que atuam nos danos ou consequências das políticas prioritárias ou estratégicas, com o objetivo de atenuar seus resultados.
Políticas públicas de confronto	Políticas de oposição	São as políticas de nossos sonhos!
	Políticas de situação	São as políticas do pesadelo dos dirigentes e de nossas angústias!

continua

POLÍTICAS PÚBLICAS

Políticas públicas topológicas	Políticas de esquerda	Meios podem ser adotados, tanto pela esquerda quanto pela direita, conclui-se que direita e esquerda podem se encontrar e até mesmo trocar de lado, sem, porém, deixarem de ser o que são (Bobbio).
	Políticas de direita	
	Políticas de terceira via	
Políticas públicas desprezíveis	Políticas errôneas	Concentram-se sobre efeitos e não sobre causas.
	Políticas ideologizadas	São preconceituosas, xenófobas e radicais, que levaram e ainda levam, onde são praticadas, a violentas confrontações.
	Políticas demagógicas	Suportam-se sobre programas populistas.

3

POLÍTICAS PÚBLICAS TRANSPARENTES: PRINCÍPIOS, ELEMENTOS, INDICADORES E CRITÉRIOS

Temos o direito de ser iguais sempre que as diferenças nos inferiorizem; temos o direito de ser diferentes sempre que a igualdade nos descaracterize.

BOAVENTURA SOUZA SANTOS

A democracia pode ser considerada como o poder público em público.

NORBERTO BOBBIO

PRINCÍPIOS E SUAS POSSÍVEIS APLICAÇÕES NAS POLÍTICAS PÚBLICAS TRANSPARENTES

Até aqui, vimos trabalhando com um metaconceito de políticas públicas — intencionalidade de ação de governo — e em dois momentos distintos: o político e o administrativo. O primeiro se movimenta no arenoso terreno da política, e o segundo se estabelece no espaço jurídico-administrativo. O primeiro, no cenário político da infeliz tradição brasileira, não está jungido à verdade ou à ética como as entendemos ou à exequibilidade,

INTRODUÇÃO AO ESTUDO DAS POLÍTICAS PÚBLICAS

permitindo sua transformação em mercado de ilusões no qual os sonhos são negociados com moedas variadas do poder. O segundo, tangível e consequente, precisa funcionar como represa que disciplina o rio rebelde, deixando passar a água no volume e velocidade desejáveis à realização do que se pode e deve fazer.

Neste instante, propomos aprofundar o estudo das políticas públicas como se fossem atos administrativos de governo e, como tal, subjugá-las a um conjunto de princípios apropriados do campo amplo do direito, visando conferir-lhes organicidade e transparência para a sociedade a que se destinam. Espera-se que, ao formularem-se as políticas públicas a partir desses princípios, seus atores sejam disciplinados a ponto de sonhar políticas públicas nos limites — éticos, legais e administrativo — de suas realizações possíveis. O regramento da formulação e da tramitação das políticas públicas permitirá que a sociedade possa entender o que elas propõem, por que propõem, até onde propõem e quais efeitos e impactos são esperados. Um infeliz exemplo a não ser seguido é a tramitação da política pública referente à Reforma da Previdência. Nega-se sua transparência, uma vez que os números reais não são apresentados, as histórias dos custos, dos recursos, das aplicações são negadas àqueles que efetivamente pagam e vão pagar a conta. Se houvesse, desde já, a preocupação de tratar a formulação de políticas públicas transparentes com estrutura de princípios, tal não se daria dessa forma, por mais que seja compensador a algum grupo de interesse.

Temos certo que, quando a política pública se manifestar definitivamente no mundo real, em forma de lei, decreto, portaria etc., ela estará apta a ser avaliada conforme os princípios gerais do direito. *O que se propõe é que os formuladores de políticas, desde antes, busquem regrar sua formulação pelos princípios mínimos necessários para a apresentação pública das suas ideias na forma do que chamaremos de políticas públicas transparentes.*

Na busca por socializar o conceito para continuar a construção de uma hipótese de trabalho, entenderemos princípios de políticas públicas transparentes como "normas portadoras de valores e fins genéricos" das políticas públicas, numa paráfrase a Moreira Neto (2001b:74).

A seguir, apresentaremos um estudo sintético dos princípios desde sua apresentação na Constituição Federal até sua função norteadora da administração pública, passando por um elenco de princípios que foram arbitrados como capazes de contribuir para o desenho de políticas públicas.

Em sua obra clássica, *Curso de direito constitucional positivo*, José Afonso da Silva inicia os estudos sobre os princípios constitucionais informando, preliminarmente, que "a palavra princípio é equivoca. Aparece com sentidos diversos" (Silva, 1996:93). Como temos um objetivo determinado e explícito com este trabalho, partiremos da definição de Silva (1996) quando se ocupa de esclarecer o que seja o significado da palavra princípios na expressão "princípios fundamentais", contida no Título I da Constituição Federal. Para o autor, "Princípio aí exprime a noção de mandamento nuclear de um sistema", repetindo Celso Antonio Bandeira de Mello.

Vem em nosso socorro, mais uma vez, a visão lúcida e didática de Moreira Neto (2014) quando apresenta estudo sobre a principiologia jurídica e oferece uma hierarquização dos princípios visando à administração pública.

Apresenta os princípios fundamentais, "que estão expressos, explícita ou implicitamente, no Preâmbulo e no Título I da Constituição (art. 1º a 4º)" (Moreira Neto, 2014:81). Destaca seis deles como mais significativos para o direito administrativo: o da segurança jurídica, o republicano, o democrático, o da cidadania, o da dignidade da pessoa humana e o da participação.

Apresenta, após isso, os princípios gerais do direito, que alcançam o número de 11: da juridicidade, da legalidade, da legitimidade, da igualdade, da publicidade, da realidade, da responsabilidade, da responsividade, da sindicabilidade, da sancionabilidade e da ponderação.

Após isso, Moreira Neto (2014) realça, no constitucionalismo moderno, a supremacia da pessoa humana, que se expressa nas liberdades, nos direitos e nas garantias fundamentais, que devem ser perseguidos pelos cidadãos e pelos agentes públicos. Assim, considera "destacadamente sete princípios gerais do Direito Público: da subsidiariedade, da presunção, da validade, da indisponibilidade do interesse público, do devido proces-

INTRODUÇÃO AO ESTUDO DAS POLÍTICAS PÚBLICAS

so da lei, da motivação, do contraditório e da descentralização" (Moreira Neto, 2014:92).

Dando continuidade ao estudo didático dos princípios, passa a tratar dos princípios gerais do direito administrativo, "que se aplicam preponderantemente à execução das atividades da administração pública" (Moreira Neto, 2014:100). Esses princípios estão explicitamente postos no art. 37, caput, da CRFB/1988 e são eles: da legalidade, da impessoalidade, da moralidade, da publicidade e da eficiência. Moreira Neto (2014) chama atenção para o fato de que alguns desses princípios já foram citados anteriormente, tais como os princípios da legalidade e o da publicidade, no rol dos princípios gerais do direito. Eles se repetem aqui, realçando sua importância.

Nesse ponto, necessitamos diferenciar aqueles princípios que a Constituição Federal enuncia, os chamados princípios expressos e os chamados princípios reconhecidos, aqueles aceitos e defendidos pelos publicistas como necessários (Carvalho Filho, 2001:12). Obedecendo a essa divisão, Moreira Neto (2014) elenca 19 princípios gerais do direito administrativo.

Por conta dessa categorização, de princípios expressos e reconhecidos, é que fundamentamos a hipótese de trabalho: a política pública como ação de governo deve obedecer a princípios específicos próprios. A escolha dos princípios visando ao regramento deve partir dos princípios gerais do direito administrativo (CFRB, art. 37), a saber: da legalidade, da impessoalidade, da moralidade, da publicidade e da eficiência. A esse rol, arbitramos alguns outros que podem contribuir para o bom desempenho das etapas das políticas públicas.

Pela sua simplicidade aparente — que não se confunde com vulgaridade — a construção de políticas públicas transparentes a partir de princípios explícitos auxilia um grupo maior e mais diferenciado da sociedade a melhor entendê-las e, por conseguinte, melhor avaliar sua eficácia, eficiência, efetividade e impactos sociais. A descrição dos princípios tem como base o texto de Moreira Neto (2001b), considerando a amplitude e profundidade com que trata o tema, sendo recomendado para aqueles que desejem aprofundamento na matéria, que se insere no texto que trata dos princípios do direito público e do direito administrativo.

1º PRINCÍPIO DE POLÍTICAS PÚBLICAS TRANSPARENTES: SUPREMACIA DO INTERESSE PÚBLICO

As políticas públicas transparentes devem atender a interesses públicos, explicitando nas suas justificativas a obediência a tal princípio.

Entende-se como interesse público aquilo que, ao se concretizar, atenderá a necessidade/direito de toda a coletividade. É certo que algumas políticas públicas atendem a uma clientela específica, mas, nesses casos, o formulador de políticas públicas deve deixar claro que não há sacrifício geral da coletividade para atender interesses de indivíduos ou grupos. A isenção tributária — diminuição da arrecadação pública que custeia a despesa geral — para motoristas de táxi e portadores de necessidades especiais é um exemplo de políticas públicas setoriais e circunstanciais.

O princípio do interesse público pode ser desdobrado em princípio da finalidade pública e princípio da impessoalidade.

O princípio da finalidade pública deve ser entendido como "a orientação obrigatória, de toda a atividade administrativa pública, ao interesse público, especificamente explícito ou implícito na lei" (Moreira Neto, 2001b:92).

A aplicação do princípio da finalidade pública pode se dar de duas maneiras: a imediata e a mediata. A imediata se dá quando a lei indica o interesse público a ser atendido pelo agente público. E será mediata quando a lei — não esgotando a matéria — delegar ao Executivo a função de fazer e de preencher as lacunas deixadas (conceituais, temporais etc.).

Já o princípio da impessoalidade está explícito no caput do art. 37 da CRFB/1988 (juntamente com a legalidade, moralidade e publicidade). Por conta desse princípio, a produção de políticas públicas não pode distinguir interesses diferentes daqueles indicados em lei. Impede, pois, que o Estado busque outros interesses senão aqueles chamados primários, explicitados em lei, mesmo quando o ganho secundário beneficie o próprio Estado, e também veda que o Estado dê precedência a outros interesses que não os finalísticos.

As políticas públicas, ao serem planejadas e aplicadas, não podem deixar de atender aos princípios do interesse público, da finalidade e da impessoalidade.

Quando a política pública não atende ao interesse público, apresenta ausência, deficiência ou desvio de finalidade ou favorece interesses que não os prevalentes da sociedade, diz-se que houve imoralidade administrativa ou ilicitude, ferindo outro importante princípio constitucional: o princípio da moralidade administrativa.

2º PRINCÍPIO DE POLÍTICAS PÚBLICAS TRANSPARENTES: LEGALIDADE

Se é dado ao cidadão o direito à liberdade, restringindo-a apenas naquilo que está limitado por lei, ao Estado, ao contrário, só é permitido realizar aquilo que está expresso na lei. O Estado está submetido à lei e só pode agir conforme esta.

Moreira Neto (2001b, 2014) traz interessante observação sobre o princípio da legalidade:

> Esta é a razão de ser, o Estado de Direito, uma dádiva do princípio da legalidade, por definição, aquele que se submete às suas próprias leis, daí a expressão consagrada de Dugnit, "suporta a lei que fizeste" (*legem patere quam fecisti*), que enuncia, em síntese, este princípio, uma vez que, ao declarar o Direito, o Estado se autolimita, assegurando à sociedade, que o criou e o mantém para organizá-la e dirigi-la, a preciosa dádiva da certeza jurídica [Moreira Neto, 2001b:80].

Logo, as políticas públicas imaginadas e produzidas precisam estar submetidas à lei, que é — ou deveria ser — a manifestação de vontade da sociedade.

O governante não está livre para fazer o que quer, ele é livre para fazer o que deve, nas condições preestabelecidas. O que se vê, na prática do Executivo, é a execução de absurdos que apostam na ineficácia fiscalizadora do Poder Legislativo e na lentidão da Justiça, submetida ao ditame do contraditório e à ampla defesa. Aliás, é prática corriqueira no meio político produzir um ato ou uma ação ilegal desde que esta tenha forte

POLÍTICAS PÚBLICAS TRANSPARENTES

clamor popular, colher os bons resultados da ilegalidade cometida e, depois, ao ser instado pelo Poder Judiciário a anular o ato, dizer com ares de bom moço: "Foi a Justiça que mandou voltar... vocês viram que eu fiz o que vocês queriam!"

Não é possível que uma ação de governo esteja fora da lei ou que desobedeça a norma.

3º PRINCÍPIO DE POLÍTICAS PÚBLICAS TRANSPARENTES: REALIDADE

Se a política é o território do devaneio e do sonho, a administração tem o duro limite da realidade concreta e palpável. Do político, espera-se que produza símbolos capazes de unir os diferentes; do administrador, esperam-se resultados que permitam transformar os sonhos em realidade possível.

Daí, que as "ações de governo" deveriam estar assentadas no senso da realidade. Sobre isso, escreve Dror (1999:92): "A governança tem de funcionar no mundo real. Não interessam sistemas hipotéticos, que existam abstratamente" ou, como fala João Barroso (2003),[20] "não basta defender causas importantes, mas saber como concretizá-las".

Mais uma vez, evocamos a diferença entre o que é produzido para a política pública no campo da ciência política e no campo da administração pública. Ao político em campanha é dada a possibilidade de fazer "bravatas" e de prometer "mundo e fundos". Ao formulador de políticas públicas transparentes e ao seu administrador é dada a difícil e amarga tarefa de colocar os grandes sonhos coloridos na pequena caixa preta e branca da realidade administrativa... a política pública transparente deve nascer sob a égide desta última!

---

[20] XXI Simpósio Brasileiro/III Congresso Luso-Brasileiro de Política e Administração da Educação, Recife, novembro de 2003, promovido pela Associação Nacional de Política e Administração da Educação (Anpae) e Fórum Português de Administração Educacional.

Por tal, o princípio da realidade, quando aplicado às políticas públicas transparentes, deve requerer dela a explicitação de, pelo menos, três componentes, como indicam Belloni, Magalhães e Sousa (2001:79-80), para auxiliar na sua análise e entendimento: a concepção, a estruturação e a divulgação. Vejamos:

- A concepção de política, traduzida em seus objetivos, justificativa, integração com outras políticas, bem como nos recursos humanos e financeiros e infraestrutura administrativa.
- A estruturação da política, em especial as estratégias para execução, bem como para supervisão e acompanhamento e para avaliação externa, deve ter claramente delineados seus mecanismos, critérios, recursos etc.
- A divulgação da política é, também, importante fator para a boa implementação das atividades propostas. São considerados os mecanismos e os recursos adotados ou utilizados para a adequada divulgação junto ao público-alvo, ao público interno (setores do governo), aos executores e aos avaliadores externos.

4º PRINCÍPIO DE POLÍTICAS PÚBLICAS TRANSPARENTES: RESPONSABILIDADE/RESPONSIVIDADE

Podemos entender responsabilidade como "obrigação de responder pelas ações próprias" e como "dever jurídico resultante da violação de determinado direito, através da prática de um ato contrário ao ordenamento jurídico" (Houaiss e Villar, 2001:2440). Todos os cidadãos são chamados à responsabilidade, ou melhor, a responder pelos seus atos. Se assim é para o cidadão, quanto mais para o Estado. Sobre esse assunto, escreve Moreira Neto (2014:89):

No Direito Administrativo, a responsabilidade geral de agir segundo o comando da lei se acresce à responsabilidade específica de não deixar de agir segundo o comando da lei, existindo, assim, para cada poder de agir, um dever de agir. Como elegantemente sintetiza Hely Lopes Meireles, "se no Direito Privado o poder de agir é uma faculdade, no Direito Público, o poder de agir é uma imposição, é um dever para o agente que o detém. É um poder-dever".

É mais grave, portanto, no Direito Administrativo, a responsabilidade do agente, pois não trata apenas de submeter-se à lei quando agir, mas de agir sempre, quando e como a lei o prescreva.

Portanto, o princípio da responsabilidade não pode ser esquecido, não só na produção das políticas públicas, mas também na ausência delas quando e onde houver previsão legal. Afinal, onde houver direito, há de haver políticas públicas pertinentes, na forma da lei.

Se a responsabilidade está relacionada à ilegalidade, recentemente vem tomando corpo, pela pena inovadora de Moreira Neto, o conceito de responsividade, que significa responder pela ilegitimidade. Na verdade, tal conceito busca conciliar a vontade popular com a racionalidade pública. Escreve o autor que, apresentada "como complemento atualizador da responsabilidade, a responsividade é a reação governamental nas democracias — a ser fiscalizada e exigida — em concordância e obediência à vontade dos governados" (Moreira Neto, 2014:90).

O princípio da responsabilidade/responsividade está estreitamente ligado ao controle e à transparência dos atos do governo.

5º PRINCÍPIO DE POLÍTICAS PÚBLICAS TRANSPARENTES: RAZOABILIDADE/PROPORCIONALIDADE

A engenharia é capaz de construir pontes e represas a partir de obras que alcançam anos de trabalho e investimentos; é capaz, ainda, de engendrar mecanismos tecnológicos aptos a realizarem um infindável número de tarefas. A engenharia é capaz de, racionalmente e por meio do conhecimento científico e tecnológico, compatibilizar causa e efeito, de forma que os cálculos e as planilhas possam ser replicados a qualquer instante e auditados objetivamente a qualquer tempo. Essa é a lógica do racional e do conhecimento.

INTRODUÇÃO AO ESTUDO DAS POLÍTICAS PÚBLICAS

Uma ação de governo — política pública — que resulte na construção de uma barragem, de uma ponte, de uma refinaria, de uma grande obra não pode prescindir de lógica racional. Mas não só. Existe uma lógica que deve anteceder a essa: a lógica do razoável! Exemplifica, mais uma vez, Moreira Neto (2014:108):

> Se para construir uma ponte, usa-se lógica racional; para se decidir se é necessário ou não construí-la, emprega-se a lógica do razoável. No primeiro caso, trabalha-se com causa e efeito, e, no segundo, com razões e interesses.

Se retomarmos as reflexões de Jorge Pontes (2014:13) sobre o crime institucionalizado, poderemos refletir melhor sobre a necessidade premente de a sociedade participar das decisões sobre as políticas públicas. Tratando da institucionalização do crime que lesa os cofres públicos — vindo à tona com a Operação Lava Jato, vulgo "petrolão", escreve que:

> Uma de suas consequências práticas mais nefastas é a existência de concorrências públicas viciadas pelas fraudes do "crime institucionalizado" — há quem diga, inclusive, ser difícil encontrar, nos dias de hoje, uma única licitação que não seja "arrumada".
>
> Contudo, ainda mais desoladora é a possibilidade da existência de vultosos projetos sendo aprovados com o único e exclusivo intento de desviar verbas públicas. É de fato o pior dos mundos, onde a corrupção estaria no nascedouro das iniciativas.
>
> Não seria mais o caso do estádio de futebol superfaturado, mas o caso do estádio de futebol que nem deveria ter sido construído, isto é, a corrupção de raiz. Não é, como dizem por aí, "o malfeito", mas o que nem deveria ter sido feito.

Como se vê, o princípio da razoabilidade não pode estar apartado da decisão que gera a ação de governo. É ela que justifica ou fundamenta a decisão frente àqueles que possuem expectativas e necessidades a serem supridas: o contribuinte cidadão.

É na lógica do decidir — se faz ou não — que reside a discricionarie-dade do Executivo. Essa decisão de fazer está limitada pela oportunidade e pela conveniência.

A oportunidade está ligada à liberdade de decidir *quando fazer*, sendo obrigada a considerar o senso comum e as regras técnicas da área em questão.

A conveniência está ligada ao *conteúdo* da ação de governo, que deverá atentar para o que seja possível realizar, considerando as incertezas da escolha e a eficiência do caminho escolhido.

A proporcionalidade está ligada ao *equilíbrio dos meios utilizados* na execução da ação de governo, que deverá atentar para o justo equilíbrio entre o sacrifício exigido e os resultados obtidos por uma política pública transparentes.

As políticas públicas transparentes deverão obedecer a preceitos que atentem para o princípio do razoável ao decidir, não podendo incorrer em equívocos comuns que se defendem na falsa figura da discricionariedade: a inoportunidade de fazer, a inconveniência do que foi feito e o desequilí-brio do caminho escolhido.

Eis aí mais uma etapa na construção de nossa hipótese de trabalho.

As políticas públicas transparentes devem obedecer a um conjunto de princípios norteadores tomados por empréstimo na longa lista dos prin-cípios do direito público e do direito administrativo. Tal prática servirá para disciplinar a vontade dos políticos, para orientar a ação dos técnicos nas formulações e permitir avaliações por meio do cidadão comum, por considerar que princípios gerais e amplos não solicitam alta especializa-ção para análise e instrumentalização de discussões sobre finalidade, jus-tificativas, resultados e impactos das políticas públicas para a sociedade.

6º PRINCÍPIO DE POLÍTICAS PÚBLICAS TRANSPARENTES: ANÁLISE PROSPECTIVA

As chamadas ações de governo sofrem especialmente a análise retrospec-tiva. Os órgãos de controle efetivam sua ação *a posteriori*, estudando fatos acontecidos, processos encerrados, ações executadas, recursos gastos etc.

O próprio exercício do direito é baseado em um processo que narra um fato apresentado cronologicamente.

No conjunto de princípios de políticas públicas transparentes, o que se busca é uma invocação do controle. Considerando o caráter dinâmico das políticas públicas, devemos ampliar as opções contidas na "caixa de ferramentas de controle" — que operam com a lógica da avaliação em um momento específico no tempo —, não incorporando a dimensão prospectiva de análise. Para isso, seria indispensável que as políticas públicas apresentassem o diagnóstico que as fundamenta e o cenário futuro desejado após sua aplicação, indicando o conjunto de metas a serem alcançadas ao longo e ao término do procedimento. Isso permitiria que os instrumentos de análise de políticas olhassem para trás e também para frente, oferecendo a possibilidade de políticas de correção de fluxo, de processo e de resultados.

A preocupação com a inclusão do controle prospectivo no universo dos princípios de políticas públicas transparentes tem por base dois motivos principais, como se pode resumir de Moreira Neto (2007:163 e segs.):

- primeiro: baseado na participação social, o controle prospectivo oferece a possibilidade de o cidadão e a sociedade participarem das decisões que resultam na construção de um *futuro* para cada cidadão e para toda a sociedade;

- segundo: o controle prospectivo oferece a possibilidade de diminuir os riscos resultantes de decisões de governos que sejam juridicamente corretas hoje, mas que, prospectivamente, possam trazer prejuízos ou danos à coletividade no futuro.

ELEMENTOS DAS POLÍTICAS PÚBLICAS TRANSPARENTES

Dando continuidade ao estudo de políticas públicas como manifestação de vontade pela ação de governo, vamos estudar um pouco mais o que seja o conjunto de elementos da política pública transparente.

Devemos entender como atos administrativos "os atos produzidos pelo administrador público (agente público) manifestando a vontade da Administração" (Mukai, 2000:208).

Tal qual ocorre com o ato administrativo — dando sequência à analogia que propomos — a manifestação da política pública transparente deve atender a cinco elementos: competência, finalidade, forma, objeto e motivo.

Moreira Neto (2007:183) apresenta a necessidade de se considerar, ainda, a nova visão da *administração pública por resultado* e expõe, de forma sintética, a correlação entre esses elementos da vontade estatal: "o *quem* pode (competência), o *para que* pode (finalidade), o *como* pode (forma), o por que pode (motivo) e o *que* pode (objeto)".

Competência: é a medida de poder dada pela Constituição ou pela lei ao agente público para a prática de certos atos. É famosa, nesse sentido, a expressão clássica de Caio Tácito: "não é competente quem quer, mas quem pode, segundo a norma de Direito" [Mukai, 2000:210].

Esse elemento deixa claro que a cada ente é dada uma determinada competência para produzir políticas públicas. Cada governante precisa conhecer o campo de sua competência a fim de propor políticas públicas legais.

Finalidade: a finalidade é a busca imposta ao agente público de um interesse público qualificado em lei [Mukai, 2000:211].

Temos também, segundo Maria Sylvia Zanella di Pietro (2001:194), que a finalidade "é o resultado que a Administração quer alcançar com a prática do ato", e mais:

1. Em sentido amplo, a finalidade sempre corresponde à consecução de um resultado de interesse público;
2. Em sentido restrito, finalidade é o resultado específico que cada ato deve produzir, conforme definido na lei.

Logo, devemos sempre vincular a política pública transparente ao interesse público a ser buscado pelo governante. É indispensável que a decisão de fazer explicite a finalidade que busca.

INTRODUÇÃO AO ESTUDO DAS POLÍTICAS PÚBLICAS

Forma: A forma é a exteriorização do ato administrativo, a fim de que passe a existir no mundo jurídico. Este elemento é revestido de formalidade no sentido estreito do termo, pois o ato administrativo deve obediência a lei [Di Pietro, 2001:194].

As políticas públicas transparentes devem ser formalizadas em documento próprio, sendo certo que deve ser escrito, formal e completo, a fim de atender aos ditames legais.

Motivo: O motivo "corresponde ao conjunto de circunstâncias, de acontecimentos, de situações que levam a Administração a praticar o ato" [Di Pietro, 2001:195].

Quando do lançamento da política pública transparente, não deve restar dúvida sobre o motivo que levou o governante a formular aquela política.

Objeto: Objeto ou conteúdo é o efeito jurídico imediato que o ato produz [...] Para identificar-se esse elemento, basta verificar o que o ato enuncia, prescreve, dispõe [Di Pietro, 2001:191].

Nesse item, espera-se que o governante indique claramente o que deseja modificar com aquela política pública.

INDICADORES PARA POLÍTICAS PÚBLICAS TRANSPARENTES

Apresentados os cinco elementos que devem estar presentes no corpo que exterioriza a política pública transparente, vamos agora apresentar o que chamaremos de indicadores, que devem, cada vez mais, acompanhar as políticas públicas transparentes e também os demais atos de governo. Como indicadores, entenderemos os

dados ou informações numéricas que representam e quantificam um determinado fenômeno ou as entradas (recurso ou insumos), saída (serviços/

POLÍTICAS PÚBLICAS TRANSPARENTES

produtos) e o desempenho de processos, serviços/produtos e da organização como um todo. Podem ser simples (decorrentes de uma única medição) ou compostos e diretos ou indiretos em relação à característica medida, bem como específicos (atividades ou processos específicos) ou globais (resultados pretendidos pela organização) [MPOG/QPSP, 2000:149].

Para Olga Nirenberg, as características desejáveis dos indicadores são:

QUADRO 11
Características desejáveis dos indicadores

Validez	O indicador deve fazer referência àquilo que realmente procura medir ou apreciar.
Confiabilidade	O valor do indicador permanecerá estável ante diferentes "medições" ou "coletas" efetuadas sob as mesmas circunstâncias nas mesmas populações e ao mesmo tempo. No caso de indicadores quantitativos, expressados verbalmente, essa expressão verbal preservará o sentido do declarado, não o distorcerá.
Especificidade	O indicador deve refletir só as mudanças em questão ou fator sob análise e não outros.
Sensibilidade	Capacidade para registrar as mudanças que se produzem nas questões ou no fator sob análise, por mais leves que sejam.
Representatividade	Todas as questões e indivíduos que se espera cobrir são cobertas pelo indicador
Claridade	O indicador deve ser simples e fácil de interpretar, sem permitir ambiguidade.
Acessibilidade	Os dados requeridos para sua interpretação devem ser de fácil disponibilidade.
Utilidade	A utilidade do indicador pode ser percebida como um "marcador" de progresso para os objetivos ou de alcance de resultados intermediários ou finais.
Ética	A recolha de informação, seu processamento e difusão resguardarão os direitos das pessoas ao anonimato e a optarem se dão ou não a informação (consentimento livre e informado).
Sinergia	O indicador poderá especificar ou referir-se a mais de uma variável ao mesmo tempo.
Custo	A recolha de informação e o processamento posterior são razoáveis e possíveis em função do orçamento disponível e da utilidade esperada (assim como de sua sinergia).
Replicabilidade	Sua utilidade não se limita a uma intervenção, mas pode ser útil para outras, em outras localizações, permitindo comparações posteriores.

Fonte: Nirenberg (2013:182).

INTRODUÇÃO AO ESTUDO DAS POLÍTICAS PÚBLICAS

Atualmente, fala-se muito nos indicadores utilizados por organismos internacionais com a finalidade de comparar situação entre os diversos países. o índice de desenvolvimento humano (IDH)[21] avalia o desenvolvimento de 187 países, segundo três aspectos socioeconômicos: renda *per capita*, esperança de vida ao nascer, média de anos de estudo e anos esperados de escolaridade.

O Brasil tem avançado, mesmo que lentamente, ao longo dos anos em que o IDH é calculado. Em 2010, o Pnud, responsável pelos cálculos, fez modificações na metodologia, inclusive para anos anteriores. Mesmo considerando a nova metodologia, o Brasil tem avançado nas posições no ranking. Veja a evolução brasileira:

Ano	*2000*	*2010*	*2014*
IDH	0,65	0,69	0,744

O cálculo do IDH brasileiro para o universo dos municípios permitiu a identificação e avaliação de modificações interessantes no perfil do Brasil e a constatação de dificuldades que se mantêm, orientando de forma mais madura e profissional a definição de programa e ações que visem superar as dificuldades indicadas como persistentes.

Essa experiência evoluiu para o cálculo pioneiro do índice de condições de vida, composto por 20 indicadores agrupados em cinco dimensões, demonstrando que os indicadores podem ser de diversas ordens e de origens distintas, permitindo a correlação mais adequada para o fim que se quer alcançar ou o processo que se busca acompanhar. Nesse exemplo, fica claro que a identificação do indicador, seu agrupamento em dimensões ou mesmo o peso que se dá a cada um deles não é um procedimento neutro. Ao contrário, ele traz consigo um conjunto de valores. Essas situações podem ser percebidas a partir do quadro 12.

---

[21] Desenvolvimento humano e condições de vida: indicadores brasileiros. Pnud, Ipea, IBGE, Fundação João Pinheiro: Brasília, DF, 1998.

QUADRO 12
Índice de condições de vida

Dimensões	Indicadores relacionados
Renda	Renda familiar *per capita* média Grau de desigualdade Porcentagem de pessoas com renda insuficiente (P^0) Insuficiência média de renda (hiato de renda médio - P^1) Grau de desigualdade na população com renda insuficiente (hiato de renda quadrático médio — P^2)
Educação	Taxa de analfabetismo Número médio de anos de estudo Porcentagem da população com menos de oito anos de estudo Porcentagem da população com mais de 11 anos de estudo
Infância	Porcentagem de crianças que trabalham Porcentagem de crianças que não frequentam a escola Defasagem escolar média Porcentagem de crianças com mais de um ano de defasagem escolar
Habitação	Porcentagem da população que vive em domicílios com densidade média acima de duas pessoas por dormitório Porcentagem da população que vive em domicílios duráveis Porcentagem da população que vive em domicílios com abastecimento adequado de água Porcentagem da população que vive em domicílios com instalações adequadas de esgoto
Longevidade	Esperança de vida ao nascer Taxa de mortalidade infantil

Fonte: Desenvolvimento humano e condições de vida: indicadores brasileiros. Pnud, Ipea, IBGE, Fundação João Pinheiro: Brasília, DF, 1998. p. 74.

O governo do Ceará estuda a criação de um índice de inclusão social, também derivado do IDH, e que será composto pelos indicadores do IDH mais os dados sobre emprego, qualidade da infraestrutura e das habitações, segurança pública e participação social.

A discussão sobre indicadores e, principalmente, como eles são compostos ou que relação produz o indicador evita situações comprometedoras para o processo de planejamento de políticas públicas transparentes. O número de pobres no Brasil é um triste exemplo. Parece não haver dúvida quanto à existência dos pobres brasileiros. Mas quantos são? Para a oposição, o número tenderá sempre a ser maior do que aquele defendido pelo governo. Mas o problema parece persistir, pois, recentemente, tivemos essa dificuldade entre os membros do novo governo (Anderson, 2003:15): o ministro José Dirceu, que em dezembro de 2002 afirmava a existência de 40 milhões de pobres no Brasil, em junho de 2003 disse que eram 25 milhões. No mesmo período, o secretário-executivo do Ministério da Assistência e Promoção Social, Ricardo Henriques, informa que são 55 milhões de pobres e 22 milhões de miseráveis. O presidente Lula, em Davos, no Fórum Econômico Mundial, em janeiro de 2003, disse que eram 45 milhões de brasileiros abaixo da linha da pobreza. Já a cartilha do programa Fome Zero informa que são 46 milhões. O fato é que o critério de cálculo do número de pobres é distinto para cada organismo de governo. É fato também que a formulação de políticas públicas não pode estar sujeita a diferença tão absurda no número de pessoas a serem atendidas, como no caso da pobreza brasileira: 55 milhões no máximo, e 25 milhões, no mínimo, de pobres... quem se arrisca a formular uma política com essa margem de erro?

Talvez esse problema se resolva com algumas reuniões internas e ajuste de discurso, na busca de consenso mínimo, indispensável e esperável em um governo. Mas, como isso está no universo gasoso da política, podemos lançar mão de indicadores que sejam compostos utilizando as dimensões tomadas como prioritárias para identificar especificidades (grupos, subgrupos, carências, ausências, comportamentos específicos) no conjunto sobre o qual recairá uma decisão. Um exemplo concreto se dá quando o formulador de políticas deseja conhecer melhor o grupo de "pobres" que vai ser atendido por políticas sociais, a fim de melhor planejar e otimizar o tempo e os recursos. Os indicadores, em geral, são globais e genéricos, como a renda *per capita*, para uma classe social em que o trabalho informal é regra e não exceção. Tal problema de identificação poderá ser melhor trabalhado a partir do índice de desenvolvimento familiar (IDF), que é um indicador sintético, que varia entre 0 e 1, composto por seis dimensões: vulnerabilidade, acesso a conhecimento, acesso a trabalho, disponibilidade de recursos, desenvolvimento infantil e condições habitacionais. Percebe-se que esse tipo de indicador é voltado para o diagnóstico

POLÍTICAS PÚBLICAS TRANSPARENTES

de grandes grupos e seus subgrupos, e indispensável para o formulador que se disponha corajosamente a planejar políticas focais de intervenção efetiva na realidade.

Como é possível perceber, os indicadores existem para auxiliar no acompanhamento e na análise, devendo servir como ferramenta àquele que se dispõe a realizar esses procedimentos e não, como pensam alguns, como grilhões dos administradores.

Na opinião de Façanha e Marinho (2001), Belloni, Magalhães e Sousa (2001:61), Arretche (2001:31) e Faria (2001:44), três indicadores básicos devem estar contidos no texto das políticas públicas transparentes: eficácia, eficiência e efetividade, aos quais reunimos os indicadores de impacto e indicadores sentinelas, também conhecidos como eventos sentinelas. Vejamos:

1. *Impacto*: é o indicador que permite o primeiro grande resultado quando explicita como seria ou será o cenário *com* e *sem* a política pública indicada. A pergunta orientadora é: O que muda se realizarmos tal ou qual projeto? Como será nossa vida com essa nova política pública?

2. *Eficácia*: é o indicador que representa o grau de atingimento dos resultados esperados por uma política pública. É o tipo de indicador mais comum nos programas pela facilidade de identificação de resultado a baixo custo. Eficácia é uma dimensão do processo de desenvolvimento e implementação. É fazer a coisa certa. A pergunta orientadora para esse indicador é: Quanto do que se esperava foi alcançado?

3. *Eficiência*: define a relação entre o custo e o benefício apresentados na política pública. Está diretamente relacionada com a qualidade e o modo como são usados os recursos públicos. É fazer certo as coisas. A pergunta orientadora para esse indicador é: Para fazer isso, eu poderia gastar menos?

4. *Efetividade*: esse indicador quer identificar o grau de satisfação do cidadão ou quanto seu direito foi atendido com a implementação da política pública. Efetividade é a dimensão dos resultados. É o quanto a sociedade ganhou de verdade. A pergunta orientadora

INTRODUÇÃO AO ESTUDO DAS POLÍTICAS PÚBLICAS

para este indicador é: Essa política pública, de fato, alcançou a expectativa da sociedade?

5. *Indicador sentinela ou evento sentinela*: é o indicador, mesmo indireto, que aponta a existência de risco iminente ou que aponta para algo maior que está por vir. Em geral, ele serve para sinalizar que prioridades estão sob ameaça. É exemplo de evento sentinela o limite imposto pela Lei de Responsabilidade Fiscal para gasto com pessoal de 54% da receita corrente líquida, mas quando a referida despesa alcança a marca de 51,3% (95% do limite), iniciam-se as limitações de gasto, sinalizando o risco que se aproxima. Outros exemplos clássicos no campo da saúde são as mortes de crianças menores de um ano, a morte de mães (pós-parto), indicando que algo existe como provocador dos óbitos e que merece ser investigado, a fim de evitar problemas maiores, e um único e exclusivo caso de doenças erradicadas (varíola ou pólio). A pergunta orientadora aqui pode ser: o que está por trás desse número e qual o risco de ele aumentar?

Vejamos como podemos exemplificar o uso e a diferença dos indicadores. Recorramos a Arretche (2001:32):

Um programa de vacinação pode ser muito bem-sucedido, em termos de sua eficácia, vale dizer, da possibilidade de efetivamente atingir uma quantidade satisfatória de suas metas de vacinação, por exemplo, vacinar x crianças em um prazo dado. Neste sentido, o programa foi bem-sucedido do ponto de vista da efetiva produção de determinado produto. Isso não significa necessariamente que o programa seja bem-sucedido do ponto de vista dos resultados dele esperados, vale dizer, da possibilidade de efetivamente reduzir a incidência da doença que se propunha a erradicar ou a diminuir substancialmente num horizonte x de tempo.

Da mesma forma, espera-se que programas de saneamento básico tenham impacto sobre as condições de saúde da população. Ora, uma coisa é abastecer a população com sistemas de água e esgoto e, neste sentido, fornecer produtos como torneira de água e sistema de eliminação de dejetos. Outra bastante distinta é a qualidade deste serviço e, mais distinta ainda, seu impacto sobre as condições de saúde da população.

CARACTERÍSTICAS E CRITÉRIOS OPERACIONAIS PARA POLÍTICAS PÚBLICAS TRANSPARENTES

Além dos indicadores, o governante sério, com gestão correta de gasto público, deve formular políticas públicas transparentes e executá-las considerando, no corpo do texto e no projeto de implementação, algumas informações que orientarão as características e os critérios operacionais de avaliação de políticas públicas (Belloni, Magalhães e Sousa, 2001:74; BID, 2007:17, 129 e segs.) que podem ser adaptados de acordo com o programa de política pública transparente a ser desenvolvido e avaliado.

As características ou critérios podem ser:

1. *relevância*: refere-se à importância das propostas integrantes da política pública em relação à área ou ao setor que se pretende atingir ou atuar, para fomentar ou implementar;

2. *estabilidade*: refere-se à capacidade da política pública de ser estável ao longo do tempo;

3. *adequação*: refere-se à correspondência entre as atividades que compõem a política pública e a fonte dos recursos indicada para sua execução;

4. *adaptabilidade*: refere-se à capacidade das políticas públicas de se ajustarem quando falham ou quando as circunstâncias iniciais se modificam;

5. *coerência interna/compatibilidade*: refere-se à maneira como os diversos componentes do programa (quer teóricos, quer operacionais, quer financeiros) se relacionam e se justificam de forma coerente, deixando claro a contribuição de cada um deles para o atingimento das diretrizes, objetivos ou metas;

6. *coordenação*: refere-se à capacidade das políticas públicas serem realizadas em conexão com as demais existentes, dando a sensação de ação coordenada pela alta direção;

INTRODUÇÃO AO ESTUDO DAS POLÍTICAS PÚBLICAS

7. *descentralização/parceria*: refere-se à possibilidade de as ações propostas serem transferidas, no todo ou em parte, para outras instâncias mais próximas daqueles que sofrerão os efeitos da política pública. Essa descentralização pode contemplar os estados, os municípios, regiões administrativas, ONGs, Oscips etc. Entre os objetos a serem descentralizados estão: partilha de responsabilidade nas diversas etapas que compõem o processo de formulação/execução/avaliação (identificação do problema, estudo de demanda, definição de clientela, execução, financiamento, acompanhamento, controle, cenários futuros etc.).

Esse conjunto de princípios e de elementos estruturantes forma o escopo que aponta para a formulação, execução, acompanhamento e avaliação do que chamamos de políticas públicas transparentes.

4

AVALIAÇÃO, ANÁLISE E CONTROLE DAS POLÍTICAS PÚBLICAS

Restaure-se a moralidade ou nos locupletemos todos.

STANISLAW PONTE PRETA

Esperamos que o trajeto até este ponto tenha deixado claro que o tema "políticas públicas", além de polissêmico, é bastante novo no campo de nossas discussões. Por tal, ainda é sempre necessário definir termos, identificar limites, mesmo correndo o risco de cometer imperfeições ou simplificações, tanto na definição quanto na delimitação. Esse risco é indispensável no processo de construção da hipótese de trabalho e na acomodação de termos para a evolução das ideias que defendemos. Vamos, então, buscar agora diferenciar os conceitos que envolvem a avaliação política, a análise de políticas públicas, a avaliação de uma dada política pública e, por fim, o controle (social, interno e externo).

Deixemos, desde já, definida a dificuldade para, também nesse ângulo de estudo das políticas públicas, a dificuldade de definição e a falta de tradição, como bem esclarecem alguns autores:

> Existem poucas experiências e tradição de avaliação sistemática de desempenho e de resultados, seja no funcionamento de instituições, seja de implementação de políticas públicas [Belloni, Magalhães e Sousa, 2001:9].

INTRODUÇÃO AO ESTUDO DAS POLÍTICAS PÚBLICAS

Na verdade, a tradição brasileira em políticas públicas (se é que podemos afirmar que já exista entre nós uma tradição nesta área) é bastante pobre em termos de estudos de avaliação da efetividade das políticas [Arretche, 2001:33].

A avaliação, análise e controle das políticas públicas, como apresentadas até aqui, não podem prescindir dos "3 L" que Moreira Neto (2006:34) chama de tripé ético da avaliação, análise e controle das políticas públicas:

Legalidade	→	Fundamento positivo
Legitimidade	→	Fundamento político
Licitude	→	Fundamento moral

AVALIAÇÃO POLÍTICA

Nem a ditadura teve coragem de fazer no instituto [Ipea]
o que o governo Lula está fazendo agora.

LUCIA HIPPOLITO
(Cientista política)

Por avaliação política entenderemos o estudo crítico dos critérios que levaram os governantes a optar por uma ou por outra determinada política. Em outras palavras, por que preferiram aquela política, ou ação de governo, em detrimento de outras.

Na sequência de ideias que estamos defendendo, essa etapa trata da discussão do mérito administrativo, do poder discricionário que produz a política pública. Como diz Arretche (2001:30), "ela examina os pressupostos e fundamentos políticos de um determinado curso de ação pública, independentemente de sua engenharia institucional e de seus resultados prováveis".

Por tal, é de se esperar que o candidato a avaliador político tenha o "olho educado" para perceber os valores que efetivamente influenciam na definição de políticas públicas e que, geralmente, não estão dispostos nos documentos oficiais que pretendem justificar as decisões de governo... quando estes existem, é claro!

No processo de avaliação política, não se pode desconsiderar a dificuldade de análise isenta. O processo de avaliação política não é neutro. Sempre estará "contaminado" pelo universo de valores e ideologia do analista. Essa limitação pode ser diminuída quando aquele que processa a avaliação política assume sua posição e/ou ideologia *a priori* e indica as dificuldades de isenção na tarefa que se dispõe a realizar.

São comuns críticas quanto ao fato de avaliações políticas serem formuladas por pessoas com ideologias diferentes e conflitantes, sem a devida identificação do conflito ou divergência. Ao leitor, desarmado e desconhecedor desses embates que acontecem nos bastidores, é passada a isenção inexistente e, como desculpa, dizem os avaliadores "que é claro que todos sabem que não pode haver avaliação política isenta". O que é claro é que esse conhecimento não é de domínio público, principalmente dos estudantes, que sofrem a orientação reduzida pela ideologia unificadora de seus professores, o que restringe a oportunidade da visão pluralista do fenômeno em estudo!

Podemos, ainda, diferenciar esses avaliadores políticos em dois grupos: (a) aqueles que sabem que estão avaliando as políticas adversárias pela lente da própria ideologia — entenderemos ideologia, tal qual indica Deutsch (1984:10), como "uma imagem simplificada do mundo" —, e não explicitam isso; e (b) aqueles que fazem a leitura ideológica sem sequer perceberem que pode existir outra ideologia diferente — honesta e séria, apesar de diferente — que orienta uma decisão de governo igualmente honesta e séria.

Estes últimos podem ser explicados pelo mesmo fenômeno que é percebido quando olhamos as figuras tradicionais da *gestalt*: alguns só veem imagem fundo; outros só percebem a imagem figura e outros conseguem perceber tanto figura quanto fundo.

ANÁLISE DE POLÍTICAS PÚBLICAS

Por análise de políticas públicas vamos entender o estudo crítico de todo o processo que intenta tornar concreta a ideia formulada. Busca estudar

INTRODUÇÃO AO ESTUDO DAS POLÍTICAS PÚBLICAS

se o caminho escolhido — em todas as etapas e características — é efetivamente o melhor, utilizando-se de referências determinadas e explícitas. Estuda os problemas encontrados e propostas de superação deles pelos formuladores e administradores, considerando os diversos aspectos, desde a eficiência, eficácia e efetividade até a habilidade de aglutinar a sociedade, convencer os divergentes, persuadir os contrários e acertar criativamente onde outros anteriormente erraram. Ou, como escreve Dye (1976:1), fazer "Análise de Política é descobrir o que os governos fazem, por que fazem e que diferença isto faz". Deixemos claro que a preocupação aqui é com o que o governo efetivamente faz.

A definição de análise de políticas públicas também não é um exercício simples, pois encontramos ainda uma diversidade de conceitos, mesmo que convergentes.

Dagnino e colaboradores (2002:160) apresentam um conjunto de definições de análise de políticas públicas que bem ilustram essa diversidade:

> Embora várias definições tenham sido cunhadas por autores que se têm dedicado ao tema, pode-se iniciar dizendo que a Análise de Políticas pode ser considerada como um conjunto de conhecimentos proporcionado por diversas disciplinas das ciências humanas utilizados para buscar resolver ou analisar problemas concretos em política (*policy*) pública (Bardach, 1998).
>
> Para Wildavsky (1979:15), a *Análise de Política* recorre a contribuições de uma série de disciplinas diferentes, a fim de interpretar as causas e consequências da ação do governo, em particular, ao voltar sua atenção ao processo de formulação de política. Ele considera, ademais, que *Análise de Política* é uma subárea aplicada, cujo conteúdo não pode ser determinado por fronteiras disciplinares, mas sim por uma abordagem que pareça apropriada às circunstâncias do tempo e à natureza do problema.

Dagnino (2007:117) escreve que W. N. Dunn

> formula um conceito formal de análise de política como sendo uma disciplina das ciências sociais aplicadas, que usa métodos de pesquisa varia-

dos, num contexto de questionamento político e debate público, de modo a gerar, avaliar criticamente, e comunicar o conhecimento relevante para a elaboração de políticas.

Escreve o mesmo autor que o analista de políticas públicas precisa ser capaz de promover uma mediação entre diferentes disciplinas científicas e entre a ciência e a política e, também, otimizar a interdependência entre a ciência *na* e *da* elaboração de políticas.

Mais uma vez vamos ressaltar que o "olho educado" do analista de políticas públicas deverá buscar a "arena política".

É na efetivação das políticas públicas, por meio de sua engenharia e definição de programas — alvo da análise de políticas — que podem ser identificados os grupos de interesse que serão privilegiados ou descontinuados, visto que, na atualidade, em qualquer partido ou ideologia, a execução de política pública é a "moeda de barganha" mais acessível ao político e mais procurada pelos grupos capazes de influenciar no cenário político atual ou futuro.

É aqui, na análise dos caminhos a serem percorridos, nos grupos atendidos e nos resultados a serem alcançados que se vislumbra se há realmente interesse público ou interesses outros a serem pagos com o dinheiro de todos!

Quanto às possíveis variações e distorções nesse tipo de análise, cabe interessante texto apresentado por Arretch (2001:30):

Na verdade, a ação pública é caracterizada por incoerências, ambiguidades e incertezas em todos os estágios e em todos os momentos. Qualquer política pública é em grande parte um esforço de coordenação de forças centrífugas que operam no interior da própria máquina estatal e na sociedade. A formulação de políticas é com muita frequência marcada pelo fato de que os decisores não sabem exatamente o que querem, nem o resultado possível das políticas formuladas, bem como *pelo fato de que as políticas adotadas são o resultado de um processo de negociação no qual o desenho original de um programa é substancialmente modificado* [grifo nosso].

Em outras palavras, podemos dizer que ao analista de políticas públicas não pode passar despercebido aquele que efetivamente mexe os "cordéis" e o fato de que mesmo os governos sérios não fazem as políticas que querem, mas as políticas que podem! Por isso, é comum e factível a defesa de que as avaliações políticas, as análises de política pública e as avaliações de políticas públicas específicas — assunto que será visto a seguir — sejam realizadas por órgãos independentes.

AVALIAÇÃO DE POLÍTICAS PÚBLICAS

Vamos entender a avaliação de políticas públicas como o estudo crítico

> que consiste na adoção de métodos e técnicas de pesquisa que permitam estabelecer uma relação de causalidade entre um programa x e um resultado y, ou, ainda, que na ausência do programa x, não teríamos o resultado y [Figueiredo e Figueiredo, 1986 apud Arretche, 2001:31].

Na avaliação de política pública espera-se um estudo de relação causal entre o objetivo e o resultado proposto pelo programa, ou mesmo entre a proposta defendida e o impacto social esperado. É, pois, um processo baseado na racionalidade dos meios e na coerência mínima entre objetivo, meios e fins desejados.

Essa visão deixa transparecer que alguns programas ou projetos são mais facilmente avaliados — impactos quantitativos — enquanto outros apresentam, pela singularidade, capilaridade ou mesmo complexidade e dificuldade mais dilatadas, o que mostra que, apesar de estar no campo da racionalidade, a avaliação de políticas públicas específicas requer aprofundamento e especificidade.

Belloni, Magalhães e Sousa (2001:9) escreveram que as metodologias adotadas

> oferecem poucos subsídios para a apreciação de resultados de políticas e ações institucionais quando as atividades avaliadas têm resultados ou

consequências *difusas*, como é o caso de ações educacionais. Uma política educacional ou as ações de uma instituição educacional podem ter resultados que são *difusos no tempo* (curto, médio e longo prazo), entre vários *tipos de beneficiários* (diretos e indiretos) e de *várias ordens* (qualificação para o trabalho e conhecimentos de direitos sociais, por exemplo).

Howlett, Ramesh e Perl (2013:208), ao refletirem sobre os tipos de avaliação das políticas públicas na visão administrativa, indicam cinco espécies diferentes:

1. As avaliações de processo examinam os métodos organizacionais, incluindo as regras e procedimentos operacionais, usados para a execução dos programas. Em geral, o objetivo é verificar se um processo pode fluir melhor e ser mais eficiente.

2. A avaliação do esforço tenta medir a quantidade de insumos do programa, isto é, o montante de esforço que os governos investem para o cumprimento de suas metas. Os insumos ou investimentos podem ser em pessoal, espaços para escritórios, comunicação, transporte e assim por diante, que são todos calculados em termos dos custos monetários envolvidos. O propósito dessa avaliação é estabelecer uma base inicial de dados que possa servir para a determinação subsequente da eficiência ou da qualidade do serviço prestado.

3. A avaliação do desempenho examina antes os produtos (*outputs*) do que os insumos (*inputs*) de um programa. Exemplos de produtos podem ser leitos de hospital ou matrículas de escolas, números de pacientes atendidos ou de crianças formadas. O alvo principal da avaliação de desempenho é simplesmente determinar o que a política está produzindo, muitas vezes a despeito dos objetivos declarados. Esse tipo de avalição produz dados ("medidas de desempenho") que são usados como insumos nas avaliações mais abrangentes e intensivas mencionadas a seguir.

4. A avaliação de eficiência tenta determinar os custos de um programa e julgar se o mesmo montante e qualidade de produtos poderiam ser alcançados de forma mais eficiente, isto é, a um custo mais

baixo, através de várias espécies de fluxos de produção mais racionais (*streamlining*). As avalições de insumos e produtos são blocos ou elementos de construção desse método de avaliação, cuja importância se torna maior em tempos de restrições orçamentárias. As dificuldades envolvidas nas avaliações mais abrangentes da eficácia significam que os *policy-makers* muitas vezes têm que se contentar com as avaliações de eficiência como alternativa de "segundo nível". Essa forma de avaliação é geralmente conduzida por consultores externos contratados pelo governo.

5. Finalmente, a avaliação da eficácia, conhecida igualmente como *adequação da avaliação de desempenho* ou *auditoria de custo/benefício* (*"value money"*), envolve um nível adicional de complexidade, além do que simplesmente computar a soma dos insumos e produtos de um programa, ela visa inclusive descobrir se um programa está fazendo o que se espera que ele faça. Nesse tipo de avaliação, o desempenho de um dado programa é confrontado com os objetivos, que precisam ser ajustados à luz das conquistas do programa. Com base nas constatações ou conclusões, podem-se fazer recomendações para alterar ou mudar os programas ou as políticas. Embora esse tipo de avaliação seja muito útil para os *policy-makers*, também é o mais difícil de se empreender. As necessidades de informação são imensas e o nível de sofisticação requerido para levá-lo ao termo é mais alto do que o que existe no governo, acarretando em muitas jurisdições a criação de unidades especializadas, como auditorias gerais, para a sua execução [grifos no original].

Para aclarar esse tipo de dificuldade, vamos buscar em Faria (2001:42) alguns norteadores para a avaliação de políticas públicas específicas. Diz a autora ser possível destacar a especialidade da avaliação em, pelo menos, três dimensões:

- do ponto de vista *metodológico*, a avaliação é uma atividade que obtém, combina e *compara dados* de desempenho com um conjunto de metas escalonadas;

- do ponto de vista de sua *finalidade*, a avaliação responde a questões sobre eficácia/efetividade dos programas e, neste sentido, sua tarefa é *julgar e informar*;
- do ponto de vista de seu *papel*, a avaliação detecta eventuais falhas e afere os méritos dos programas *durante sua elaboração*. Neste sentido, sua tarefa é formativa, permitindo a correção ou confirmação de rumos [grifos no original].

A mesma autora apresenta uma classificação dos estudos de avaliação composta de quatro tipos, a saber:

- O primeiro, conhecido como *ex-ante*, consiste no levantamento das necessidades e estudos de factibilidade que irão orientar a formulação e o desenvolvimento do programa. Inclui a definição de seus objetivos, âmbito de aplicação, caracterização dos beneficiários e suas necessidades.
- O segundo inclui atividades destinadas ao acompanhamento e monitoramento dos programas. Em geral, esse tipo de avaliação busca a adequação entre plano e sua execução. *Trata-se de avaliar a eficiência. É o fazer certo as coisas*, posto que as atividades de monitoramento permitem intervir no processo da execução, corrigindo os rumos cada vez que desvios são detectados. É comum o entendimento de que "corrigir rumos" significa interferir apenas no conteúdo do programa. Na maioria das vezes, esta intervenção exige iniciativa, criatividade e busca de soluções alternativas aos entraves surgidos no processo de implementação. Corrigir os rumos, neste caso, significa (ou pode significar) modificar cenários jurídico-administrativos, financeiros, organizacionais, bem como requalificar os recursos a cargo dos trabalhos.
- O terceiro pode ser identificado como *avaliação formativa, avaliação de processo ou de eficácia e tem por objetivo fazer as coisas certas*. A essência do trabalho do avaliador é acompanhar, observar e testar o "desempenho" do programa para aprimorá-lo. Este acompanhamento inclui o diagnóstico das eventuais falhas dos

instrumentos, procedimentos, conteúdos e métodos, bem como da adequação ao público-alvo e do impacto do programa, aumentando sua adequação aos objetivos e metas. A interferência orientada pelos resultados da avaliação, nos casos de avaliação formativa, é direcionada para aspectos intrínsecos ao programa. Se a merenda escolar oferecida deixou as crianças obesas, isso pode significar a necessidade de focalizar o programa, oferecendo-o a um público específico e mais carente.

- O quarto conjunto é identificado como avaliação somativa, de *resultado*, ou *ex-post*. Envolve estudos comparativos entre programas rivais, subsidia a decisão e avalia, principalmente, a maior ou menor efetividade de diferentes "tratamentos" oferecidos ao grupo-alvo [Faria, 2001:44, grifos no original].

Pelo que foi apresentado, principalmente na exposição dos especialistas, há muito o que ser feito e muito pouco onde aprender. É um tipo de exercício a ser desenvolvido na troca permanente de experiência e no ensaio e erro apoiado no bom-senso. Mas uma coisa é certa: não podemos abrir mão de aprimorar os estudos e os grupos que realizam as atividades de avaliação e análise de políticas e de políticas públicas específicas, sem pena de ficarmos à mercê de um sistema político que pode passar a acreditar — mais ainda — que tudo pode e que ninguém deve satisfação de seus *porquês*, de seus atos, de suas omissões e de seus resultados.

CONTROLE SOBRE AS POLÍTICAS PÚBLICAS[22]

> *O controle externo, que nos compete, há que buscar a qualquer preço uma teoria da qualidade do serviço público. Não basta agir na legalidade, é preciso ser eficiente. A corrupção é*

---

[22] ONGs que trabalham com controle: Transparência Brasil <www.transparencia.org.br/index.html>; Instituto de Fiscalização e Controle (IFC) <www.ifc.org.br>; Contas Abertas: <http://contasabertas.uol.com.br>.

> *facilitada pela falta de qualidade e o desperdício é tão danoso quanto a ilicitude. A corrupção é sonora, a gente acaba ouvindo o ranger dos dedos. Já o desperdício é silencioso e macio.*
>
> MARCOS VILAÇA
> Ministro do TCU e acadêmico

É certo que o poder público deve agir exclusivamente conforme a lei na consecução do interesse público. A partir dessa premissa, deve-se conceber a ideia de controle que alcançará a administração pública.

Di Pietro (2001:586) diz que:

> A finalidade do controle é a de assegurar que a Administração atue em consonância com os princípios que lhes são impostos pelo ordenamento jurídico, como os da legalidade, moralidade, finalidade pública, publicidade, motivação, impessoalidade; em determinadas circunstâncias, abrange também o controle chamado de mérito e que diz respeito aos aspectos discricionários da atuação administrativa.

Esse item — o controle das políticas públicas — é geralmente subestimado pela imensa maioria da população que se permite desanimar frente ao descompromisso dos homens públicos com aquilo que se espera deles. Não há futuro para as sociedades maduras sem a expectativa da criação e aperfeiçoamento dos instrumentos de controle político de todos os matizes. Iniciando com o controle dos procedimentos legais, passando para o acompanhamento da execução até coroar no necessário controle dos resultados das políticas públicas. Tal cultura será depuradora do sistema político nacional, visto que, se houvesse instrumentos eficazes e eficientes ao dispor de uma população atenta e instruída, a Polícia Federal não possuiria tantos eventos na área pública/política.

O controle das políticas públicas se dá por meio das instituições e da participação social. Ao alcance das instituições estão o controle interno (de responsabilidade da instituição que o mantém como instrumento preventivo), o controle externo (realizado principalmente pelos tribunais de contas, que caminham para a profissionalização cada vez maior), o controle pela sociedade organizada (ONGs, conselhos de acompanhamento, imprensa livre, audiências públicas) e, por fim, a juridicização e judicialização[23] das políticas públicas (ação do Poder Judiciário no preenchimento do espaço criado pela falta de seriedade das administrações públicas e pelo desrespeito ao interesse público), das relações escolares, da saúde, da relação entre consumidor e prestador de serviço etc.

Moreira Neto (2011:108) volta a tratar desse tema descrevendo as etapas desse controle:

> A trajetória histórica do controle, recorde-se, foi resumida a dois tempos: originalmente, partindo do *objeto do ato* para chegar ao *resultado do ato*, elegido, nesse *objeto*, como o efeito pretendido e juridicamente apreciável *in abstractu*; e, posteriormente, destacando-se sequencialmente o *resultado* em três tempos: primeiro, o do *ato administrativo*, depois o do *processo administrativo* e, por fim, o de *todo o complexo processual*, juspoliticamente ampliado e corporificado no efeito alcançado, que se torna, assim, juridicamente apreciável *in concretu* [grifos no original].

Vanice Lírio do Valle (2009:154) chama atenção para o fato de que uma política pública bem desenhada contempla não somente a identificação do problema, a diagnose e as alternativas de solução, "mas também — senão principalmente — os resultados pretendidos consignados na sua relação com um cenário de tempo, e ainda os indicadores que permitam a mensuração e avaliação desses meios".

---

[23] Em contato pessoal com Vanice Regina Lírio do Valle, em 2009, a autora me observou que "juridicização e judicialização são dois fenômenos muito próximos — mas que guardam uma sutil diferença. Juridicizar é trazer para o sistema do direito, admitir cogitação e disciplina pelo direito, admitir aptidão para determinar consequências, direitos e deveres no plano jurídico. Já judicializar, é deslocar a arena para o campo específico do Judiciário. É certo que não se pode judicializar algo que não foi, antes, juridicizado, mas as duas coisas não se confundem exatamente, e se tivessem que ser mencionadas em uma ordem lógica, me parece, seria primeiro juridicizar, e depois judicializar" (Valle, 2009).

Moreira Neto (2007:172) apresenta o inovador conceito de *controle prospectivo*, que mais se coaduna com a proposta de nosso trabalho, uma vez que nos dispomos a conectar políticas públicas, planejamento e futuro. Escreve ele:

> Patenteou-se desse modo à geração pós-moderna, que só será possível recobrar a *segurança* se o futuro for objeto de *criterioso planejamento democrático* e um *cenário de formulação igualmente aberta de políticas públicas* e, desse modo, tratados ambos por *institutos jurídicos* que privilegiem a prospecção e o controle social, para se dispor também na atividade administrativa pública do que J. Chevalier batizou adequadamente de um *"equivalente funcional do mercado"*, justamente pela possibilidade de permitir que se ponha em marcha um instrumento cívico autorregulatório dessas relações altamente instáveis.
>
> Cabe lembrar que um dos primeiros reconhecimentos da necessidade de *controle prospectivo* no campo do direito proveio da criativa Corte Constitucional alemã, a partir da admissão da audiência de conselheiros técnicos e científicos aportados pela figura do *amicus curiae*, para tanto especialmente convocados ou admitidos, *com vistas a evitar possíveis riscos que poderiam advir de decisões que, embora juridicamente corretas, pudessem ser prospectivamente danosas e até mesmo catastróficas para a sociedade* [grifos no original].

Ainda no capítulo do controle das políticas públicas, Odete Medauar (2012:175 e segs.), em sua obra *Controle da administração pública*, discorre longamente e com propriedade sobre o assunto, trazendo luzes desde a visão geral à especificidade do procedimento.

O controle pode ser estudado a partir das modalidades elencadas no quadro 13.

INTRODUÇÃO AO ESTUDO DAS POLÍTICAS PÚBLICAS

QUADRO 13
Modalidades de controle das políticas públicas

Quanto ao órgão que o exerce	Administrativo	O poder de fiscalização e correção que a administração pública exerce sobre sua própria atuação. O poder de autotutela permite à administração pública rever os próprios atos quando ilegais, inoportunos ou inconvenientes.
	Legislativo	O Poder Legislativo tem ação limitada sobre a administração pública, conforme preceitos constitucionais. Seu controle está basicamente restrito ao controle político e ao controle financeiro. Utiliza-se, principalmente, das comissões parlamentares de inquérito para apurar irregularidades. O Tribunal de Contas (TC) é um órgão auxiliar e independente do Poder Legislativo que fiscaliza a regularidade das contas de todos os que administram bens, valores e dinheiros públicos, bem como o fiel cumprimento do orçamento público. Nenhum ato do TC tem poder de julgar, mas de indicar erros na esfera técnico-administrativa.
	Judiciário	O controle da administração pública pelo Poder Judiciário está circunscrito à legalidade dos atos da administração, à moralidade e aos motivos — ou falta deles — que envolvem suas decisões. Não julgamento do mérito administrativo (oportunidade e conveniência da decisão). Mais recentemente, vem atuando na judicialização das políticas públicas.
Quanto ao momento em que ocorre	Prévio	Quando o ato administrativo precisa ser previamente autorizado por outro poder.
	Concomitante	Quando o controle acompanha a atividade administrativa. Como exemplo, temos o controle do orçamento público ao longo do ano e a prestação de serviços por terceiros.
	Posterior	Quando o controle acontece posteriormente ao ato com o objetivo de confirmá-lo, desfazê-lo ou corrigi-lo.
	Prospectivo	Quando o controle avança no cenário futuro visando evitar riscos de uma decisão que possa ser prospectivamente danosa à sociedade.
Controle externo		É a forma de controle realizada por um poder sobre o outro ou pela administração direta sobre a indireta. A ação dos tribunais de contas é um exemplo
Controle interno		É a forma de controle realizada pela administração sobre seus próprios atos, daí sua denominação. A Controladoria Interna é um exemplo.
Controle popular		É o controle feito pelos cidadãos ou pelos administrados na garantia de seus direitos e no exercício de seus deveres. Pode ser realizado por um só cidadão ou por instituições representativas nas garantias de direitos individuais, coletivos ou difusos.

AVALIAÇÃO, ANÁLISE E CONTROLE DAS POLÍTICAS PÚBLICAS

CONSIDERAÇÕES SOBRE A PARTICIPAÇÃO DO CIDADÃO

> *Por que você não se cala?*
> JUAN CARLOS, REI DA ESPANHA
> a Hugo Chávez, então presidente da Venezuela,
> durante a 17ª Conferência Iberoamericana,
> realizada no Chile, em 2007.

A CRFB/1988 criou uma série de canais de participação dos cidadãos nas decisões do poder. Moreira Neto (1992) apresenta exaustivo estudo sobre a participação política nos mais variados campos, incluindo aqueles institutos que não foram recepcionados pela Constituição brasileira, mas que existem em nações democráticas mais amadurecidas.

De um modo geral, a sociedade brasileira vem se organizando de forma a buscar direitos e a exigir a prestação de serviços tidos como essenciais. Tal organização vem se dando tanto no nível individual — o próprio cidadão age e reage na busca de seu direito — quanto no nível coletivo, quando um grupo de indivíduos se reúne de forma organizada para garantir um conjunto de direitos. Esses grupos se manifestam por meio do terceiro setor, das organizações não governamentais, das associações de moradores e de classes, das associações de pais e mestres das escolas da rede pública etc.

Por outro lado, a organização do Estado, quer pela motivação do Executivo, quer pela iniciativa do Legislativo, vem contemplando a participação do cidadão em várias esferas de governo e em inúmeros setores da ação governamental. Essa parceria é percebida principalmente na figura dos conselhos de participação. Hoje, podemos enumerar alguns sem que sejam necessários maiores esforços de memória: os conselhos de saúde, de acompanhamento do Fundef e da merenda escolar, de assistência social, de contribuintes, de segurança, conselhos tutelares, conselho dos portadores de necessidades especiais, entre outros, sem esquecer do recentíssimo Conselho de Desenvolvimento Econômico e Social, ligado diretamente ao presidente da República.

INTRODUÇÃO AO ESTUDO DAS POLÍTICAS PÚBLICAS

Alguns conselhos possuem poder deliberativo; outros apenas função consultiva, mas grande parte está dotada da função fiscalizadora, que deve atentar para os objetivos de cada área de governo e para os resultados obtidos, considerando os meios utilizados e os recursos despendidos.

Como podem pensar alguns, esse não é um movimento eminentemente brasileiro, muito menos criado pelo Brasil. Há, na verdade, um grande e antigo movimento internacional, que vem tomando corpo, que pretende consolidar a relação entre cidadão e governo, buscando criar canais de informação, consulta e participação mais ativos e efetivos, de forma que o cidadão possa interagir com o governo nas formulações de políticas públicas.

Hoje, é possível identificar alguns importantes canais de exercício democrático no Brasil. Podemos enumerar a democracia representativa, a democracia participativa, a democracia direta e a democracia consociativa, a saber:

- a *democracia representativa*, que resulta na eleição de representantes do povo para os poderes Legislativo e Executivo, nos três níveis de governo (federal, estadual e municipal). Isso quer significar que o povo tem participação direta na qualidade de seus representantes, sendo certo que a qualidade dos governantes espelha o pensamento e a prática dos eleitores, visto que nenhum deles chegou ao poder por concurso ou por sorteio;

- a *democracia participativa* faculta a participação mais efetiva de cidadãos em espaços de decisão e/ou de acompanhamento. Os exemplos são os conselhos de acompanhamento de ações de governo ou conselhos temáticos. Não passa despercebido que um dos grandes entraves na consolidação da boa representação é o fato de que os que buscam representar se utilizam desse instituto como trampolim para projetos políticos pessoais, tais como chegar a vereador, chegar a deputado, chegar a prefeito etc.;

- a *democracia direta* se dá pela participação efetiva do cidadão visando à decisão. São exemplos de participação direta o plebiscito e o referendo. Não devemos confundir os institutos da democracia direta com as ferramentas de política populista, como foi o caso da denominada "democracia plebiscitária",[24] que mais se assemelha a populismo oportunista, quando um governante, com alto índice de aceitação, propõe consulta à população sobre temas de interesse, como a possibilidade de reeleição sem limites. Também temos de observar com critério a diferença entre a democracia direta legítima e as ações populistas de consulta à população por meio de expedientes que possuem "endereço certo" e resultado previsível, como as conferências temáticas, organizadas a partir de frações definidas de segmentos sociais organizados, que mais representam as opiniões desses segmentos do que as necessidades verdadeiras da sociedade como um todo. A democracia direta não pode substituir o Legislativo, não pode ser um processo que se assemelha a "democratismos encomendados" e precisa ter seu caráter deliberativo definido antes, a fim de que o governante venha a aproveitar apenas o que lhe é conveniente;[25]

- a *democracia consociativa*, que não deixa de ser uma derivada da democracia participativa, se caracteriza pela busca de consensos para o convívio entre os diferentes atores e interesses que compõem a sociedade (Toba, 2004). As conferências nacionais, os planos diretores, os documentos de impacto de vizinhança e de impacto ambiental são exemplos desse novo instituto. Aqui, ganha aquele que demonstrar mais organização e capacidade de articulação. A chamada *construção de consenso* é uma tecnologia social

---

[24] Ver interessante comentário de Merval Pereira em *O Globo*, 6 nov. 2007, p. 4, sobre a exposição do embaixador Samuel Pinheiro Guimarães na Conferência da Latinidade, ocorrida em Lima, Peru, em novembro de 2007.

[25] "*Estado de S. Paulo*: Temporão vai ignorar resolução antiaborto. Conferência Nacional de Saúde vetou discussão; 'Instância não é deliberativa', rebate ministro. A resolução da Conferência Nacional de Saúde proibindo a discussão sobre aborto no País será desconsiderada pelo Ministério da Saúde. 'A conferência não é deliberativa', observou o ministro da Saúde, José Gomes Temporão. O presidente do Conselho Nacional de Saúde, Francisco Batista Júnior, também atribui o resultado a um clima de 'já ganhou' vivido pelo ministério. 'Faltou humildade', sentenciou. 'Faltou disposição para o debate. O ministério trouxe a proposta pronta', afirmou Júnior. Ele admite que o governo não é obrigado a respeitar a decisão da conferência. 'Mas não há dúvida de que essa atitude terá um peso político importante. Ele sabe o quanto é importante respeitar decisões de movimentos populares', observou" (Ex-*blog* do Cesar Maia, 23 nov. 2007).

INTRODUÇÃO AO ESTUDO DAS POLÍTICAS PÚBLICAS

que tende a ocupar importantes espaços nas relações sociais contemporâneas.

É certo que alguns problemas podem ser elencados nesse processo de relação entre cidadão e governo:

- não se pode exigir qualidade na relação se essa atividade inter-relacional é nova. Se não há experiência anterior ou tradição acumulada, é de se esperar que erros sejam cometidos ao longo do processo de aprendizado por ambos os lados;
- é de se esperar que a tradição egocêntrica da política brasileira leve o cidadão a imaginar que esse canal de relação pode servir de trampolim para conquistas pessoais outras. Os membros de conselhos podem se utilizar desses espaços visando a conquistas eleitorais posteriores;
- o cidadão pode utilizar-se da função para ganhos pessoais de diversa ordem, o que não invalida o processo; apenas informa que se deve atentar para a qualidade do representante social nesses espaços;
- informação, consulta e participação popular exigem recursos financeiros, tempo de discussão e maturação e experiência para lidar com conflitos e divergência. O governo não pode desconhecer essas necessidades quando elas aparecerem ao longo do processo de relação. Ao contrário, deve ver nesses "obstáculos" investimentos a serem feitos para que ganhem todos: sociedade e governo;
- não se espere que o fortalecimento da relação entre cidadão e governo venha substituir o governo naquilo para o qual ele foi eleito. O governo deve realizar aquilo que esperam dele: dirigir os destinos do povo que o elegeu. O que se discute aqui, entretanto, "não é se o governo deve liderar, mas como liderar" (OCDE, 2002:27) e como deve buscar a parceria da sociedade organizada para formular melhor as políticas públicas e implementá-las com maior eficiência, eficácia e efetividade.

Foi considerando que a "pressão sobre os governos, no sentido de fortalecer suas relações com os cidadãos, é uma tendência internacional e merece especial destaque no Brasil" (OCDE, 2002) que o governo brasileiro traduziu e lançou a publicação intitulada *Cidadão como parceiro: manual da OCDE sobre informação, consulta e participação na formulação de políticas públicas*, em 2002. Nessa publicação estão contemplados os principais pontos para que cidadão e governos encontrem alternativas para trabalharem juntos visando a uma preocupação comum: a política pública.

O manual é de fácil linguagem e traz uma série de exemplos concretos sobre o processo de participação. Essa nova área de preocupação já possui uma série de publicações e de documentos que demonstram como o tema vem sendo discutido em outras partes do mundo e em vários setores públicos. Documentos e maiores informações podem ser obtidos no site da OCDE (<www.oecd.org>).

Leia mais:

A defesa que assusta

[...] O susto aumenta quando [Lula] declara não ver diferença entre o projeto chavista de se perpetuar no poder e os governantes europeus que chegaram a ficar uma década ou mais no poder, uma vez que não se pode acreditar que é a desinformação que o faz equiparar as trevas à luz — "não tem nada de distinto", fulminou —, e que ele pense efetivamente que a perpetuação de Chávez no governo venezuelano é tão legítima como as sucessivas reeleições de Margareth Thatcher, na Grã-Bretanha; Helmut Kohl, na Alemanha; Felipe González, na Espanha; e François Mitterrand, na França, a quem citou. Não é crível que Lula tenha feito essa comparação com o único objetivo de defender a fidelidade à democracia do coronel golpista.

Os jornalistas que o entrevistavam objetaram que, exceto Mitterrand, os demais se elegeram e se reelegeram no marco do parlamentarismo, que também prevê a queda dos governos de turno a qualquer momento, se o Legislativo negar aos seus dirigentes o voto de confiança. A objeção — à qual Lula retrucou que "o que importa não é o regime, é o exercício do poder" — é procedente, mas a questão essencial é outra. Todos os nomes mencionados foram invariavelmente escolhidos em pleitos livres, limpos e competitivos, isto é, cujos resultados poderiam ter sido aqueles ou outros, e, no exercício do poder, preservaram a democracia. Afirmar que o mesmo se aplica ao chavismo, não podendo, como dissemos, ser rematada ignorância, só pode ser demonstração acabada da intenção de seguir o exemplo de Chávez pelo menos no que diz respeito à "prorrogação" da sua permanência no poder. Reconhecemos que Lula é inteligente demais para aspirar a poderes ditatoriais.

Mas ele não facilita a vida de quem prefere acreditar nas suas juras de que não pensa em 3º mandato. São dele estas palavras: "Eu acho que na democracia é assim: a gente submete aquilo que a gente acredita ao povo e o povo decide e a gente acata o resultado". Isso é apenas plebiscitismo, a relação direta do líder com a massa, que atropela o que a ordem democrática tem de essencial — a representação parlamentar pluripartidária.

Fonte: Editorial. *O Estado de S. Paulo*, 16 nov. 2007.

CONSIDERAÇÕES SOBRE A CORRUPÇÃO

> *Se ganharmos a eleição, parte da corrupção*
> *neste país desaparece no primeiro semestre.*
>
> LULA, CANDIDATO
> Vitória, ES, 12 jul. 2002.

Infelizmente, a mídia vem apresentando um sem-número de casos de corrupção em nosso país, em todas as instâncias e envolvendo pessoas de todas as classes sociais. Esse assunto é, portanto, merecedor de nossa atenção, devendo sofrer reflexões pela ótica da ética e das possibilidades que se apresentam para reversão desse estado de coisa, na tentativa de evitar que se alastre, atingindo todos os que dependemos da ação orientada do governo para o atendimento de nossas verdadeiras necessidades. Sejam quais forem os instrumentos buscados para a melhoria desse estado de coisa que se alastra e contamina a sociedade contemporânea, é certo que não se pode mais navegar nos mares poéticos da ingenuidade, como o então candidato Lula, num misto de ingenuidade e autossuficiência, no dia 12 de julho de 2002, em Vitória: "Se ganharmos a eleição, parte da corrupção neste país desaparece no primeiro semestre".

É possível buscar duas definições para a corrupção, além daquela apontada pela ordem jurídica, que não será tema deste estudo. A primeira, em sentido estrito, está posta no campo da filosofia política, em que se estuda o conceito e a estruturação da corrupção, e a segunda, de caráter mais amplo, está no entendimento do dia a dia, no senso comum mesmo.

CORRUPÇÃO NO SENTIDO ESTRITO

Pode ser definida, conforme Pasquino (1997:291), como o "fenômeno pelo qual uma pessoa é levada a agir de modo diverso dos padrões normativos do sistema, favorecendo interesses particulares em troco de recompensa".

Importa ressaltar que os estudos apontam, geralmente, a corrupção no campo da coisa pública, onde o agente público exerce poder de fazer ou de não fazer o que está apontado como regra mediante uma recompensa, o que não nos impede de extrair a essência do conceito para aplicá-la ao conjunto da sociedade. Aprofundando as discussões sobre a visão estrita, o mesmo autor aponta três maneiras comuns de se executar a corrupção:

- *o uso da recompensa escondida.* Note-se o detalhe de a recompensa ser escondida, o que já denota algo que não pode ser apresentado a seu superior, a seus colegas de trabalho, as partes envolvidas no processo "alternativo" pelo qual o funcionário está recebendo a recompensa a fim de facilitar algum tipo de procedimento em favor de um interesse específico;
- o *nepotismo*, que é o emprego de parentes despreparados para o cargo ou função para a qual foram designados por aquele que detém algum tipo de poder capaz de nomeá-los. Mais uma vez, esse conceito de corrupção afasta esta possibilidade do setor privado, uma vez que o dono ou sócio pode nomear e empregar quem bem deseje para uma função, arcando financeiramente com as consequências da incompetência, irresponsabilidade ou improbidade de seu parente indicado, o que já não ocorre no nepotismo na coisa pública, pois que é a sociedade quem paga a conta da nomeação que não pode ou não consegue fiscalizar;
- *peculato*, que é entendido como o uso ou apropriação e mesmo destinação de verbas que se originam de cofres públicos.

Dessa rápida viagem pelo mundo da filosofia política, resultam algumas conclusões rápidas: a corrupção é um instrumento próprio da elite ou do grupo detentor de algum tipo de poder, não sendo facilmente acessível às camadas populares da população; a corrupção é conceitualmente própria da coisa pública (lesando a sociedade), criada para servir ao grande grupo e que sofre de algum tipo de afunilamento prejudicial aos interesses de alguém, não ocorrendo na coisa privada, pois que o funcionário está sob a responsabilidade e fiscalização daquele que o mantém e que ganha

INTRODUÇÃO AO ESTUDO DAS POLÍTICAS PÚBLICAS

com seu serviço; a corrupção é um vício próprio da democracia,[26] onde existe o "governo do povo", visto que no absolutismo o "rei" é quem ganha sempre e os que exercem algum tipo de função são prepostos do "rei" e lesam o rei.

Raymundo Faoro, em sua obra *Os donos do poder*, examinando certas fases decisivas de nossa história e relacionando-as com práticas portuguesas, demonstra como o país foi governado por uma colônia de burocratas, que seria o grande árbitro, o regulador da sociedade e da economia, de onde surgem práticas mantidas até os dias de hoje. A tal prática ele chamou de estamento burocrático. Diz:

> Para gerir o Real Erário nas capitanias do Brasil, arrecadar tributos e efetuar despesas, há uma série de órgãos paralelos com funções mais ou menos especializadas. Eles não se subordinam uns aos outros, nem ao Governador, no sentido em que entendemos a hierarquia administrativa [Faoro, 1996:188].

E para entender melhor a consequência dessa camisa de força criada pela burocracia que passou de meio a fim, eis o que diz sobre a formação do patronato brasileiro:

> A nossa aristocracia é burocrática: não que se componha somente de funcionários públicos; mas essa classe forma sua base, à qual adere, por aliança ou dependência, toda camada superior da sociedade brasileira [Faoro, 1996:389].

Como bem lembra Faoro (1996:391), recordando José de Alencar, "no Brasil a burocracia não é ainda o povo brasileiro", mas o aparelhamento e o instrumento pelos quais o patronato — a aristocracia, qualquer que seja ela — se expande e se sustenta, fazendo-se predileta em detrimento dos desvalidos. A corrupção se acentua com a existência de sistema representativo imperfeito, em processos de decisão discriminatórios e em procedi-

---

[26] Utilizado o conceito de democracia extraído de Outhwaite e Bottomore (1996).

AVALIAÇÃO, ANÁLISE E CONTROLE DAS POLÍTICAS PÚBLICAS

mentos administrativos viciados e pouco transparentes. Isso, com certeza, deixa de restringir-se ao binômio legalidade/ilegalidade para avançar no perigoso campo do desgaste do sistema instituído, porque atinge frontalmente sua *legitimidade.*

Eis aí a possível origem da máquina complicada e complicadora que dá espaço para o surgimento do processo de corrupção, mesmo que no sentido estrito, deixando claras a existência e a manutenção de uma aristocracia, com seus valores subjacentes, em pleno estado democrático. Está posta a ênfase no egoísmo, na egolatria e no egocentrismo.

Sobre a corrupção na coisa pública, temos movimentos populares interessantes que vêm aprimorando os canais de vigilância, controle e acompanhamento das ações e decisões públicas, chegando, às vezes, até à cassação de mandato de políticos, como no caso de Ribeirão Bonito, retratado pela ONG Amarribo, que, ao desenvolver um processo de acompanhamento dos atos do prefeito municipal, identificou uma série de ações fraudulentas que resultaram na renúncia do prefeito antes do processo de cassação. Essa experiência está bem retratada na obra de Trevisan e colaboradores (2003). Outros exemplos contemporâneos importantes são apresentados por Maluf (2001).

Recentemente, a opinião pública foi sacudida por escândalos como o "petróleo", fruto de um instituto ainda novo, mas que precisa tornar-se rotineiro na investigação policial e nos processos judiciais: a delação premiada, em que, numa visão grosseira, entrega-se a sardinha para pescar os tubarões. Rica a contribuição de Sérgio Moro (2004), juiz responsável pelo processo, em trabalho publicado em 2004, no qual analisa ação similar na Itália.

Por outro lado, existe a esperança de que as consequências judiciais (nos campos penal e cível), bem como a responsabilização administrativa dos gestores públicos em todos os campos e, antes e acima de tudo, as pesadas indenizações e sanções comerciais sofridas pelas empresas privadas participantes dos esquemas dificultem sua ampliação. Quem sabe, mesmo que não seja pela ética ou pela moralidade, os esquemas diminuam por receio de perdas dos "ricos dinheirinhos" e da "perda de liberdade".

Nesse rastro de movimento anticorrupção, resta-nos esperar que as instituições públicas e privadas passem a considerar as práticas de controle interno (*compliance*[27] em todos os seus níveis e possibilidades) algo absolutamente necessário, não como fachada ou caixinha no organograma, mas como ações que se antecipam e evitam, de forma proativa, que atos funestos se materializem.

CORRUPÇÃO NO SENTIDO AMPLO

Nesse sentido, corrupção pode ser entendida como: corromper, tornar podre, estragar, decompor, perverter, depravar, subornar, adulterar e viciar, entre outros termos de menor significado.

Aqui, diferentemente da situação anterior, o conceito é amplo e supera a recompensa que "engorda a conta bancária". Esse conceito é muito mais amplo e toca o fazer e o não fazer no campo difuso das emoções e dos compromissos de valores e opções de vida e de cidadania. Não precisa ser algo concreto, mas pode estar no âmbito da semeadura do que não seja correto, do desvio do caminho ideal etc. Pede, para que tal aconteça, um corruptor e um corrompido, cujas relações e vínculos variam ao infinito. Os exemplos podem e devem ser extraídos do cotidiano, uma vez que não há quem não tenha uma história conhecida sobre o assunto.

Percebe-se que, nesse aspecto, a análise transcende o binômio estreito e temporal da legalidade/ilegalidade para alcançar uma dimensão muito mais ampla, dada pelo binômio *moralidade/imoralidade*. A moralidade que se apresenta aqui não é aquela moralidade determinada por uma classe de pessoas em posição de destaque, que diz o que é e o que não é moral para uma determinada comunidade, mas a moralidade que se funda na consciência e dá suporte aos princípios da cidadania.

Pelo que foi apresentado, a corrupção está diretamente ligada ao desvio do dever, à busca do atalho do caminho reto que a consciência e a cidadania nos apontam. Toda vez que nos afastamos do dever, estamos nos corrompendo, podendo vir a corromper outros.

---

[27] Ver, por exemplo, Souza (2014).

AVALIAÇÃO, ANÁLISE E CONTROLE DAS POLÍTICAS PÚBLICAS

Esta preocupação vai conquistando as comunidades mais maduras e comprometidas com o destino da sociedade a que pertencem, favorecendo o surgimento de instituições sociais que monitoram o exercício do poder e seu desvio — a corrupção. Entre elas, está a Transparência Brasil, que divulga trabalhos da transparência internacional. Veja o que informa a Transparência Brasil[28] sobre os índices de percepção da corrupção:

De acordo com a opinião de observadores internacionais, refletida no Índice de Percepções de Corrupção divulgado em 20/10 pela *Transparency International*, o grau de corrupção atribuído às relações entre o Estado e a sociedade no Brasil não se alterou em relação aos seis anos anteriores. O índice (que em 2004 inclui 146 países) classifica opiniões sobre o grau de corrupção nos países numa escala de 0 a 10, em que 10 corresponde ao menor grau de corrupção percebido e 0 ao maior grau.

O Brasil recebeu em 2004 a pontuação de 3,9, repetindo assim o desempenho do ano passado (este havia sido 4,0 em 2002 e 2001, 3,9 em 2000, 4,1 em 1999 e 4,0 em 1998). Isso indica que o país não tem piorado ao longo do tempo na percepção internacional sobre o grau de corrupção vigente — mas, também, assinala que não tem melhorado.[29]

O grau de corrupção relativamente elevado com que o Brasil é percebido internacionalmente é compatível com a avaliação da opinião pública brasileira. Pesquisa com representatividade nacional feita em 2001 pelo Ibope para a Transparência Brasil e o Instituto Paulo Montenegro revelou que 51% das pessoas acreditavam que a corrupção no plano federal havia aumentado muito ou simplesmente aumentado nos dois anos anteriores, enquanto apenas 7% acreditavam que ela havia diminuído (bastante ou pouco) e 34% que não se alterara.

---

[28] Visite <www.transparencia.org.br> e conheça outros textos, tais como: "Caminhos da transparência. um retrato das instituições brasileiras".

[29] Cf.: <www.transparencia.org.br/index.html>. Acesso em: 22 out. 2004.

INTRODUÇÃO AO ESTUDO DAS POLÍTICAS PÚBLICAS

QUADRO 14
Evolução do índice de percepção da corrupção

País	2000	2001	2002	2006[30]
Finlândia	—	—	—	9,6
Islândia	—	—	—	9,6
Nova Zelândia	—	—	—	9,6
Chile	7,4	7,5	7,5	7,3
Uruguai	—	5,1	5,1	6,4
Costa Rica	5,4	4,5	4,5	4,1
El Salvador	4,1	3,6	3,4	4,0
Colômbia	3,2	3,8	3,6	3,9
Jamaica	—	—	4,0	3,7
Peru	4,4	4,1	4,0	3,3
México	3,3	3,7	3,6	3,3
Brasil	3,9	4,0	4,0	3,3
Trinidad & Tobago	—	5,3	4,9	3,2
Panamá	—	3,7	3,0	3,1
Argentina	3,5	3,5	2,8	2,9
Rep. Dominicana	—	3,1	3,5	2,8
Bolívia	2,7	2,0	2,2	2,7
Paraguai	—	—	1,7	2,6
Nicarágua	—	2,4	2,5	2,6
Guatemala	—	2,9	2,5	2,6
Honduras	—	2,7	2,7	2,5
Venezuela	2,7	2,8	2,5	2,3
Equador	2,6	2,3	2,2	2,3
Haiti	—	—	2,2	1,8

Fonte: Transparência Brasil.

---

[30] Cf.: Índice de percepção da corrupção 2006. Disponível em: <www.transparencia.org.br/index.html>. Acesso em: out. 2007.

AVALIAÇÃO, ANÁLISE E CONTROLE DAS POLÍTICAS PÚBLICAS

Fica claro que a corrupção precisa ser enfrentada e, para tal, contamos com a ferramenta da informação, com a metodologia do acompanhamento social, por indivíduos e por instituições. Só um povo educado para o acompanhamento e controle de seus governos pode minimizar os efeitos dessa tradição nefasta que assola o Brasil e que, às vezes, é vista como doença incurável.

QUADRO 15
Ficha resumo para apresentação de políticas públicas transparentes

Título	Deve ser claro e informar o que pretende.
Objetivo	Aqui está o objeto ou conteúdo e deve deixar claro o que se pretende ao implementar a política pública.
Justificativa	Aqui está o motivo da política pública. Deve evidenciar o quanto a política pública pretendida vai atender às expectativas e/ou direitos da comunidade.
Resultado esperado	Aqui está a finalidade da política pública. O que se quer alcançar com a proposta. Deve descrever a diferença entre ter e não possuir a política (efeitos e impactos).
Clientela	Quem vai ser beneficiado diretamente pela implementação da política?
Público a ser atingido	Quantas pessoas, instituições, cidades etc. serão beneficiadas? Aqui está o indicativo para avaliação da eficácia da proposta.
Como será implementada	Quais os meios a serem utilizados para implementação da política proposta? Aqui está o indicativo para avaliação da eficiência da proposta.
Custo do projeto	Quanto vai custar? Vai ser gasto em quê (grandes categorias)? Está no orçamento? Está na LDO?
Cronograma	Data de início e data de encerramento (os prazos devem obedecer a um critério importante: realidade!).
Dificuldades esperadas	Que problemas podem ser percebidos antecipadamente na implantação e/ou implementação da política pública?
Parceiros/ antagonistas	Quais são os parceiros potenciais? O que farão? Quando farão? Quais os instrumentos de oficialização da parceria? Quais são os antagonistas ao projeto? Quais suas características e que forças os parceiros/antagonistas possuem? Que forças eles podem aglutinar?
Avaliação de processo	Como vamos avaliar a implantação e implementação da política pública de forma a fazer correções de rumo em caso de desvio?
Avaliação final	Que indicadores objetivos serão usados para avaliar o quanto foi alcançado?
Anexo	Estudo técnico com diagnóstico do problema e estudo de impacto da proposta com alternativas disponíveis para decisão superior.

5

O PLANEJAMENTO

Não há solução técnica para problemas políticos. Não há solução política para problemas técnicos.

Juliano Bastide

DEFININDO O PLANEJAMENTO

Como tem sido nossa prática, vamos iniciar o item buscando definir, conceituar, esclarecer o que se entende sobre aquilo que nos propomos a estudar.

Como planejamento, Houaiss e Villar (2001:2232) entendem o

serviço de preparação de um trabalho, de uma tarefa, com o estabelecimento de métodos convenientes. Determinação de um conjunto de procedimentos, de ações [...], visando à realização de determinado projeto.

Para a Algarte (Algarte e Gracindo: 1998:16), em documento da Associação Nacional de Política e Administração da Educação (Anpae), planejamento

é a prática que se caracteriza como instrumento de implantação das políticas estabelecidas. São os mecanismos técnico-operacionais no sentido de transformar diretrizes, objetivos e orientações gerais em planos, ou programas, ou projetos para orientar, conduzir e avaliar a execução das atividades e tarefas operacionais.

Para Ferge (1996:571), citando Gans:

Planejamento, em seu sentido genérico, é um método de tomada de decisão que propõe ou identifica metas e fins e determina os meios e programas que realizam ou pensa que realizam esses fins, o que ocorre mediante a aplicação de técnicas analíticas para descobrir a adequação entre fins e os meios alternativos.

Para José Afonso da Silva (1996:739), "planejamento é um processo técnico instrumentado para transformar a realidade existente no sentido de objetivos previamente estabelecidos".

Para Bucci (1997:96), lembrando Celso Furtado, o planejamento é

função eminentemente técnica, voltada à realização de valores sociais: "técnica social de importância muito maior, a qual permitiria elevar o nível de racionalidade das decisões que comandam complexos processos sociais, evitando-se que surjam processos cumulativos e não reversíveis em direções indesejáveis".

A partir dos conceitos apontados, podemos dizer que planejamento é uma técnica social que consiste em ordenar, de forma racional, ações, métodos e técnicas convenientes e adequadas que permitam alcançar os objetivos propostos pelas políticas públicas, nas melhores condições possíveis de tempo, custo e qualidade.

O planejamento, no cenário público brasileiro, não é uma técnica social de ordenação opcional. Ele é determinado pelo art. 174 da CRFB/1988, cujo texto é:

Art. 174. Como agente normativo e regulador da atividade econômica, o Estado exercerá, na forma da lei, as funções de fiscalização, incentivo e *planejamento, sendo este determinante para o setor público* e indicativo para o setor privado.

§1º. A lei estabelecerá as diretrizes e bases do planejamento do desenvolvimento nacional equilibrado, o qual incorporará *e compatibilizará os planos nacional e regionais de desenvolvimento* [grifos nossos].

O PLANEJAMENTO

Percebe-se, pelo texto constitucional, que o planejamento (a) será determinante para o setor público e (b) se concretizará por meio de programa e/ou planos nacionais, regionais e/ou setoriais.

Quanto ao primeiro aspecto — ser determinante para o setor público e indicativo para o setor privado — devemos lembrar que esse tipo de indicação constitucional, inspirada na Constituição espanhola (art. 131), apesar de inovador, já ocorria na esfera do planejamento econômico desde os áureos tempos da edição dos planos nacionais de desenvolvimento, os PNDs. Há, em torno desse tema, grande discussão, uma vez que existem aqueles que defendem que a sociedade democrática não pode estar tutelada por planos governamentais que impeçam o pleno uso da liberdade. O aprofundamento dessa discussão foge ao escopo deste trabalho.

Sobre esse primeiro aspecto, podemos dizer que é consenso que a técnica de planejamento surgiu e se desenvolveu nos estados socialistas, considerando os interesses estratégicos do Estado, mesmo em detrimento de interesses primários ou coletivos (Bastos, 1994:379; Silva, 1996:740; Moreira Neto, 2001b:516; Bucci, 2002:260). Mindlin (2001:9) chega a comentar:

O planejamento como instrumento de política econômica é relativamente recente, mesmo em países socialistas. Assim, a União Soviética adotou o primeiro plano quinquenal em 1929, e era, antes da guerra, o único país que usava o planejamento de maneira sistemática. Mesmo a discussão sobre a possibilidade teórica do planejamento data da década de vinte.

É interessante lembrar o conteúdo desse debate, pois mostra por que se julgava desnecessário o planejamento num país socialista. Tratava-se de saber se num país com decisões econômicas centralizadas, mas em que os indivíduos tivessem livre escolha de consumo e ocupação, seria possível alocar os recursos com a máxima eficiência.

Podemos relacionar planejamento e políticas públicas a partir da visão de Oliveira (2006:275-276):

Uma primeira escola vê o processo de planejamento de políticas públicas associado a atividades de elaborar-se planos, com isso envolvendo tomada

INTRODUÇÃO AO ESTUDO DAS POLÍTICAS PÚBLICAS

de decisões políticas, reuniões de discussão, mapas detalhados, modelos matemáticos e cenários, criação de legislação e distribuição de responsabilidades, e ao final se gera um plano. Uma vez que terminem essas etapas, assume-se que automaticamente as ações planejadas serão implementadas e atingirão os resultados esperados, se o plano foi bem-feito e tiver o orçamento aprovado. Assim a avaliação de um processo de planejamento é vista primordialmente sob a ótica de confeccionar planos. Caso o plano desenhado inicialmente seja bom, o resultado ao final será bom. Se o plano é ruim, o resultado é ruim. O que necessitam as políticas públicas é de bons "planejadores" com mentes privilegiadas e "visão de futuro" para se anteceder ao que vem no futuro e fazer planos corretos que levem aos resultados calculados. Os projetos de irrigação na região de Juazeiro (BA) e Petrolina (PE) são citados como um exemplo de plano bem-sucedido com o caráter descrito acima.

Uma outra visão de planejamento reconhece o papel da implementação, mas ainda enfatiza a elaboração de planos como chave primordial para o sucesso de políticas públicas. Nela, como na visão anterior, existem bons e maus planos. Porém, segundo essa visão, muitos dos bons planos falham porque houve problemas técnicos na implementação, foram sabotados ou não foram implementados exatamente de acordo com o que foi indicado no plano. Exemplos deste tipo de visão de planejamento incluem alguns planos elaborados na época da ditadura militar no Brasil, como a colonização da Amazônia com a construção de estradas (Transamazônica) e assentamentos (Polonoroeste).

Uma versão um pouco mais moderna desta visão de planejamento tenta adicionar uma componente de implementação no plano. Com isso priorizam-se alguns mecanismos de gestão da implementação dos planos para garantir que aquilo indicado no plano vai ser implementado. Esses mecanismos incluem monitoramento, auditorias e reuniões técnicas de acompanhamento. Porém, por mais que se fiscalize, os resultados muitas vezes ainda são insatisfatórios porque houve diversos tipos de problemas institucionais, muito do planejado não era executável ou as condições iniciais mudaram com o tempo. Temos como exemplo o Projeto de Despoluição da Baía de Guanabara (PDBG) no Rio de Janeiro, onde foram gas-

O PLANEJAMENTO

tos centenas de milhões de dólares sem conseguir os resultados esperados, apesar de todas as precauções tomadas no acompanhamento técnico da implementação do projeto.

Ao que parece, o planejamento penetrou a cultura política do ocidente no pós-guerra e o fez — e ainda o faz — de forma moderada, uma vez que visa orientar, estimular ou incentivar os entes privados. No Brasil, o Estado planejador, com esse espírito, foi contemplado em 1988, com o art. 174 da Constituição Federal.

O segundo aspecto se refere à operacionalização do planejamento por intermédio dos programas e planos. Sobre isso, temos a análise precisa de Silva (1996:740):

O processo de planejamento se instrumentaliza mediante a elaboração de plano ou planos. É o processo técnico que se traduz juridicamente em planos. Isso está consignado na Constituição em mais de uma oportunidade, ao dizer que o planejamento incorporará e compatibilizará os planos nacionais e regionais (art. 174, §1º), ao estatuir que é função da lei dispor sobre planos e programas nacionais, regionais e setoriais de desenvolvimento (art. 49, IV) e que estes devam ser elaborados em consonância com o plano plurianual (arts. 49, III, e 165, §4º), consubstanciando aí, como dissemos, os princípios do planejamento estrutural.

Vê-se, então, a importância da técnica de planejamento na integração dos três entes federativos (União, estados e municípios), na identificação de necessidade (tempos, recursos etc.) para contemplar os diversos setores (educação, saúde, habitação, C & T, comércio exterior etc.) de forma a atender ao interesse coletivo com os recursos existentes e disponíveis.

A partir desse breve histórico, podemos recorrer aos autores dos campos do direito constitucional (Silva, 1996:740) e do direito administrativo (Moreira Neto, 2001b:516) e classificar o planejamento como impositivo (para o setor público) e indicativo (para o setor privado). Vejamos o que esclarece o autor quando classifica o planejamento no Brasil:

INTRODUÇÃO AO ESTUDO DAS POLÍTICAS PÚBLICAS

Finalmente, como fruto dessas discussões e, sobretudo, das lições das experiências históricas concretas, distinguiram-se duas nítidas posições: a dos que defendiam, notadamente por motivos ideológicos, a necessidade da imposição de um planejamento estatal sobre toda a vida econômica e social: os adeptos da denominada *planificação integral*; e a dos que sustentavam a legitimidade de uma fórmula mista, reservando-se o de planejamento impositivo apenas para o Estado e adotando-se *o planejamento indicativo* para a sociedade: o *planejamento democrático*.

[...]

No vigente sistema constitucional brasileiro, adotou-se este último modelo, o do *planejamento democrático*, direcionado para servir de *fundamento racionalizador para o exercício da função administrativa de fomento público* (art. 174, CF), de modo que a *indicatividade* do planejamento estatal suscite as esperadas respostas de *adesão* por parte dos segmentos visados da sociedade, sem, contudo, *obrigatoriedade* por parte dos demais, *conciliando-se, destarte, as vantagens técnicas do planejamento com as liberdades democráticas* [grifos no original].

No Brasil, a técnica de planejamento parece ter sido incentivada como área de estudo pela ação pessoal e persistente de Severino Sombra (1952), autor de *Técnica de planejamento*, cujas estrutura sintética, didática e clareza permitiram que seja usada neste trabalho como rica base para desdobramento. A escolha pelo trabalho de Severino Sombra, em detrimento de outros textos contemporâneos, tem dois objetivos explícitos. Primeiro, reverenciar aquele que foi possivelmente o primeiro a escrever sobre o assunto no âmbito do governo brasileiro e, segundo, informar que não há justificativa para que o planejamento não tenha sido absorvido como cultura na administração pública brasileira, visto que o texto possui mais de meio século de existência. Escreve Sombra (1952:1) na introdução da obra:

Desde 1942, estudamos e defendemos a ideia do planejamento e sua aplicação no Brasil.

Em 1943, credenciados pelo coordenador da Mobilização Econômica, entramos em contato, nos Estados Unidos da América, com as princi-

O PLANEJAMENTO

pais organizações, públicas e privadas, dedicadas ao planejamento, ou à elaboração de planos para o governo americano, notadamente a *National Planning Association*. Recebidos, por toda a parte, com demonstrações de elevado espírito de cooperação, tivemos oportunidade de assistir a reuniões de órgãos planejadores e de recolher abundante documentação, que encaminhamos ao Coordenador.

Em dezembro do referido ano, como resultado das nossas observações nos USA, apresentamos ao Senhor Presidente da República um projeto de lei, criando a Comissão de Planejamento Econômico-CPE. A CPE foi organizada pelo Decreto-Lei nº 6.476, de 08 de maio de 1944, sendo o seu Regimento aprovado pelo Decreto nº 16.683, de 29 de setembro do mesmo ano.

A CPE reuniu nomes notáveis da vida administrativa e econômica do país, realizando estudos da maior importância. Faltou-lhe, porém, a base técnica prevista no projeto de Lei. Constituiu, no entanto, a primeira tentativa oficial, no Brasil, de um órgão público, encarregado de planejamento. O novo governo, empossado em 1956, logo extinguiu a Comissão de Planejamento Econômico.

Em setembro de 1948, com o apoio de numeroso grupo de idealistas, fundamos a Associação Brasileira de Planejamento (ABP), destinada a propagar a ideia em nosso país, criando a mentalidade do planejamento e estudando a aplicação da nova técnica aos problemas nacionais. Publicamos, então em "O JORNAL" do Rio de Janeiro, longa série de artigos sobre a evolução histórica do planejamento, suas características técnicas e a necessidade imperiosa do seu emprego no trato de diferentes questões.

A convite do Departamento Administrativo do Serviço Público (DASP), tivemos ocasião de dar um curso, em 1949, sobre a técnica de planejamento no serviço social.

Ao I Congresso Brasileiro de Municípios, reunido em 1950, apresentou a ABP uma série de monografias, entre as quais TÉCNICA DE PLANEJAMENTO. A Revista "do Serviço Público" do DASP divulgou o trabalho em sua edição de julho de 1950 e no ano seguinte, em separata, na série de Publicações Avulsas (nº 372). Agora, aparece ele em edição definitiva, acrescido de uma bibliografia e da presente Introdução.

INTRODUÇÃO AO ESTUDO DAS POLÍTICAS PÚBLICAS

Depois do esforço de Severino Sombra, datado de 1943, os grandes marcos do planejamento no setor público brasileiro seriam a Lei nº 4.320/1964, que estima receita, fixa despesa e regra a elaboração dos orçamentos públicos, e o Decreto-Lei nº 200/1967, que estrutura a administração pública.

Na atualidade, encontramos um número bastante significativo de obras que tratam do planejamento a partir de visões distintas e com fundamentos dos mais diversos. Santos (2006), por exemplo, quando trata de gestão pública, elenca quatro tipos de planejamento governamental: o tradicional, o estratégico, o estratégico situacional e o participativo.

Nota-se que planejar é uma tarefa complexa, com variáveis de todos os matizes e com pouca experiência acumulada para os decisores (políticos), equipes técnicas (planejadores) e sociedade (cidadãos e setores produtivos). Há muito por aprender nessa área até o pleno domínio dessa importante técnica social que é o planejamento, e muito a ser superado na tradição brasileira que indica a prática como a escola do líder, menosprezando a formação técnica e profissional para o ofício de governar.

O Brasil já está necessitando de escolas de governo, onde a ciência e as técnicas de governo sejam tratadas com a seriedade e atenção devidas a essa nova especialização horizontal. A tradição brasileira reúne o líder político que sai das urnas porque tem a sensibilidade necessária para prometer o que o povo quer ouvir; o intelectual não especializado, que conhece um pouco de tudo e não possui experiência de administração real; e o especialista de área definida, que acredita conhecer tudo porque conhece bem uma parcela do universo (Matus, 2000).

Esta especialização horizontal, solicitada aos políticos e decisores, não pode ter a mesma dinâmica do generalista nem a profundidade fragmentada do especialista de área. Precisa ficar patente, como afirma Carlos Matus, que:

> Há especialidades que recortam horizontalmente as demais especialidades, no plano da prática social, que não penetram em profundidade sequer numa pequena parcela, como um poço de exploração vertical, cego à exploração de outras áreas científicas.

O PLANEJAMENTO

Ao contrário, sua *especialidade*, nesse caso, consiste em conectar as demais especialidades, não no mesmo plano em que o faz o *generalista ilustrado* — porque isso não traria grande contribuição às ciências e às técnicas de governo —, tampouco no nível de máxima profundidade de cada exploração científica departamentalizada em que se move cada especialista (porque isso seria impossível). *Trata-se de uma conexão de profundidade média, capaz de fundamentar a complexidade e diversidade dos créditos de eficiência e eficácia que devem ser considerados no processo de governo, e de reconhecer o espaço no qual se requer a cooperação de cada especialista para a análise e o enfrentamento dos problemas sociais*

As ciências e técnicas de governo incluem-se nesse tipo de especialidade, mas há outras, sem *status* científico reconhecido — como a investigação policial, a teoria da guerra, a teoria da segurança nacional, a análise de políticas públicas e a exploração do avanço das ciências e da tecnologia. Todas elas constituem uma necessidade prática e cruzam todos os departamentos das ciências. A medicina é uma especialidade vertical; a saúde é uma especialidade horizontal. A teoria política é outra especialidade vertical; as ciências e técnicas de governo são uma especialidade horizontal. *A unidade da prática determina as especialidades horizontais* [Matus, 2000:29-30, grifos nossos].

Enquanto isso não se dá em nosso universo político — quer por falta de sensibilidade dos políticos ou por falta de cobrança da sociedade —, fiquemos com a dicotomia entre o líder político e o técnico planejador.

POLÍTICA E PLANEJAMENTO OU POLÍTICO *VERSUS* PLANEJADOR?

Como vimos, o planejamento é recente como técnica social em nosso país. Talvez devêssemos, antes de dizer que o planejamento é uma técnica, chamá-lo de arte, pois são poucos os que estão convencidos de sua importância e, como é quase inexistente a cultura de formação de planejadores na esfera pública, o país contará com aqueles que tenham vocação, *expertise*, tal qual o artista que se destaca da multidão pelo talento natural.

Se a falta de tradição já seria, por si só, um problema, temos de, em nome da transparência, trazer à discussão um tema indispensável quando se trata do binômio política e planejamento: o contexto geral da política no Brasil é naturalmente incompatível com o princípio do planejamento.

Vamos detalhar mais essa afirmativa. Há uma política como ciência e há uma política como prática, que conceitualmente são distintas. A primeira fala do mundo ideal e é narrativa; a segunda vive no mundo real e é essencialmente conflituosa. A primeira diz como deveria ser; a segunda só sobrevive sendo como tem de ser. A primeira vive no mundo da retórica e justifica a afirmativa de que a moral e a ética da política são diferentes daquelas da sociedade; a segunda vive no mundo real, com regras de ética e moral diferenciadas, mas nega o fato e afirma viver conforme as regras do mundo ideal.

Esses fundamentos, que podem parecer injustificáveis para o cidadão pouco afeito ao tema, estão claros nos mais tradicionais estudos de ciência política (primeiro caso) e nas resenhas jornalísticas e televisivas (segundo caso).

Mas a política brasileira não se contenta em divergir — como é esperado — do mundo ideal da ciência política. Ela não só habita o mundo real da política como criou umas e outras furnas para se entrincheirar, mantendo a característica *coronelista* de um lado e corporativo de outro, resistindo ao movimento natural de depuração dos sistemas e aprimoramento dos corpos decisórios pela exigência melhorada dos cidadãos. Trabalha-se para manter o que a história mostrou ser inconveniente para uma democracia em ascensão. Temos na regra o "mau político" que deveria ser exceção, e o temos por meio de um processo democrático que o legitima para estar no cargo, quer no Executivo, quer no Legislativo.

Ora! Como um político que desdenha o interesse público no processo de decisão, que representa o compadrio, que gasta em campanha eleitoral mais dinheiro pessoal do que a quantia que vai ganhar como vencimentos em quatro anos de mandato, que não consegue justificar os projetos corporativos ou de favorecimento que apresenta ou vota, como um político com esse perfil vai defender o planejamento ou favorecer o fortalecimen-

O PLANEJAMENTO

to do corpo técnico (planejadores e avaliadores)? Qual deles desejará a transparência?

Surge, então, o embate entre o político e o planejador (também chamado de técnico ou de cientista). E, em geral, este último, pela própria inexperiência da função, se acredita com poderes que não possui e com imunidades que não existem.

Não há dúvida quanto à submissão do planejamento à política. O político é quem possui legitimidade para indicar políticas públicas que atendam a direitos e/ou expectativas e para indicar os meios de implementá-las. Ao planejador cabe o esforço de, pela persuasão e convencimento, sensibilizar a esmagadora maioria dos políticos, ainda jungidos ao modelo antigo, para o valor do planejamento e de apresentar políticas públicas com fundamentos técnicos e transparência.

O novo político perceberá no corpo técnico (avaliador de políticas e planejador) um imenso manancial de dados para a percepção da realidade e de alternativas para chegar aonde deseja.

Já o novo planejador — aquele que reconhece suas fragilidades frente a um sistema político desejoso de um horizonte nebuloso para encobrir a prioridade dada a ações de curto prazo e a instalação do "caos" para sempre justificar o estado de emergência que o desobrigue de obedecer às regras mínimas da boa administração — saberá que o processo de mudança é lento e que a administração por planejamento "enterrará" a figura do político aproveitador da boa-fé pública... É um trabalho lento de conquista!

Quanto a esse embate, temos algumas interessantes afirmativas, que gostaríamos de apresentar, colhidas de autores.

Para melhor entendimento, vamos esclarecer algumas características do perfil dos atores envolvidos e, para tal, usaremos o elucidativo texto de Cohen e Franco (1993:64). Dizem eles, a partir de estudos de Medina Echavarria, que o problema é resultante da diferença entre duas grandes dimensões: a racionalidade (a técnica e a política) e a orientação para o resultado final da ação (a função real e a substancial). Em resumo, dizem os autores que se trata da presença de diferentes atores, como mostra o quadro 16.

QUADRO 16
Diferentes atores da política social: competências e racionalidades

Atores	Competência	Racionalidade
Político	Criar condições para a tomada de decisão, devendo organizar o processo e realizar as negociações.	Responsável por tomar a decisão e fixar os grandes objetivos das políticas. Racionalidade política.
Burocrata	Conhecimento e manejo dos procedimentos (normas, regulamentos, jurisprudência e história do tema).	Responsável pela aplicação dos procedimentos e das normas e pela defesa da competência legal. Racionalidade funcional.
Técnico	Domínio do pensamento científico, devendo oferecer modelos e estratégias para o plano e as alternativas para os fins que recebe. Opera os meios e os instrumentos de política.	Responsável pela orientação na racionalidade dos fins. Racionalidade técnica.

Bazzo, Linsingen e Pereira (2003:26), ao tratarem do controle social sobre a ciência e tecnologia, conhecida como abordagem ciência, tecnologia e sociedade (CTS), trazem reflexões importantes sobre os limites da ciência e dos cientistas e o espaço próprio da política e dos políticos, chamando nossa atenção para a diferença entre a ciência chamada acadêmica e a ciência chamada "reguladora", que é

a atividade científica completamente orientada a *fornecer conhecimentos para assessorar na formulação de políticas* [...]. Uma parte do trabalho deste tipo de ciência está relacionada com a regulação da tecnologia. As análises de impacto ambiental, a avaliação de tecnologias, as análises de riscos etc. são exemplos de ciência reguladora.

[...]

Uma questão sumamente importante é a que tem a ver com a responsabilidade dos cientistas na hora de resolver conflitos que surgem a partir da interação entre ciência e sociedade. Geralmente, supõe-se que aqueles temas dos quais o conhecimento científico se utiliza para a resolução de problemas políticos (construir ou não um transporte supersônico, realizar ou não uma viagem à Lua) podem dividir-se claramente em dois

O PLANEJAMENTO

âmbitos: o científico e o político. O primeiro trata de destacar quais são os fatos (por exemplo, se é física e tecnicamente possível realizar a viagem até a Lua); o político deve assinalar que direção tem de tomar a sociedade (como pode ser a pertinência de subvencionar ou não tal projeto lunar). [...]

Porém, esta forma de analisar o binômio ciência-sociedade é excessivamente simples e incapaz de recolher toda a complexidade das relações entre a ciência e a sociedade. Inclusive naquelas situações nas quais é possível reconhecer respostas claramente científicas a questões envolvidas em assuntos políticos, a possibilidade de estabelecer uma distinção brusca entre o âmbito científico e o âmbito político é realmente complicada tanto quanto é muito difícil separar os fins dos meios. O que se considera que é um fim político ou social termina por ter numerosas repercussões nas análises do que deveria estar sob a jurisdição da ciência, e cada uma dessas repercussões têm de ser avaliadas em termos políticos e morais [grifo nosso].

Os mesmos autores trazem um interessante estudo de Sheila Jasanoff (1995:280) onde formula um modelo que compara as características entre a chamada ciência acadêmica e a ciência reguladora.

QUADRO 17
Características da ciência acadêmica e da ciência reguladora

	Ciência acadêmica	Ciência reguladora
Metas	"Verdades" originais e significativas.	"Verdades" relevantes para formulação de políticas.
Instituições	Universidades, organismos públicos de investigação.	Agências governamentais, indústrias.
Produtos	Artigos científicos.	Relatórios e análises de dados, que geralmente não são publicados.
Incentivos	Reconhecimento profissional.	Conformidade com os requisitos legais.
Prazos temporais	Flexibilidade.	Prazos regulamentados, pressões institucionais.

continua

INTRODUÇÃO AO ESTUDO DAS POLÍTICAS PÚBLICAS

	Ciência acadêmica	Ciência reguladora
Opções	Aceitar a evidência. Rechaçar a evidência. Esperar por mais ou melhores dados.	Aceitar a evidência. Rechaçar a evidência.
Instituições de controle	Pares profissionais.	Instituições legisladoras. Tribunais. Meios de comunicação.
Procedimentos	Revisão por pares, formal ou informal.	Auditorias. Revisão reguladora profissional. Revisão judicial. Vigilância legislativa.
Padrões	Ausência de fraude e falsidade. Conformidade com os métodos aceitos pelos pares. Significado estatístico.	Ausência de fraude e falsidade. Conformidade com os protocolos aprovados e com as diretrizes da agência institucional. Provas legais de suficiência (isto é, evidência substancial, preponderância da evidência).

Fonte: Jasanoff (1995 apud Bazzo, Linsingen e Pereira, 2003:30).

Houve um período em que alguns autores defendiam a "função política dos planejadores", o que resultou em conflito, pois, além de conectar corretamente os meios com os fins, os planejadores tentavam influir nestes últimos. É sabido que a decisão está na mão daquele que detém o poder. Sobre a supremacia política, veja o que escreve Lafer (2001:30):

A decisão de planejar é essencialmente uma decisão política, pois é uma tentativa de alocar explicitamente recursos e, implicitamente, valores, através do processo de planejamento e não através dos demais e tradicionais mecanismos do sistema político. A implementação do plano é, também, essencialmente, um fenômeno político, pois [é] a forma de se aferir quanto da tentativa de alocar recursos e valores se efetivou, em outras palavras, qual é a relação num dado sistema entre política e administração.

No mesmo sentido, escreve Fernando Henrique Cardoso em rico e interessante texto:

O PLANEJAMENTO

A decisão de planejar é política, no sentido de que por intermédio da definição de planos se alocam "valores" e objetivos junto com os "recursos" e se definem as formas pelas quais estes valores e objetivos são propostos e distribuídos [Cardoso, 2001:170]

O planejamento seria a "administração racional", isto é, o processo de distribuição ótima dos recursos e dos meios tendo em vista objetivos dados. Mas a fixação dos objetivos cairia no campo da decisão política e essa, por ser eminentemente criativa e por decorrer da imposição (embora legitimada) da vontade de uns grupos sobre outros, de umas classes sobre outras, estaria ligada à esfera não racionalizada da vida social, à terra de ninguém do campo de luta ente grupos sociais, onde a zona de incerteza invade frequentemente a área de decisões tomadas racionalmente, segundo critérios previamente estabelecidos. Política "racional" ou planejamento e política se oporiam, portanto, em princípio. No máximo seria possível racionalizar a partir de decisões dadas, selecionadas por critérios distintos do metro da razão. Portanto, o planejamento deveria circunscrever-se diretamente à área da administração [Cardoso, 2001:162].

Ferge (1996:571), ao escrever sobre este mesmo conflito, defende que "a tomada de decisão em matérias sociais constitui um processo político. [...] A realização do plano é um processo social que raras vezes é guiado pelas intenções dos planejadores".

Fica claro, pois, que a existência do Estado planejador na Constituição já é uma consequência da vontade, do desejo político. A existência do plano na execução de políticas públicas, em detrimento de execução entrópica, desordenada, é também uma decisão política. Entretanto, entre a vontade do legislador indicada na Constituição e a concretização disso na arena política vai alguma diferença a ser medida por décadas.

Em que pese à força dos fatos e ao arrastão da tradição, cabe-nos refletir sobre o quadro atual na expectativa de acenar para o aprimoramento possível do sistema que nos dirige a vida social, não como desejamos mas como "eles" querem e nós merecemos, uma vez que "eles" foram eleitos.

INTRODUÇÃO AO ESTUDO DAS POLÍTICAS PÚBLICAS

É certo que a racionalidades técnica e política são distintas e que a legitimidade da decisão depende da área política. Precisamos, entretanto, tecer um futuro onde isso se mantenha, mas com uma definição mais perceptível entre o papel e o limite da área técnica (avaliador e planejador) na teia social (veja Matus, 1993:40 e segs).

Se é verdade — e cremos que sim — que a decisão é de caráter político, o diagnóstico que oferece subsídio para a decisão e a avaliação dos resultados consequentes dessa mesma decisão têm de ser técnicos, em nome da transparência que um dia há de viger no meio político nacional, sem que isso arranhe a "conjugação de forças" e "conflitos de interesse distintos" aos quais os políticos têm de atender em nome de sua permanência no poder.

Esse poder de decisão da área política fica muito claro quando estudamos a "agenda política", que dá indícios sobre os objetivos buscados pelo grupo político que detém o poder e o "espaço" que destinará ao planejamento. Um bom exemplo de "agenda política" ao longo do tempo, no Brasil, é o apresentado pelo estudo de Melo (2001:12 e segs.), desde o governo Vargas (1930) até o governo de Fernando Henrique Cardoso.

QUADRO 18
Evolução da agenda pública brasileira

	Princípio organizador das políticas públicas	Efeito esperado das políticas
Primeira era Vargas (1930-1945)	Integração social e *nation building*	Incorporação tutelada das massas urbanas à sociedade oligárquica; construção de uma ordem institucional que permitisse a incorporação dos novos atores à arena política.
Populismo (1945-1960)	Ampliação da participação	Submeter as políticas à lógica do mercado político; políticas como moeda de troca política.
Crise do populismo (1960-1964)	Redistribuição	Expansão organizacional do aparato público das políticas; reformas de base permitem superar o desenvolvimento social e a estagnação; "socialismo ou subdesenvolvimento".

continua

O PLANEJAMENTO

	Princípio organizador das políticas públicas	Efeito esperado das políticas
Autoritarismo burocrático (1964-1967) (1967-1973)	Modernização conservadora Crescimento sem redistribuição	Submeter as políticas públicas à lógica da acumulação; reformismo conservador; expansão dos complexos empresariais de provisão de bens e serviços sociais; desenvolvimento social como *trickle down* do crescimento.
Distensão e transição (1974-1984)	Redistributivismo conservador: *redistribution with growth* (Banco Mundial); primado da desigualdade sobre a pobreza absoluta no debate público.	Expansão acelerada dos complexos empresariais de provisão de bens e serviços sociais, com opção moderadamente redistributiva.
Nova República	Reformismo social-democrata: universalismo, descentralização, transparência.	Redesenhar políticas tornando-as mais eficientes, democráticas e redistributivas; ênfase no *modus operandi* das políticas; eliminação do *mistargeting*.
Collor	Cesarismo reformista; reformas como imperativos de "governabilidade".	Reestruturação *ad hoc* e pouco consistente das políticas: focalização, seletividade e redefinição do *mix* público-privado das políticas.
Governo FHC	Instituir a boa governança; ação pública como fixação de regras do jogo estáveis e universalistas; primado da pobreza absoluta sobre a desigualdade no debate político.	Focalização, seletividade e redefinição do *mix* público-privado das políticas; restaurar as bases fiscais das políticas; políticas compensatórias dos custos sociais da estabilização.

Fonte: Melo (2001:12).

Por outro lado, podemos comparar o estudo proposto para a agenda pública brasileira, com seus princípios organizadores e resultados esperados das políticas, com um grande número de planos desenvolvidos no Brasil desde o Plano de Metas (1956-1961) até o Plano Brasil Novo (1989), passando pelos planos setoriais e regionais, em que se estudam os objetivos e os fins alcançados pelos planos de fundo econômico. Essa linha histórica dos estudos foi organizada por Mindlin (2001) e Kon (1999), em duas obras intituladas *Planejamento no Brasil I* e *Planejamento no Brasil*

INTRODUÇÃO AO ESTUDO DAS POLÍTICAS PÚBLICAS

II, respectivamente. com as agendas públicas, permitindo ao leitor interessado o devido aprofundamento.

Apesar dessa definição geral, de que é o político que submete o técnico, e de nossa esperança de que, um dia, ambos possam trabalhar em função de quem lhes paga as contas e os salários, podemos encontrar, desde já, a indicação de que a área técnica já aprendeu a se relacionar melhor com o meio político (esperemos que um dia a área política possa se capacitar tecnicamente um pouco mais!). O melhor exemplo dessa evolução na área da ciência e da tecnologia é apresentado por Bruno Latour (Chalmers, 1994:157), quando busca comparar as atividades da cientista-chefe com a do diretor de um laboratório da Califórnia, ambos envolvidos na pesquisa de uma nova substância que Latour chama de *pandorin*.

A cientista-chefe tem carreira clássica, com perfeita formação científica e se diz dedicada à pesquisa científica e desligada dos assuntos que envolvem política e questões sociais. Acha que a ligação com o governo e com o setor privado tomará um tempo precioso que poderia dedicar ao que é efetivamente importante: a pesquisa.

Já o diretor do laboratório está sempre envolvido em atividades de cunho político de todos os níveis, o que muitas vezes lhe custa aturar a zombaria da cientista. Na lista semanal de atividades, encontramos: negociações com as companhias farmacêuticas em torno de patentes da nova substância; um encontro com o ministro da Saúde de outro país sobre a possibilidade de abrir-se novo laboratório; uma reunião na Academia Nacional de Ciências; reunião com a diretoria da revista médica de sua especialidade, em que debate solicitando mais espaço para sua área; uma visita ao matadouro local para discutir a modificação no sistema de abate de ovelhas a fim de melhor aproveitar o hipotálamo, indispensável à pesquisa; uma reunião na universidade, onde expõe a necessidade de mudança curricular, ampliando os conteúdos de biologia molecular e informática; debate com cientista estrangeiro que pesquisa novos equipamentos que poderão auxiliar na melhor identificação do produto pesquisado e palestra na Associação dos Diabéticos.

Continuando a narrativa, Chalmers dirá que Latour também descreveu o trabalho da cientista-chefe posteriormente às atividades de seu chefe: conseguiu contratar mais um técnico e dois estudantes, graças à

O PLANEJAMENTO

bolsa de estudo da Associação de Diabéticos e pelos debates do chefe nos diversos cursos universitários; passou a receber hipotálamos de ovelha em melhores condições, o que permitiu aprimorar a performance de sua pesquisa; os instrumentos estrangeiros foram modificados e agora permitem a identificação de traços da substância pesquisada nas amostras; seus resultados poderão ser publicados na revista médica de sua área, uma vez que o espaço editorial destinado a este fim foi aumentado; ela está quase fazendo as malas para a viagem que fará ao exterior para coordenar a instalação de um novo laboratório de pesquisa, fruto das conversas de seu chefe...

Queremos apontar pelo menos duas questões para a reflexão:

1. O que seria da pesquisa se um técnico não se dispusesse a aprender a arte da negociação política?

2. Busquemos identificar que técnico está preparado para informar a sociedade sobre as prioridades que orientam a decisão dos detentores de poder. Rattner (2000:357) escreve "nem os pesquisadores dos institutos mais renomados, nem as autoridades titulares das agências e ministérios nos fornecem indicações claras sobre as prioridades nacionais em seus respectivos setores e departamentos", deixando claro o quanto temos de conquistar em termos de espaço de relação responsável entre a sociedade e o Estado.

Cremos que esse seja o futuro a ser construído nas relações entre políticos e técnicos!

O PLANEJAMENTO COMO TÉCNICA

Por mais bela que seja a estratégia, de vez em quando devemos examinar os resultados.

WINSTON CHURCHILL

Até aqui, por necessidade de desenvolvimento do trabalho, temos apresentado o planejamento como ferramenta de execução de política (implantação e implementação) e o temos definido, *grosso modo*, como "ordenação de ações para alcançar um fim definido por um meio otimizado". Temos a dizer, agora, que esse conceito é estreito e nos serviu até aqui, quando vamos necessitar ampliá-lo. Se ele fosse tratado apenas na dimensão tecnicista, o mais honesto seria indicar o uso de programas de computador voltados exclusivamente para ordenar ações a partir de critérios estabelecidos. Aliás, o mercado dispõe de belíssimos exemplares de *software* com esse fim.

O que ocorre, na verdade, é que as variáveis envolvem planejamento de políticas que tocam diretamente a comunidade — interagindo com ela, antes de submetê-la — não são absolutamente controláveis. Isso significa que o caminho ideal entre o início e o fim é linear, mas a realidade nem sempre permite esse caminho mais adequado para alcançar o fim que se deseja com alta performance.

Aliás, esse tipo de visão não é novo. Se considerarmos a sociedade, a própria administração pública e a relação entre elas como processos de alta complexidade de *per si*, precisaremos recorrer a Edgar Morin, que já nos prevenia para o fato de que *a complexidade não é linear*! A complexidade solicita algo mais do que a redução da realidade a ações e eixos lineares que subordinem pessoas, instituições e ideias a planilhas e cronogramas. Não se está pregando a desobediência ou o descumprimento das planilhas, prazos ou instrumentos, mas sua flexibilização frente às dificuldades e surpresas ao longo da execução do planejamento.

Na execução de ações no campo social, a opção não linear pode ser mais rápida e barata (eficiência) e pode ser a diferença entre finalizar ou não o que se quer (eficácia).

A consciência de que o planejamento serve a propósitos maiores e superiores ao processo faz com que naturalmente sejam realizadas acomodações de processo para a garantia do alcançar o fim desejado.

Carlos Matus (1993:13-14), autor experiente no campo do planejamento público, ilustra esse item chamando atenção para a existência do *homem indivíduo*, do *homem coletivo* e do *governo*. Eis suas reflexões:

Quando dizemos que planejar é tentar submeter o curso dos acontecimentos à vontade humana, não deixar "que nos levem" e tratarmos de ser

O PLANEJAMENTO

condutores de nosso próprio futuro, estamos nos referindo a um processo social, no qual o homem indivíduo realiza um ato de reflexão superior e reconhece que só a consciência e a força do *homem coletivo* pode encarnar tal vontade humana e enfrentar a correnteza dos fatos para desviar seu curso em direção a objetivos racionalmente decididos.

[...]

O homem coletivo é condutor do processo social. Por isso o planejamento surge como problema entre homens: primeiramente o homem indivíduo, que procura alcançar objetivos particulares, e o homem coletivo, que busca uma ordem e uma direção societária; em segundo lugar entre as distintas forças sociais, nas quais se encarna o homem coletivo, que luta por objetivos opostos.

O planejamento poderia ser um problema técnico caso se referisse à relação do homem com as coisas, mas essas coisas sempre ocultam outros homens. O planejamento é assim um problema entre homens, entre governantes com "g minúsculo".

Ao assumirmos as dificuldades inerentes ao planejamento, que subordina a realidade à própria vontade para alcançar um fim desenhado, estamos afirmando que ele, em nome daquilo para o qual existe — êxito social —, precisa existir, mas sem desconsiderar as realidades divergentes e mesmo antagônicas, quer na formulação, na implantação, na implementação e no fim mesmo das políticas. E esse senso de realidade complexa é que solicita que o planejamento aceite a hipótese de ser não linear, visando alcançar com eficiência e eficácia o que deseja. Parece paradoxal e, na verdade, o é! Por isso, planejar é uma ação humana, que usa da criatividade, da persuasão, do convencimento etc. para alcançar o sucesso.

Visto este ponto — a diversidade humana —, vamos trazer ao debate outro interessante item: o planejador deve distinguir as variáveis passíveis de controle e aquelas que fogem ao seu domínio. Desconhecer sua impotência para dominar *tudo* e *todos* é supervalorizar sua capacidade e subestimar as adversidades, dois erros graves, grosseiros e fatais no planejamento. Quanto a isso, veja o folclórico exemplo ocorrido com a seleção brasileira de futebol, em 1958, no jogo contra a Inglaterra: diz-se que o

INTRODUÇÃO AO ESTUDO DAS POLÍTICAS PÚBLICAS

técnico Feola, na preleção inicial, prevê cada período de 15 minutos do jogo, dizendo a cada jogador o que fazer e como fazer. Depois de ideias e estratégias "brilhantes" que resultaram na vitória teórica do Brasil no primeiro tempo, Garrincha haveria perguntado: "O senhor já combinou tudo isso aí com os ingleses?"

Para evitar esse tipo de "armadilha", podemos enumerar alguns procedimentos orientadores tidos como fundamentais no amplo universo do planejamento. Para melhor discutirmos e diferenciarmos as ferramentas adequadas, vamos desdobrar o planejamento de políticas públicas em três estágios distintos, consecutivos e interdependentes, a partir de Sombra (1952), Cohen e Franco (1993) e Matus (1993): o plano, os programas e os projetos.

A "ação de governo" se manifesta, em geral, nos campos, nas áreas ou setores sociais por meio das políticas setoriais. Espera-se que cada política setorial, pelo menos, possua um plano.

O plano apresenta ações na área específica, de forma ampla, orgânica e coesa, apresentando um grande objetivo e indicando o modelo de alocação de recursos, estratégias de aproximação política, racionalidade técnica para os meios. O plano possui sempre prazo mais dilatado. Possui um objetivo geral que o caracteriza e outros objetivos específicos, que se corporificam nos programas.

Os programas são conhecidos por estabelecerem prioridades de intervenção em uma área específica de atenção. Em alguns casos, encontraremos os programas substituindo os planos, o que significa que ambos se confundem. Para nós, o plano é a ordenação de ação das políticas e agrega dois ou mais programas, de acordo com sua complexidade, capilaridade e particularidade. O programa possui um objetivo principal que o identifica e objetivos específicos a serem alcançados por meio dos projetos.

O projeto é a menor unidade operacional na sequência racional do planejamento e é responsável pela execução da tarefa de intervenção na realidade. Deve possuir, em seu corpo, a definição exata do que se quer alcançar nos limites definidos de tempo e custo. Quando vinculados a programas, os projetos devem ser responsáveis por cada um dos objetivos específicos.

O PLANO[31]

A estruturação de um plano deve obedecer a uma sequência racional e lógica, desdobrando-se em áreas específicas de atuação e em etapas que atendam aos diferentes aspectos e necessidades da população.

Podemos, didaticamente, enumerar cinco grandes tipos de planejamento:

- *planejamento físico* — compreende todos os planejamentos que têm por objetivo os recursos, as forças e os aspectos do meio físico, seja para aproveitá-los, seja para desenvolvê-los ou dominá-los, seja para preservá-los. Assim podem ser considerados o aproveitamento racional dos recursos minerais e das quedas d'água, o desenvolvimento das potencialidades da terra pela irrigação, o domínio dos efeitos das secas pela açudagem ou das invasões d'água pelos diques e barreiras, a defesa do solo contra a erosão, a defesa e preservação do meio ambiente, a preservação da beleza da paisagem etc.;
- *planejamento econômico* — compreende todos os planejamentos que têm por objetivo as atividades econômicas. A organização de uma indústria e do trabalho agrícola pela ótica financeira e não pelo domínio de tecnologia específica, a análise de mercados interno e externo, o estabelecimento de tributações, o intercâmbio comercial com países estrangeiros, a proteção à indústria nacional, a inovação e melhoria da gestão em todas as áreas produtivas etc. são objetivos do planejamento econômico;
- *planejamento social* — compreende todos os planejamentos que têm por objetivo as relações pessoais e o bem-estar individual e social. Temas como habitação, saúde, alimentação, higiene e segurança no trabalho, garantia contra acidentes, amparo ao idoso, proteção à criança, segurança pública e assistência social são alguns dos objetivos do planejamento social;
- *planejamento cultural* — no tipo cultural, estão compreendidos todos os planejamentos que têm por objetivo a educação e o de-

---

[31] Baseado em Sombra (1952).

senvolvimento intelectual e artístico. A educação e o ensino em seus diferentes níveis e redes, a especialização técnica, a cultura artística e regional, o artesanato, o folclore, a pesquisa científica, o intercâmbio cultural com os países estrangeiros, o lazer, os esportes, o estímulo às vocações etc. são exemplos de objetivos do planejamento cultural;

- *planejamento de área* — compreende todos os planejamentos que têm por objetivo o convívio e a ação humana sobre certa extensão geográfica de qualquer tipo. O zoneamento, o sistema de trânsito, a criação de parques, a abertura de túneis e a construção de pontes para facilidade das comunicações, o saneamento, a irrigação, a desobstrução de cursos d'água, a construção de rede rodoviária para recuperação econômico-social de uma região são objetivos do planejamento de área. O planejamento de área perpassa todos os outros, conjugando-os para a intervenção em um ponto comum que está fortemente ligado à comunidade: a política urbana. O planejamento urbano é o mais antigo e o mais conhecido dos planejamentos de área e, atualmente, volta às discussões com o surgimento do "Estatuto da Cidade".

1º passo — Definição do problema

Inicialmente, devemos definir, com a maior clareza e precisão possíveis, o problema cuja solução deve ser planejada. Isso que parece tão simples e intuitivo, no mais das vezes, se apresentado de forma confusa, dificulta o restante da operação. Um exame cuidadoso da situação na qual ocorre o problema a ser solucionado é o melhor caminho para conhecer o que é causa e o que é efeito, para identificar o que é primordial e o que é secundário, o que é imagem e o que é sombra.

Nesse momento, não se buscam detalhes numerosos, mas sim a direção. Se essa fase se der com improviso ou afobadamente, corre-se o risco de ordenar ações nos programas e projetos que busquem o Polo Norte mas que estejam caminhando na direção do oeste.

O PLANEJAMENTO

2º passo — Pesquisa de dados

A base de todo planejamento é a pesquisa de dados e a informação que se transforma em conhecimento. Nunca houve uma quantidade tão extraordinária de informações sobre os diversos campos do saber. A quantidade de livros e artigos sobre as diversas áreas do conhecimento se multiplica e a internet permite acesso a um incalculável manancial de informações quase em "tempo real". Não é razoável, hoje, com as ferramentas disponíveis, que alguém no campo da política, do planejamento e da gestão diga "eu acho que...".

A opinião pessoal e o "achismo", como os temos na história inconsequente, não possuem mais espaço. A opinião pessoal só pode ser aceita se lastreada em conhecimento sistemático e acumulado. Cada vez que um político ou planejador faz alguma coisa por que "acha", é o contribuinte que "perde", pois é ele que paga a conta!

A pesquisa de dados permite:
- o conhecimento do problema por todos os ângulos possíveis;
- a definição de objetivos geral e específicos a serem alcançados.

Esse tipo de pesquisa ainda exige:
- familiaridade dos pesquisadores com o objeto da pesquisa;
- conhecimento dos métodos de pesquisa;
- conhecimento de banco de dados;
- habilidade no uso de ferramentas de banco de dados;
- acesso a trabalhos realizados no campo da pesquisa;
- visão de conjunto e visão de futuro;
- orientação e coordenação dos pesquisadores.

3º passo — Plano

Definidos os limites do problema, conhecidos seus dados mais significativos, designados os objetivos geral e específicos, surge a primeira versão do plano, ou o conjunto de ações que permitirão alcançar o fim desejado.

A solução proposta tem de levar em conta as interdependências, os fatores que influem e são influenciados pelo problema e solução a ser adotada.

Diz Sombra (1952:6) que:

> O Plano não é o produto de uma ação mecânica, mas de um ato de inteligência [...] [e] deve traduzir uma concepção simples. A complexidade do problema não impede — pelo contrário, exige — tal simplicidade, que não deve ser confundida com resumo, mas expressar clareza e acentuação das linhas mestras do enquadramento fundamental.

Como vimos, o plano deve ser simples em sua concepção, mas ser também flexível em seu conjunto; deve ser algo vivo e dinâmico, a fim de servir à realidade.

O plano não é utópico, mas algo a ser executado no tempo indicado e no espaço determinado, com indicadores que permitam marcar os caminhos e os limites da flexibilidade necessária, a fim de não se distanciar irreversivelmente do caminho planejado. Deve conter um objetivo geral e objetivos específicos.

O plano, como informado, é a direção. É a definição sobre o destino da viagem a ser realizada. Ele pode ser dividido em etapas mais simples: os programas.

Em nossa metáfora da viagem, se o plano é a definição de para onde vamos, os programas são partes da grande viagem, o espaço entre duas paradas.

4º passo — Programas

Cada plano possui um objetivo geral que não é executável, mas sim aponta o destino a ser alcançado, ou o resultado desejado de um conjunto de ações. Os objetivos específicos, que devem dar ideia de ação ou de intervenção, são transformados, cada um deles, em um programa distinto.

Cada programa, por sua vez, possui um objetivo específico: o programa Fome Zero está vinculado a um plano social maior, possui um grande objetivo e está subdividido em objetivos específicos, bem delimitados no espaço e no tempo, que serão executados por meio dos projetos.

O programa precisa deixar claro aquilo que se pretende e em quanto tempo, quais recursos e que meios utilizará para alcançar seus objetivos.

Os programas se desdobram em projetos pontuais, com início, meio e fim. Cada unidade de ação concreta distinta deve ser alvo de um projeto também distinto. Esses projetos podem, em alguns casos, ser desenvolvidos concomitantemente ou posteriormente.

Programa deve ser dirigido por técnicos com experiência em gestão de processos e de pessoas, com perfil conciliador mas com disposição de enquadrar os coordenadores de projetos e coragem para debater com os políticos a verdadeira situação do programa, inclusive quando houver necessidade de reprogramação.

5º passo — Aprovação

Elaborado o plano, estabelecidos os programas e preparados os projetos de ação, o conjunto deverá ser submetido à aprovação da esfera política que, em geral, demanda o planejamento. É comum, também, que seja necessária aprovação pelo Legislativo.

Essa não é uma função do planejador ou do técnico. Ela está no universo dos políticos. Eles falam a mesma linguagem e se entendem, pois habitam o mesmo espaço institucional. Ao técnico cabe apenas informar e apresentar a defesa do planejamento elaborado.

6º passo — Execução

Após a análise, parecer e decisão pelo Legislativo ou mesmo pelo político que o encomendou, é possível que o planejamento de fundo e de base técnica retorne irreconhecível pelas mudanças fortuitas, acréscimos de cunho particular, omissões que atendam a interesses outros que não os da comunidade, supressões de aspectos essenciais. Mesmo assim, a decisão é do político e a execução na ponta é do administrador. Ao planejador caberá fazer as mudanças possíveis ao longo do caminho. É claro que não estamos nos referindo a modificações que venham a ferir a lei.

INTRODUÇÃO AO ESTUDO DAS POLÍTICAS PÚBLICAS

A execução desse plano está sob a responsabilidade da área de planejamento, e é ela que precisará garantir que o resultado seja alcançado. É também essa área que definirá novas rotinas, identificará lideres para os projetos, observará os indicadores, fará reuniões periódicas com os gerentes de projeto, acompanhará a execução orçamentária e financeira, quer na quantidade quer na qualidade dos gastos, manterá a área política fortemente ligada e plenamente esclarecida sobre os resultados positivos e de sobreaviso para os resultados negativos previstos.

7º passo — Revisão e avaliação

Existem autores que consideram a revisão algo fora do planejamento, uma vez que ela acompanha paralelamente seu desenvolvimento. Ela poderia não ter sido planejada, mas, se foi, é porque surgiu da vontade do planejador. Ela é peça integrante da estrutura que quer garantir o sucesso do projeto. Mesmo quando a revisão ou avaliação de processo é contratada externamente, ela somente o é porque foi prevista no planejamento.

Da mesma forma o processo de avaliação. Não é possível planejar ações de políticas públicas sem indicar o método de avaliação de processos e de resultados.

É a avaliação que nos permite identificar circunstâncias antes que elas ponham a perder todo o trabalho de planejamento. Sobre isso, já ensinava Sombra (1952:8):

> Acontecerá, não raro, pelo menos enquanto não existir uma mentalidade planejadora, que os Planos relativos à administração pública virão a sofrer modificações em consequência da mudança de situações políticas. Os técnicos em planejamento devem contar com o personalismo dos dirigentes, que ainda é a característica fundamental de nossa vida pública. Uma revisão inteligentemente feita e antecipadamente facilitada pela flexibilidade do Plano será, muitas vezes, a salvação do planejamento, e com ele, do interesse coletivo.

O PROJETO

O projeto é um conjunto de atividades sequenciais e/ou concomitantes que visa atingir um objetivo específico bem determinado, nos limites dados de orçamento e tempo. Para que ele alcance êxito, há consenso sobre alguns componentes mínimos indispensáveis. Lembramos, novamente, que não é objetivo deste trabalho a apresentação analítica e estrutural do projeto ou mesmo dos demais tópicos. Para tal, há rica e séria literatura disponível, entre elas Cohen e Franco (1993), que servirá de base para uma apresentação sintética e correlacional a que nos propomos.

Outro ponto importante, além da apresentação sintética das etapas consensuadas do planejamento, é a necessária distinção entre a facilidade de planejar e a extrema dificuldade em executar.

O planejador iniciante ou inexperiente pode cometer o equívoco comum de achar que a execução do plano, programa, projeto, objetivo, meta ou ação se dará com a mesma linearidade, clareza e desenvoltura do planejamento efetuado na dimensão ideal. Na verdade, estes se desenvolvem no mundo real e sofrem as injunções, interferências, sabotagens e imprevistos da dimensão real. O planejador, como "técnico a serviço da força social", para usar a expressão de Matus (1993:35), não pode desconsiderar essa diferença, sem o que verá seu trabalho soçobrar, apesar de todo idealismo e boa vontade.

Eis as possíveis etapas do projeto:

1. Diagnóstico

Tem função definida na origem grega da palavra (*diagignoskein*): distinguir ou conhecer. Por mais sério ou emergencial que seja o problema a ser atacado, nada justifica um diagnóstico apressado ou superficial, uma vez que um diagnóstico malfeito implicará (a) um ponto de partida que pode ser efeito e não causa do problema e (b) um contexto equivocado. Se isso ocorre, todo planejamento desmorona e falha (será não eficaz, não eficiente e não efetivo). Conhecer satisfatoriamente o problema a ser superado, distinguir causa e efeito, distinguir o que é "sombra" do que é "imagem" pode significar êxito ou fracasso.

É claro que não se pode desconsiderar o fato de que não há consenso sobre aquilo que é bom/menos bom/menos mau/mau em políticas públicas, uma vez que a prioridade e a relevância de certos temas ou circunstâncias podem variar com o conjunto de valores que orienta o grupo decisório, o grupo de governo, o grupo de oposição e o grupo de interesse. Isso pode levar ao fato concreto de um grupo achar satisfatório o resultado de um diagnóstico, minimizando a necessidade da execução do projeto, enquanto outro grupo, lendo o mesmo diagnóstico, lutará por sua efetiva realização. O mesmo diagnóstico terá leituras e decisões distintas, pois distintos são os critérios de *prevalência* e *precedência*.

Sendo isso verdade, podemos ampliar a discussão e dizer que, além disso, o diagnóstico permite uma solução particular do problema e também uma explicação para ele, "que pode não ser consensual" (Matus, 1993:36), sendo isso próprio do processo de planejamento.

2. Objetivos

O objetivo do projeto é aquilo que ele pretende alcançar. Em outras palavras, é o resultado positivo a ser obtido quando o processo planejado for executado a contento. É o êxito da transformação proposta.

A definição do objetivo do plano, do programa, do projeto, da meta e da ação — logicamente considerando níveis distintos e específicos — é chamada atualmente de imagem-objetivo, e é mais ampla do que o conceito clássico de objetivo.

A imagem-objetivo é mais do que um ponto a ser alcançado na linearidade da execução, é mais do que a soma de objetivos concorrentes ou concomitantes. Ela quer significar a imagem de futuro a ser buscada. A imagem-objetivo resume o "deve ser" e tem a função estratégica de oferecer condições para a racionalidade interna do planejamento e de sua execução, impedindo dispersão, discrepâncias e incoerências entre objetivos e ações.

Visto que a imagem-objetivo é o "deve ser", podemos imaginar que ela agregue alguns requisitos (Matus, 1993:37 e segs.) e diferentes tipos de objetivos (Cohen e Franco, 1993:88).

O PLANEJAMENTO

2.a) *Requisitos da imagem-objetivo*

QUADRO 19
Requisitos da imagem-objetivo

Requisito	Conceito
Eficácia	Será eficaz se responder não apenas a problemas presentes, mas também àqueles que existirão no tempo futuro, no qual se situa a imagem-objetivo. Por exemplo, se hoje o desemprego é de 100 mil pessoas e fazemos um plano para dar-lhes emprego em cinco anos, ao fixarmos uma meta de 100 mil novos empregos estaremos chegando tarde, uma vez que o desemprego, cinco anos após, poderá ser de 130 mil pessoas.
Coerência	Será coerente se o cumprimento de um objetivo não impossibilitar a consecução de outro. A esse respeito diz-se que há objetivos complementares e objetivos competitivos. Ocorre o primeiro caso quando o cumprimento de um exige o do outro. Por exemplo, elevar o nível de consumo popular (objetivo 1) exige melhorar a distribuição de renda (objetivo 2). E são competitivos se o sucesso de um implica sacrifício do outro: elevar a produtividade da mão de obra (objetivo 1) pode sacrificar o nível de emprego (objetivo 2).
Respeito às restrições	Será "possível" se respeitar as restrições econômicas existentes e estiver dentro do espaço de aceitação política da força social que decide sobre o plano. Por exemplo, a construção de 150 mil habitações por ano pode ser necessária, mas os escassos recursos disponíveis pelas classes populares para comprá-las e a falta de decisão de governo para construí-las tornam inviável o objetivo.

2.b) *Os tipos de objetivos*

QUADRO 20
Tipos de objetivos

Objetivos de resultado ou de sistema	
De resultado	De sistema
Procuram operar mudanças na realidade a partir da execução do projeto. São explícitos quanto aos propósitos. Estão declarados.	Procuram atender aos interesses da organização que formula e/ou executa o projeto. São latentes, pois possuem enunciados não explicitados. Estão sob o domínio da instituição.
A diferença pode ser percebida quando lembramos os exemplos que envolvem as transformações institucionais e mesmo o governo. Existe a declaração de um ou dois objetivos mas, na verdade, ganha-se também, ou principalmente, com os objetivos não declarados, que podem surgir a médio ou longo prazos, ou de forma indireta, como ganho secundário ou diminuição de "perda".	

continua

INTRODUÇÃO AO ESTUDO DAS POLÍTICAS PÚBLICAS

Objetivos originais ou derivados	
Originais	Derivados
São o propósito central do projeto.	São aqueles que são alcançados secundariamente ao objetivo explicitado.
Um projeto de nutrição possui como objetivo original a melhoria do estado nutricional da população-alvo: diminuição da desnutrição aguda, por exemplo. Os objetivos derivados são a melhoria do rendimento escolar (campo educacional) e a diminuição de doenças (campo da saúde).	

Objetivos gerais ou específicos	
Gerais	Específicos
São sempre amplos, vagos, difusos e de amplo espectro. Não permitem fácil execução, acompanhamento e avaliação. Precisam ser traduzidos em um conjunto de outros objetivos mais operacionais.	São objetivos que deixam claro o que querem e como fazem. Possuem caráter específico e operacional. Devem indicar a execução e permitir acompanhamento e avaliação.
Na verdade, temos uma "árvore de objetivos" que se inicia pelo "tronco do objetivo geral do plano" e chega ao extremo do "objetivo específico do projeto". O objetivo geral deve ser alcançado pelo sucesso do conjunto de objetivos específicos que o compõem.	

Objetivos únicos ou múltiplos	
Únicos	Múltiplos
Diz-se quando o projeto apresenta um único objetivo.	Diz-se quando o projeto indica mais de um objetivo.
Na estrutura lógica que estamos defendendo — plano, programa e projeto —, é possível que um projeto possua apenas um objetivo. É também possível que tenha um conjunto de objetivos específicos que atendam a um único objetivo geral. Isso nos leva à necessidade de congruência entre múltiplos objetivos. A nosso ver, objetivos múltiplos não congruentes deveriam estar em projetos distintos.	

Objetivos complementares, competitivos e indiferentes		
Complementares	Competitivos	Indiferentes
Os objetivos são complementares quando o êxito de um deles permite a execução de outro ou influencia de alguma forma em outro objetivo.	São competitivos quando o êxito de um deles exige o cancelamento ou descontinuação de outros. Quando um ganha, o outro perde ou acaba.	Quando o êxito ou fracasso de um não altera o andamento ou resultado de outro.
A nosso ver, não deve haver objetivos competitivos em um mesmo projeto ou programa. É claro que o desenrolar do projeto ou do programa pode levar a situações inusitadas ou não previstas que exijam o sacrifício ou descontinuidade de um objetivo. Isso ocorre quando estudos de planejamento não foram rigorosos com as hipóteses e desdobramento futuros. Encontramos comumente objetivos competitivos entre setores distintos de governo (áreas econômica e social), o que solicita do governante o desgaste — próprio da função — de fazer escolhas e definir prioridades.		

continua

O PLANEJAMENTO

Objetivos imediatos e mediatos	
Imediatos	Mediatos
São aqueles que se pretende conseguir no curto prazo.	São aqueles que se pretende alcançar a longo prazo.
A nosso ver, essa diferenciação deve ser aprofundada um pouco mais. Não se pode esperar que os objetivos mediatos sejam diferentes do objetivo geral do projeto, sem o que não haverá coerência entre o que se quer ao final. Da mesma forma, os chamados objetivos imediatos devem compor uma ação de curto ou curtíssimo prazo ou devem ser sempre encarados como objetivos intermediários. Será sempre um grande risco a busca de objetivos mediatos (longo prazo) sem a identificação de objetivos sentinelas — que garantam o encaminhamento correto na direção desejada.	

2.c) Diferença entre objetivo e meta

Esse item é necessário uma vez que é comum tomar-se a meta por objetivo e vice-versa. Vamos definir meta como o procedimento de quantificação possível (índices, custos, prazos, amplitude etc.) do objetivo buscado. Logo, podemos alcançar o objetivo deixando de cumprir uma meta. Cohen e Franco (1993:90) apresentam um rico exemplo:

QUADRO 21
Um exemplo para o conceito de meta

Um objetivo	(redução da malária)
Para o qual se estabeleceu o sujeito da ação	(o estado apure)
Se quantificou o objetivo	(redução em 10%)
E se determinou um prazo para atingi-lo	(dois anos)
	se chama meta...

Temos ainda a diferenciação possível entre meta e norma. Para alcançar as metas desejadas, devem ser seguidas as normas (técnicas, legais, consensuais, institucionais etc.) que cada procedimento exige.

3. População-alvo

É muito importante a definição correta da população a que se destina o projeto (população-projeto e, também, população-plano, população-programa, população-objetivo, população-meta), bem como sua delimitação quantitativa e espacial.

No momento de definir e limitar a população a ser beneficiada, o decisor precisa ter em mente que quem escolhe "A" não escolhe "B", o que significa dizer que, ao escolhermos um segmento ou um conjunto, deixamos de escolher outro segmento e outro conjunto. E isso se dá pelo simples e doloroso fato de não podermos atacar todas as dificuldades, atender todas as pessoas e resolver todos os problemas. A tão propalada "igualdade" é bela "azeitona na empada" em discurso daqueles que não estão sofrendo a limitação da capacidade de fazer da máquina pública.

A definição de quem será atendido pelo projeto (e de quem não será), de quantos serão (e de quantos não serão) e de onde estão eles, permitirá correto dimensionamento dos meios a serem empregados para alcançar o êxito pretendido.

A população deve ser aquela que será atendida de forma direta com a execução do projeto (ou do plano, ou do programa, ou do objetivo ou da meta). Por exemplo: idosos com mais de 65 anos em campanha de vacinação contra a gripe.

Poderemos identificar uma população que receberá os benefícios indiretamente, uma vez que recebe algum benefício sem estar apontada na população-alvo. Exemplo: a família que recebe cesta básica tem ganho financeiro implícito, pois deixa de gastar em compras na proporção que recebe o auxílio. Ou os latifundiários que se beneficiam das benfeitorias realizados pelo governo na região a fim de auxiliar agricultores familiares e pequenos agricultores.

Existe ainda o beneficiário público, conforme apontam Cohen e Franco (1993:91):

> Em uma campanha de vacinação em massa contra a varíola, os beneficiários diretos são os vacinados; os indiretos, as empresas que forneceram as vacinas e obtiveram por isso uma receita (benefício secundário) e, por fim, existe um benefício para o conjunto da sociedade, resultado da menor probabilidade de epidemia.

O PLANEJAMENTO

4. Efeitos e seus impactos esperados

Vamos entender como efeito de um projeto (ou plano, ou programa, ou objetivo ou meta) tudo aquilo que sofreu mudança/modificação por conta da execução do mesmo. "Os efeitos constituem resultados das ações consideradas pelo projeto e, portanto, são verificadas *durante* e *depois* do mesmo" (Cohen e Franco, 1993:92, grifos no original).

Por definição, o efeito possui alguns atributos. Ele deve ser procurado, previsto, positivo e relevante. Isso nos leva à hipótese de que haverá efeitos não procurados (que poderão ser positivos ou negativos, relevantes ou irrelevantes, previstos ou não previstos). E, assim, para cada atributo formal e necessário ao planejamento haverá seu contraponto e as possíveis recombinações.

Logicamente, alguns desses aspectos não planejados podem contribuir para o melhor/mais amplo resultado do projeto.

O resultado final do efeito de um projeto (plano, programas, objetivo ou meta) é chamado de impacto.

É indispensável explicitar os efeitos pretendidos.

5. Os meios de desenvolvimento

Definida a imagem-objetivo a ser buscada e a população-alvo, o planejador deve encontrar o melhor meio para, a partir da realidade explicitada no diagnóstico, alcançar os efeitos e impactos pretendidos. A seleção dos meios ideais a serem usados em muito contribuirá para o sucesso do projeto.

Matus (1993:38) propõe que os meios sejam suficientes, necessários, potentes, eficazes e coerentes, como mostra o quadro 22.

QUADRO 22
Tipos de meios de desenvolvimento

Suficiente	O conjunto de meios deve bastar para alcançar o pretendido
Necessários	Os meios contribuem — cada um à sua maneira — na medida certa para o que se pretende.
Potentes	Os meios devem ser capazes de atacar corretamente o problema, tendo como variação apenas sua intensidade.

continua

INTRODUÇÃO AO ESTUDO DAS POLÍTICAS PÚBLICAS

Eficazes	Os meios devem fazer o melhor uso possível dos recursos disponíveis.
Coerentes	Os meios devem manter coerência entre suas partes formadoras, de modo a se complementarem.

6. Custos

Deve-se conhecer de forma segura o custo do projeto. Subestimar o custo do evento é colocar em risco sua execução ótima conforme planejado, uma vez que, ao longo do cronograma de ações, será necessário novo volume de recursos ou, o que ocorre no mais das vezes, corte em item que compõe o conjunto, comprometendo também o planejamento.

No momento de indicar o custo de um projeto (plano, programa, objetivo ou meta) devem-se considerar os gastos diretos (aqueles em que se "vê o dinheiro saindo"), os gastos indiretos (aqueles que estão inclusos no sistema e que não são percebidos facilmente, tais como a hora trabalhada dos funcionários da equipe, custo fixo de espaços, infraestrutura etc.), encargos (não se pode esquecer que, geralmente, grande parte dos custos de projeto está relacionada a despesas com recursos humanos e, nesse item, é alta a incidência de encargos no Brasil).

Outro item importante é a conexão da apresentação do projeto com o cronograma **e** o orçamento institucional. Deve-se considerar que um projeto, para ser executado, deve constar do orçamento institucional que, por sua vez, começa a tramitar no início do segundo semestre do ano anterior. Logo, um projeto apresentado no início do ano não terá previsão de recursos orçamentários para o ano de referência, o que impedirá sua execução.

Um projeto apresentado para inclusão deve obedecer aos prazos fixados para a Lei de Diretrizes Orçamentárias (LDO) e a Lei Orçamentária Anual (LOA), sem o que não poderá ser desenvolvido. Com algumas variações, as empresas privadas estão cada vez mais trabalhando com orçamentação e com controle de gastos por projeto.

7. Avaliação

Todo projeto sério deve ser construído de forma a permitir seu acompanhamento e avaliação de resultados.

O projeto deve ser transparente e possuir "eventos sentinelas" que indiquem se existe desvio no processo com antecedência capaz de permitir a correção de rumos.

Projetos fechados, obscuros, codificados, servem a propósitos que, em geral, não atendem à coletividade.

O item avaliação deve indicar como será avaliada a coerência entre o diagnóstico e o impacto desejado; a escolha dos meios; o levantamento de custos, além, é claro, do que chamaremos de "tríplice coroa": a eficácia, eficiência e efetividade.

OS PERFIS HUMANOS NA POLÍTICA E NO PLANEJAMENTO

Um governo não pode ser melhor que a organização que comanda.

CARLOS MATUS

Cada ser humano é uma personalidade única, ímpar. Cada um mereceria um livro próprio. Imagine o que se pode produzir sobre as relações humanas e sobre as coletividades. Cada um desses itens permitiria um incomparável número de combinações. Por tal, escrever sobre os homens é uma tarefa de imensa complexidade. Escrever sobre as relações humanas é algo que requer muito tempo, muito espaço, muito esforço, muita discussão. Há, porém, algumas alternativas que podem representar esse universo de variações que é a relação humana, agregando ainda a influência do poder que, indiscutivelmente, acompanha a política. Essas alternativas são a fábula, a imagem, a ficção, a metáfora, a comparação, a narrativa, a analogia, a parábola etc., usando a linguagem e a imaginação como instrumentos.

A estrutura rígida dos estudos, organizados, no mais das vezes, por conhecimentos isolados e sequenciados de forma única, deve e precisa ser superada. Ao nos utilizarmos das ferramentas da imagem, da ficção, da metáfora, da comparação, da narrativa, da analogia e outras, deixamos os limites estreitos para habitarmos o mundo da fantasia e da arte, estas que reproduzem a média da vida e das relações dos homens, transportando-

-nos do universo limitado do *signo* para a leveza dos *símbolos*. A literatura, por exemplo, "tem revelado a importância cognitiva da metáfora que homens de ciência rejeitam com desprezo, por conta da impossibilidade de submetê-la à lógica cartesiana", conforme já escrevemos (Chrispino, 2001a:162).

Sobre essas alternativas, podemos lembrar as fábulas de Esopo (séc. V a.C.) ou de La Fontaine (1621-1695), que modernizou as fábulas de Esopo. Ao primeiro devemos, entre outras, a criação de "A lebre e a tartaruga" e, ao segundo, "A cigarra e a formiga" e "A raposa e as uvas". Essas e outras tantas fábulas podem ser exploradas no universo da política, da gestão e da relação humana.

Entre os autores que podem ser utilizados no universo da política está Hans Christian Andersen (1805-1875), com seu conhecido e atualíssimo "A roupa nova do rei". Nessa narrativa, o rei é levado a crer que há um tecido especial que só pode ser percebido por pessoas de inteligência superior ou que ocupem cargos especiais. Em síntese, como o rei se faz cercar por pessoas que sempre concordam com ele ou por aqueles despreparados para confrontar opiniões — fenômeno político contemporâneo —, acaba passeando nu em público. Mais recentemente, podemos enumerar a contribuição de George Orwell (1903-1950) com as conhecidas obras *1984* e *A revolução dos bichos*.

Por conta dessa limitação e dessa alternativa, vamos, ao longo deste item, não só utilizar as informações obtidas nos estudos clássicos dos perfis humanos e de suas relações, como vamos buscar na literatura, desde a narrativa até a ficção, contribuições para melhor entendermos o tema em estudo. Iniciemos nossa jornada com a origem da conhecida expressão "eminência parda".[32]

O eminência parda

Assim era chamado *François Le Clerc*, Marquês de *Tremblay* (1577-1638), que se retirou da vida mundana e ingressou na ordem dos Capu-

---

[32] Aldous Huxley publicou, em 1941, uma biografia de Tremblay: *Eminência parda: um estudo sobre religião e política*. Atualmente é publicado pela editora Itatiaia (2000).

O PLANEJAMENTO

chinhos, onde assumiu o nome de *Père Joseph* (Frei José). Passou a ser conhecido assim devido à cor da sua vestimenta de religioso. Era secretário particular, conselheiro e confidente do Cardeal *Richelieu* (1585-1642) — que era tratado como Sua Eminência Vermelha — e que, por sua vez, era o homem forte do reinado de Luis XIII (1610-1643), na França. O Marquês de *Tremblay/Père Joseph* associou a seu nome a imagem de um conselheiro astuto e intrigante em razão de sua atuação nos bastidores da realeza.

No início da vida adulta ele se dedicou à carreira das armas, distinguindo-se pela bravura em batalhas como a do assédio de *Amiens* pelos espanhóis, em 1597, importante cidade onde está situada a catedral de *Notre Dame*, a maior da França, e hoje considerada uma das melhores representantes da arquitetura gótica da Europa. Logo depois ingressou na Ordem dos Capuchinhos (1599), tendo fundado em 1606 a Ordem das Filhas do Calvário e posteriormente um grande número de conventos, além de participar ativamente dos esforços católicos em busca da conversão dos protestantes franceses.

Além disso, *Père Joseph* também esteve junto às tropas que durante quatorze meses assediaram a cidade de *La Rochelle*, considerada a capital dos huguenotes (apelido dado pelos católicos franceses aos protestantes, especialmente os calvinistas), obrigando-os a assinar um tratado de paz que terminou com a existência desse grupo religioso como força política de expressão. Após a morte de *Tremblay*, a expressão *"eminência parda"* continuou sendo usada com a mesma finalidade que conserva na atualidade, ou seja, a de designar aqueles que permanecem na sombra, sem aparecer em demasia, mas que através de maquinações e conchavos conseguem força suficiente para influenciar de forma direta as decisões dos que estão no alto da pirâmide do poder.

É interessante ver o que *Alexandre Dumas* diz sobre ele no primeiro capítulo de "Os Três Mosqueteiros", quando roubam de *D'Artagnan* a carta que ele levava para o Senhor de *Tréville*, Comandante dos Mosqueteiros do Rei:

Depois do rei e do senhor cardeal, era o Sr. de *Tréville* o homem cujo nome talvez fosse mais frequentemente pronunciado pelos militares e até

INTRODUÇÃO AO ESTUDO DAS POLÍTICAS PÚBLICAS

pelos burgueses. É verdade que havia também *Père Joseph*, mas o nome deste último só era proferido baixinho, tão grande terror inspirava a Eminência Parda, como chamavam ao secretário do cardeal.

A mesma imagem da *sombra do poder* pode ser encontrada ao longo da história com personagens como dom Quixote e Sancho Pança, na criação inesquecível de Cervantes; Nero e Tigelinus, na dramática história do cristianismo nascente; Stalin e Béria, o poderoso chefe do serviço secreto; Ernesto Geisel e Golbery do Couto e Silva, chamados de o *sacerdote* e *o feiticeiro* por Elio Gaspari (2002); Perón e Evita; Getúlio Vargas e Gregório Fortunato; Collor e PC Farias; Lula e José Dirceu; Batman e Robin; Zorro e Tonto; Tom e Jerry e outros tantos.

A literatura também realça outro aspecto importante, e nem sempre percebido com o devido valor, que é a formação de grupos na conquista e exercício do Poder e do poder. O líder sempre precisa de apoio para alcançar o poder — primeiro pressuposto para que se exerça o Poder — e, depois, necessita de pessoas que ocupem os lugares com maior, menor ou nenhuma sabedoria ou experiência. Desde as histórias do rei Arthur e os cavaleiros da távola redonda, passando pelas narrativas de J. R. R. Tolkien, recentemente popularizadas pelo cinema com a trilogia de *Senhor dos anéis*, os três mosqueteiros, imortalizados pela pena de Alexandre Dumas, os generais de Napoleão Bonaparte (que o acompanham até hoje no mausoléu reservado a eles, em Paris), chegando aos nossos dias com expressões como "paulistério" (ministério formado por personagens oriundos de São Paulo), "República de Ribeirão Preto" etc.

Como todo instrumento de comunicação, a literatura serve docemente aos objetivos daqueles que o manipulam para obter resultados dos mais variados. São inúmeros os autores, as ideologias subjacentes, as intenções e as leituras possíveis.

Para o propósito deste trabalho, buscaremos aprofundar o debate recorrendo a uma lista não aleatória de autores, assumindo assim uma posição e uma interpretação, o que não impede que os mesmos autores e suas construções de linguagem facultem outras tantas interpretações possíveis, sempre respeitáveis.

Entre as muitas fábulas e imagens existentes, vamos, novamente, buscar Maquiavel — O leão e a raposa — para ilustrar os diferentes perfis dos homens que se encontram no estreito espaço da decisão política e das ações administrativa e de planejamento. Escreve Maquiavel ao príncipe:

> Achando-se, portanto, um príncipe na necessidade de saber proceder como animal, deve escolher a *raposa* e o *leão*, porque o leão não sabe defender-se dos laços, nem a raposa dos lobos. *É preciso, portanto, ser raposa para conhecer os laços e leão para espantar os lobos.* Os que tomam simplesmente a parte de leão não entendem palavra. Não pode, nem deve, portanto, um homem prudente guardar a palavra dada, quando o seu cumprimento se volte contra ele e quando já não existem as causas que o fizeram prometer. Não seria bom este preceito se todos os homens fossem bons; mas como são maus e em igual caso eles não cumpririam contigo, tu também não deves cumprir com eles. Nem nunca faltaram a um príncipe razões para colorir a sua falta à palavra. Disto se poderiam dar infinitos exemplos modernos e mostrar quantas pazes, quantas promessas ficaram írritas e nulas pela falta de palavra dos príncipes; *aquele que melhor soube proceder como a raposa, melhor se houve.* Mas é necessário saber bem colorir esta natureza e ser grande simulador e dissimulador: os homens são tão simples e obedecem tanto às necessidades presentes que quem engana achará sempre quem se deixe enganar [Maquiavel, 2014, cap. 18, item 3, grifos nossos].

Ao identificar as "virtudes" de cada um dos animais que escolheu para ilustrar sua ideia de comportamento político, Maquiavel cinge o grupo político em dois perfis distintos para enfrentar situações também distintas. Podemos prosseguir ampliando algumas das características de cada "animal político" do universo maquiavélico, acrescentando mais um importante perfil para completar o quadro geral:

INTRODUÇÃO AO ESTUDO DAS POLÍTICAS PÚBLICAS

a) Leão de Tsavo[33]

Os leões, segundo Maquiavel, não podem com os laços, mas são temidos pelos lobos. Para nós, são aqueles políticos preocupados com a manutenção de seu próprio clã. Saem da toca para caçar e trazem alimentos exclusivamente para os seus. Os políticos leões estão preocupados com a manutenção de seu grupo político, dão de "comer" apenas aos seus. São aqueles que usam, sem nenhum pudor, a despudorada expressão: "Em tempo de farinha pouca, meu pirão primeiro". Por isso, dando continuidade à imagem de Maquiavel, nós vamos classificá-los, para prosseguimento de nosso trabalho, como os *leões de Tsavo*:

Em 1898, durante a construção de uma ponte para a estrada de ferro sobre o rio Tsavo, no Quênia, na África oriental, uma dupla de leões machos matou, ao longo de nove meses, mais de 130 operários da construção, levando seus corpos para uma gruta onde se escondiam e se alimentavam. Em 1996, esse lendário massacre foi apresentado no filme *Sombra e escuridão* (*The ghost and the darkness*, com Val Kilmer e Michael Douglas, vencedor do Oscar de melhores efeitos sonoros). Os dois leões, mortos na história real pelo coronel John Henry Patterson, serviram-lhe de tapete durante 25 anos. Em 1924, eles foram remontados e estão expostos no Museu Field, em Chicago, Illinois, EUA.

É certo que esse é o grupo mais numeroso, mais poderoso e mais danoso ao futuro do Brasil. São aqueles políticos que se locupletam nos cargos do poder para benefício próprio ou de seus protegidos. Os jornais estão repletos de notícias sobre suas ações e seus desmandos. Não se pode falar seriamente de política sem saber de sua existência e sem reconhecer que estarão sempre contra qualquer processo de moralização do sistema público que impeça a continuidade das facilidades históricas que os mantêm vivos e ativos.

Na visão de administração de políticas e projetos, é impossível ter um político leão na coordenação ou em postos-chave de projetos públicos, sob o risco de haver desvios sérios na condução e na manutenção desses

---

[33] Adaptado de <www.herpetofauna.hpg.com.br/Pages/Leoes.htm>. Acesso em: 7 jul. 2003.

mesmos projetos. A política contemporânea, se não pode extinguir tal tipo de perfil em nome do processo democrático, não pode mais se permitir o domínio desse grupo — quer os leões destros, quer os leões canhotos — restringindo cada vez mais os espaços para sua ação egocêntrica.

Em um cenário de controles institucionais eficientes e de controles sociais maduros, os leões de Tsavo tendem a morrer de "inanição"... Oxalá aconteça rápido!

b) Raposa de Saint-Exupéry

As raposas, segundo Maquiavel, não podem com os lobos, mas são capazes de escapar do laço. Para nós, seriam aqueles políticos que aprenderam a arte da negociação e da conciliação para sobreviver ao conjunto de diversidades de pessoas, valores, grupos, objetivos e dinâmicas da vida política brasileira. Para nós, são políticos que aprenderam a identificar os laços e contorná-los, conforme Maquiavel indica, mas que hoje conseguem até mesmo superar os lobos, pois aprenderam a pôr "guizo nos lobos", denunciando-os, ou melhor, criando as condições para que eles se denunciem e se traiam frente a suas reais intenções. Esse perfil de político é sempre percebido quando encontramos as situações de conflito iminente e de posições políticas extremas e radicais. Foram perfis como Thales Ramalho, Ulysses Guimarães, Tancredo Neves e Luís Eduardo Magalhães, que permitiram, pela sutileza da costura e capacidade de perceber pontos comuns nas distensões políticas, avanços importantes e irreversíveis do país no campo da democracia e dos direitos. Vamos chamá-los de *raposas de Exupéry*:

> E foi então que apareceu a raposa:
> — Bom dia, disse a raposa.
> — Bom dia, respondeu polidamente o principezinho, que se voltou, mas não viu nada.
> — Eu estou aqui, disse a voz, debaixo da macieira...
> — Quem és tu? perguntou o principezinho. Tu és bem bonita...
> — Sou uma raposa, disse a raposa.
> — Vem brincar comigo, propôs o principezinho. Estou tão triste...
> — Eu não posso brincar contigo, disse a raposa. Não me cativaram ainda.

— Ah! desculpa, disse o principezinho.

[...]

— Que quer dizer "cativar"?

[...]

— É uma coisa muito esquecida, disse a raposa. Significa "criar laços..."

— Criar laços?

— Exatamente, disse a raposa. Tu não és ainda para mim senão um garoto inteiramente igual a cem mil outros garotos. E eu não tenho necessidade de ti. E tu não tens também necessidade de mim. Não passo a teus olhos de uma raposa igual a cem mil outras raposas. Mas, se tu me cativas, nós teremos necessidade um do outro. Serás para mim único no mundo. E eu serei para ti única no mundo...

[...]

— Minha vida é monótona. Eu caço as galinhas e os homens me caçam. Todas as galinhas se parecem e todos os homens se parecem também. E por isso eu me aborreço um pouco. Mas se tu me cativas, minha vida será como que cheia de sol. Conhecerei um barulho de passos que será diferente dos outros. Os outros passos me fazem entrar debaixo da terra. O teu me chamará para fora da toca, como se fosse música. E depois, olha! Vês, lá longe, os campos de trigo? Eu não como pão. O trigo para mim é inútil. Os campos de trigo não me lembram coisa alguma. E isso é triste! Mas tu tens cabelos cor de ouro. Então será maravilhoso quando me tiveres cativado. O trigo, que é dourado, fará lembrar-me de ti. E eu amarei o barulho do vento no trigo... [Saint-Exupéry, 1969:67-70].

Eis aí a belíssima descrição de Saint-Exupéry. Essa é a raposa que pretendemos incentivar no mundo político. Aquela que sabe a arte da cativação, da aproximação, da mediação, do silêncio estratégico, da exaltação necessária, da denunciação séria, do bom possível em detrimento do ótimo sonhado.

É um perfil político que vem crescendo paulatinamente no cenário nacional e que deve se firmar em nome da necessidade.

A *raposa de Exupéry* é o perfil ideal para conduzir grandes planos e programas. Caracteriza-se pela arte de conciliar e de aglutinar em torno de si os demais perfis. Sabe isolar os *leões de Tsavo*, dando-lhes de comer para mantê-los ocupados e sob controle, e é esperto o bastante para convidar alguns *martelos de Thor* para conduzirem os programas e projetos, dando-lhes a devida proteção.

O grande risco de se possuir *raposa de Exupéry* é o governante viver a experiência do conto "O rei está nu", onde todos tinham receio de discordar do rei e o deixam passear nu em público. Quanto à cegueira do poder ou cegueira institucional do líder e essa dificuldade dos membros da equipe de se contraporem ao interesse e posição apresentados pelo líder, diz Matus (2000:43):

> Deve-se poupar desgostos ao presidente: os *bufões da corte* são necessários e bem-vindos; os críticos sinceros não permanecem muito tempo junto ao líder. Isso o afasta da realidade e distorce sua visão, na mesma proporção que cresce sua autoestima. Os líderes tendem a ser vaidosos e soberbos e necessitam do reforço da adulação. Essa característica dos postos de liderança é extremamente curiosa, porque os líderes políticos são vítimas *conscientes* dela e não podem alegar que a ignorem. Conhecem bem a diferença entre o conselho e a lisonja, mas precisam da lisonja como alimento para suas energias políticas.

O mesmo autor lembra a conhecida frase dita pelo papa Alexandre VI — um Bórgia do século XV — em um concílio de cardeais: "O mais atroz dos perigos, para qualquer Papa, é o fato de viver rodeado de aduladores; o Papa jamais ouve verdades sobre sua pessoa e acaba por não querer ouvi-las" (Matus, 2000:43).

c) Martelo de Thor

Esses dois perfis anteriores de políticos contemporâneos não cobrem um grupo que cresce e se fortalece, menos no campo político — infelizmente — e mais fortemente no campo do planejamento e da administração: aqueles que são chamados para realizar ações em situações complicadas e delicadas. Aqueles que são reconhecidamente capazes de fazer acontecer um plano, um programa ou um projeto, sustentados pela capacidade de gestão, de enfrentamento e aglutinação. Seriam como os comandantes de tropas romanas, como os generais de Sun Tzu, como Saladino ou como Eliot Ness. Estão a postos e, quando chamados, agem rapidamente e de forma objetiva, voltando para a "sombra" após obterem os resultados esperados. A esses, pela capacidade de fazer e pela imagem de seriedade que agregam aos projetos que coordenam, chamaremos de *martelo de Thor*.

> Na mitologia Vicking (teuto-escandinava), imaginava-se que o mundo era uma ilha cuja parte habitável chamava-se *Midgard* (reino do meio). Os Deuses moravam ali em um lugar especial chamado *Asgard*. Além disso, tudo era o "mundo de fora" (*Utgard*), o lugar dos perigosos *trolls* que estavam sempre conspirando contra o bem. *Thor*, uma das mais importantes divindades nórdicas, era uma garantia contra os *trolls*, seja por sua perspicácia, seja pelos incríveis poderes de seu martelo, *Mjollnir*, que foi feito pelos anões *Brokk* e *Eitri*. O martelo tem a característica maravilhosa de, quando lançado contra o adversário, retornar, como um bumerangue, à mão de *Thor*.[34]

Esse é um perfil pouco comentado nos documentos que procuram desenhar os membros dos grupos políticos. Talvez porque o *martelo de Thor* não seja eminentemente um político, como se entendia até agora. É, sim, um técnico que reúne as competências necessárias para ocupar um espaço único: de planejador que realiza as ações e colhe os frutos e os resultados. No rol de competências está a certeza de que não deve aparecer e brilhar; deve ater-se, eminentemente, ao espaço de gestão; deve reunir em torno de si outros personagens com a capacidade técnica de fazer bem-feito; deve ser leal à coordenação política e deve ser capaz de dizer não, com fundamento, a quem quer que seja, inclusive ao líder.

É um perfil que vem ocupando espaços importantes na política e na administração pública brasileira. Já é possível encontrá-lo nos cargos políticos, nos mandatos eletivos e nas equipes de governo.

---

[34] Cf. Marcos Rolim, 5 fev. 2001. Disponível em: <www.rolim.com.br/cronic120.htm>. Acesso em: 13 jun. 2003.

O PLANEJAMENTO

O grande e principal momento do *martelo de Thor* é a situação de crise declarada. O *leão de Tsavo* foge das crises, pois "não se tira carne onde só existem ossos"; as *raposas de Exupéry* sabem que seu perfil conciliador é ineficiente em situações de confronto e de resultados emergenciais. Recruta-se, então, *o martelo de Thor*. Seu momento mais perigoso ocorre quando o projeto coordenado por ele está dando frutos e a equipe de trabalho está formada e ativa. Nesse momento, o *martelo de Thor* deixa de ser importante e primordial; as regras de trabalho, aceitas pelos dirigentes para o momento da crise, passam a incomodar. O *martelo de Thor* é, então, substituído por um leãozinho de Tsavo ou por aprendiz de raposa de Exupéry.

d) Trabalhando com os perfis

O segredo da administração de perfis é o aproveitamento de potencialidades de cada um deles frente às situações que se desenham no tempo e que efetivamente criam as circunstâncias.

Um governante que tenha à sua volta somente *leões de Tsavo* será devorado brevemente sem piedade. Terá escândalos a todo momento e se ocupará deles em vez de governar!

Um governante que tenha exclusivamente *raposas de Exupéry* terá uma belíssima corte, onde se discutem educadamente todos os ângulos dos problemas e não terá resultados a mostrar ao final de seu mandato. Terá uma agenda cheia de encontros e viverá num mundo ideal sem conhecer as realidades!

Um governante que possua exclusivamente *martelos de Thor* em sua equipe terá resultados concretos, mas terá descontentamento na base política, que precisa ser "afagada" conforme a infeliz tradição brasileira. Terá resultados, documentos concretos e não será reeleito, pois dirão que ele traiu as bases.

Logo, um bom governante saberá reunir em torno de si representantes dos diversos grupos. Precisa reunir em seu grupo principal algumas *raposas de Exupéry* para a função de mediação política, de aproximação de opostos e de caminhos alternativos. Precisa ter *martelos de Thor* que realizem as ações difíceis, obtenham resultados e, acima de tudo, porque eles sabem dizer *não* e discordar do governante. O *martelo de Thor* jamais deixaria de dizer que o "rei está nu".

Além dos infelizes exemplos da política contemporânea — especialmente aquele envolvendo o repórter estrangeiro que teve seu visto de trabalho suspenso porque escreveu algo que desagradou o poder instituído —, em que o grupo que cerca o presidente Lula dá mostra da dificuldade de contrapor intenções e de apresentar opções de ações para que o presidente decida, temos, como conta Myers (1999:2), o caso clássico do presidente norte-americano John F. Kennedy que, reunido com um grupo de assessores inteligentes e leais, decidiu

> aprovar um plano da CIA para invadir Cuba, onde o comunista Fidel Castro assumira o controle. O moral elevado fomentou o sentimento de que o plano não podia falhar. E, como ninguém discordou ativamente da ideia, ela parecia contar com o apoio de todos.
>
> O resultado, no entanto, foi um fiasco: o pequeno grupo de invasores treinados e armados pelos Estados Unidos foi capturado com a maior facilidade e prontamente associado ao governo americano, levando Kennedy a especular em voz alta: "Como pudemos ser tão estúpidos?" Em seu livro *A Thousand Days*, Arthur Schlesinger, um membro do círculo íntimo de Kennedy, mais tarde censurou-se por ter se mantido calado na sala de reunião. "Só posso explicar meu fracasso em me limitar a formular umas poucas perguntas tímidas com o comentário de que o impulso para condenar aquele absurdo foi dissipado pelas circunstâncias da discussão".

A equipe ideal deve contar com raposas e martelos; o leão deve ser considerado, até sua extinção da política nacional, como mal necessário e deve ser sempre minoria vigiada.

Matus (2000:119) apresenta interessante descrição das oito funções que cercam o líder, identificando suas principais "forças" no jogo do poder e apontando as portas de acesso que cada função tem para chegar ao líder e influenciá-lo nas decisões. Faz rica análise sobre a superposição de funções e de forças, demonstrando que mesmo entre grupos ditos aliados, que gravitam em torno de um líder que os aglutina, há interessante jogo de poder e

O PLANEJAMENTO

de conquista de espaço, por meio de instrumentos dos mais variados. Chama também a atenção para o fato de que o líder, ao receber a informação, considera por que porta de acesso chegou. Diz que o informante, às vezes, é mais importante do que a informação ou é aquele que dá valor a esta.

Eis um pequeno resumo, no quadro 23.

QUADRO 23
As portas de acesso ao líder

Função	Forças	Portas de acesso
Conselheiro	Oferece o apoio do cálculo situacional frio. É a fonte cognitiva do líder, que o auxilia a processar problemas e soluções.	Porta dos conselhos. Tem de competir com as outras portas pelas quais fluem as intrigas, as conversações e as informações disfarçadas de propostas de ação.
Amigo	Oferece a lealdade e o apoio emocional.	Porta dos afetos. Essa porta também oculta conselhos e informações.
Chefe do cerimonial	Encarrega-se dos ritos típicos de acesso ao líder. Administra os ritos e as pompas inerentes ao poder.	Porta dos intrusos. Por ela devem passar os intrusos que pretendem espaço na agenda do dirigente.
Mordomo	Encarrega-se das tarefas rotineiras e, em geral, menos nobres, mas não menos importantes.	Porta das rotinas e da logística.
Bufão	Encarrega-se das piadas, do humor e das limitadas diversões possíveis e permitidas pelo poder. É o amigo chamado por apelido.	Por ser reverente e estar de joelhos, utiliza-se de todas as portas, aproveitando-se sempre de sua função de agradar e distrair o líder.
Escudeiro	Protege o líder e zela para que ninguém penetre na jaula de cristal sem a devida permissão.	Porta da segurança. Possui, por conta disso, a chave de todas as outras portas, que usa com discrição.
Informante	Faculta ao líder o acesso às confidências e à verificação dos fatos relevantes para prever, decidir, ameaçar, negociar e afastar perigos.	Portas da informação. É quase invisível e fornece ao líder análises de inteligência, além de mexericos.
Assessor	É o operador de políticas que age de acordo com as demandas e com a autonomia que lhe é facultada pelo líder. Essa função gerou as atuais funções de chefes de gabinete e ministros.	Não possui uma porta especial. Usa, em geral, a porta a que está subordinada por determinação do líder. Tal subordinação, a nosso ver, é que demonstra o valor que o líder dá a essa indispensável função.

Fonte: adaptado de Matus (2000).

INTRODUÇÃO AO ESTUDO DAS POLÍTICAS PÚBLICAS

Como reflexão, Matus (2000:121) afirma que "nem sempre o servidor está em seu posto; muitas vezes está onde não deveria estar", e faz as seguintes perguntas: "O que ocorre quando o bufão converte-se em conselheiro? Ou quando o mordomo é designado para as funções de escudeiro, e o mestre de cerimônias para as tarefas gerenciais de assessor? Essa confusão de papéis é possível?", pergunta o autor. Ele próprio nos apresenta um desenho, ou melhor, uma caricatura com as tintas da realidade latino-americana:

A história latino-americana é pródiga em exemplos de troca de ministros, uns pelos outros, e de outros casos de má alocação de executivos. Todos conhecem casos de médico cardiologista do presidente convertido em ministro da Saúde; de professor de economia transformado em ministro de Planejamento; de cabos eleitorais ocupando cargos de assessoria política direta ao presidente; do policial à frente de uma universidade estadual; do bufão alçado ao posto de secretário geral de governo; de comentarista esportivo nomeado para dirigir o principal aeroporto do país; de simples espertalhão posto à frente de uma empresa de abastecimento de água. Os partidos pressionam pela indicação de seus militantes aos cargos de confiança, sem o mínimo respeito pela experiência necessária. O dirigente, por sua vez, formou-se na mesma escola. Espantoso, nessas circunstâncias, e extraordinário, é que ainda haja servidores bem escolhidos, postos em lugares adequados à sua habilitação [Matus, 2000:121-122].

Uma visão importante sobre o tema é a de Weber (2004), quando trata de burocracia e de autoridade, realçando os perfis ou funções dos guardiões da tradição, dos especialistas e dos leigos. Giddens (2012) apresenta, sobre os guardiões e os especialistas, interessantes discussões que merecem leitura pelos que desejem aprofundamento sociológico contemporâneo.

A DIFERENÇA ENTRE O PÚBLICO E O PRIVADO NA EFETIVIDADE DA AÇÃO

Estamos acostumados a ouvir sobre as vantagens e chamadas virtudes da administração privada. Ouvimos que a máquina administrativa é lenta e

O PLANEJAMENTO

que deveríamos contratar gerentes para melhorar a qualidade da ação pública. Que deveríamos eleger empresários bem-sucedidos para os cargos da administração pública. Ocorre que as lógicas da iniciativa privada e da administração públicas são muito diferentes. E, por isso, é de se esperar que ambos os campos de ação — privado e público — exijam e solicitem características diferentes de seus gestores.

O quadro 24 apresenta as principais diferenças entre as maneiras de fazer dos gestores empresarial e público.

QUADRO 24
Diferenças entre o gestor empresarial e o gestor público[35]

	Gestor empresarial	Gestor público
Valores		
Motivação	Lucro pessoal e material; prestigio pessoal.	Resultados sociais positivos. Reconhecimento.
Recompensa	Poder econômico.	Resultado social.
Projeto pessoal	Destacar-se na média.	Alcançar metas estabelecidas.
Energia canalizada	Ao extremo, contra a concorrência.	Para áreas possíveis de ação no âmbito da necessidade social.
Origem dos recursos	Pessoal ou de grupo de pessoas.	População.
Lógica de gestão		
Lógica decisória	Custo x benefício.	Custo/efetividade.
Procedimento estratégico	Otimizar.	Maximizar.
Escolha da equipe	Individual, por seleção/indicação.	Impessoal, por concurso público.
Capacitação da equipe	Programa permanente.	Eventos ocasionais.
Área de fricção e confronto	Externa; concorrência.	Interna; oposição política.

continua

---

[35] Principalmente, a partir de Matus (2000:86 e segs.).

INTRODUÇÃO AO ESTUDO DAS POLÍTICAS PÚBLICAS

	Gestor empresarial	Gestor público
Atividade	Regras abertas.	Regras superreguladas.
Adversários	Externos.	Internos.
Tempo de permanência	O tempo em que sua gestão é eficaz.	Períodos fixos e curtos de governo.
Contexto político	É usuário do contexto político.	É produtor e escravo do contexto político.
Formação do gestor		
Eixo	Gira em torno do lucro.	Gira em torno do país, região, instituição, cidade etc.
Relação com a gestão	É formado para ser gestor.	É escolhido para ser gestor.
Ferramentas e questões	Balanços, estoques, mercados, rentabilidade, créditos, liquidez, produção etc.	Ambiente, relações internacionais e institucionais, equilíbrio de poderes, necessidades coletivas e pessoais, demandas distintas etc.
Política	É contexto e vista como restrição.	É o centro e o motivo de existir.
Abordagem	Unilateral e dirigida ao lucro.	Multilateral e difusa no coletivo e nas múltiplas demandas.

Apesar de ser comum a indicação dessa diferença, gostaríamos de trazer à discussão outro ponto importante. A comparação entre os conceitos de custo x benefício (área privada) e custo x efetividade (área pública).

A análise de custo x benefício é baseada em instrumentos objetivos e usualmente utilizada para decidir onde serão feitos os investimentos e por quanto tempo. Compara o custo dos insumos com o retorno financeiro dessa operação. Se o retorno financeiro é maior do que o custo do equipamento incorporado, está estabelecido o lucro. O lucro é o motivo de existir da empresa privada. Ele surge da relação entre o que se gasta para produzir "algo" e o benefício financeiro obtido no comércio desse mesmo "algo".

O PLANEJAMENTO

A análise de custo x efetividade tem origem na necessidade de uma ação específica na área social, tendo a vantagem de utilizar a medida de resultados e impacto de uma ação em unidade não monetária. Resultou da limitação da análise de custo x benefício nessa área.

Para melhor entendimento, busquemos conceituar o que seja, nesse contexto, efetividade: é a consequência de um produto, ação ou tecnologia aplicada em condições reais. Desse modo, a efetividade está relacionada aos resultados produzidos num contexto social específico, que devem ser os mais amplos possíveis. A efetividade é medida, portanto, pela quantidade de mudanças significativas e duradouras na qualidade de vida ou desenvolvimento do público beneficiário da ação que o projeto ou política foi capaz de produzir.

Para a ação pública, sem dúvida, devemos aplicar o conceito de efetividade (impacto ou resultado final observado no campo social) e sua relação com o custo, vale dizer, o custo x efetividade. O quadro 25 busca enumerar as diferenças entre as duas visões.

QUADRO 25
Quadro comparativo entre custo x benefício e custo x efetividade

	Custo x benefício	Custo x efetividade
Definições rápidas	Compara custos ao benefício pretendido	Computa os custos que se justificam pelo resultado.
Parâmetros	Para quê: avaliar a viabilidade econômica a partir da relação entre o custo e o benefício. Onde: setor de investimento, por exemplo. Como: permite comparar alternativas de ação e medir a eficiência.	Para quê: avaliar o melhor caminho rumo ao objetivo pretendido. Onde: áreas social e humana. Como: permite comparar alternativas de ação com o mesmo resultado; avalia a relação custo x impacto e permite acompanhar o resultado da ação no tempo.
Pergunta importante	É rentável a ação proposta? Entre as alternativas de ação, qual a mais rentável?	Que alternativa de ação permite alcançar o melhor resultado?
Medida utilizada para:	Custo: unidade monetária. Resultado: unidade monetária.	Custo: unidade monetária. Resultado: unidade de resultado.

continua

INTRODUÇÃO AO ESTUDO DAS POLÍTICAS PÚBLICAS

	Custo x benefício	Custo x efetividade
Informações necessárias	Custo de cada etapa que compõe a alternativa de ação. Benefícios esperados. Custo dos benefícios esperados. Cronograma físico-financeiro de desembolso.	Estratégias possíveis para cada alternativa de ação. Possuir termos de comparabilidade para as alternativas de ação. Possuir metas claras. Definir custos das alternativas de ação.
Limitações	Não é possível quantificar o resultado total em ações sociais, o que dificulta a relação essencial de custo x benefício social.	Não deve ser aplicado na totalidade dos programas, considerando que algumas etapas podem ser regidas eminentemente pelo custo x benefício.

6

OS CENÁRIOS FUTUROS COMO CONSENSO SOCIAL: DEFININDO RUMOS PARA AS POLÍTICAS PÚBLICAS TRANSPARENTES[36]

> *Por si mesmo, o povo quer sempre o bem, mas por si mesmo nem sempre o vê. A vontade geral é sempre reta, mas nem sempre é esclarecido o juízo que a guia. [...] Então, das luzes públicas resulta a união do entendimento e da vontade no corpo social, daí o exato concurso das partes e, enfim, a maior força do todo.*
>
> J. J. ROUSSEAU (1971)

O futuro sempre esteve cercado por uma névoa de mistério que só poderia ser desfeita pelas forças que estavam além do domínio do homem comum.

Enquanto grande parte dos homens se dedicava a executar suas vontades e realizar suas fantasias no presente, guiada pelas emoções e sensações, outros tantos permaneciam fixados no passado, vítimas de vivências marcantes, boas ou más, que teimavam em ressuscitar em busca de mo-

---

[36] Chrispino (2001b:40-56).

INTRODUÇÃO AO ESTUDO DAS POLÍTICAS PÚBLICAS

mentos de felicidade, que coincidiam com o ápice do resgate da memória. Ao futuro, restavam aqueles que eram vistos como profetas, visionários, mágicos, supersticiosos.

O avanço da civilização, causando aumento nas demandas por produtos de primeira necessidade, talvez tenha sido o grande motivador para exercícios de planejamento de longo prazo, que permitiu ao homem vislumbrar a hipótese de olhar para o amanhã e escolher, entre as muitas opções possíveis, aquela que mais lhe agradaria, envidando esforços para torná-la verdadeira.

Quando falamos sobre futuro, ou cenários, em grupo formado por diferentes interlocutores, temos reações diversas. Uns, seguindo a regra, riem por imaginar o futuro como um ente mágico; outros, fixados na "agoracracia", desdenham o exercício de projeção por estarem exclusivamente dedicados às coisas que acontecem hoje e agora; alguns perguntam se os cenários são de lona ou de plástico, imaginando sinceramente tratar-se de cenários que compõem os espetáculos; os políticos comuns tratam o tema com desprezo, pois o futuro não produz votos; os militares e estrategistas entreolham-se, pois sabem o valor da ferramenta para entender o contexto em que têm de tomar decisões; os grandes executivos concordam com os debates sobre cenários e estudos de futuro desde que as conversas girem em torno dos cenários das outras empresas e não das suas, por considerarem os cenários empresarias peças de alta relevância para o futuro da empresa séria.

O que pretendemos neste ponto do trabalho é demonstrar que é possível encontrar similaridade entre a dinâmica do contrato social e seu resultado mais concreto, o consenso, com os estudos de futuros expressos por meio de uma de suas técnicas, os cenários futuros. Defendemos a necessidade de as políticas públicas transparentes serem desenhadas no futuro, servindo de guia, demonstrando intencionalidades, ajustando e aglutinando forças, deixando claro o que se quer e o que se ganha no futuro, suplantando as ações pontuais e casuísticas que marcam o processo decisório brasileiro.

Defendemos a ideia de que tanto o consenso contratualista — que chamamos de consenso social — quanto o cenário possuem semelhança no processo de construção e na topografia político-social: estão acima dos interesses individuais.

Pretendemos que, por analogia, aqueles que entendem o traçado histórico do contrato social e sua dinâmica possam transferir tal conhecimento para o campo do cenário futuro, identificando as semelhanças e, assim, possam melhor refletir sobre a importância de difundir e participar das discussões que resultem no cenário futuro brasileiro em qualquer tema mais específico. O problema com a área de energia ocorrido em 2000/2001 demonstra o quanto o estudo de futuro é importante, visto que poderia ter antecipado a questão. A falta de cenários futuros explícitos e públicos fez com que a gestão do sistema de previdência chegasse à situação caótica em que se encontra hoje, solicitando decisões difíceis e de fundamento questionável, pois pouco transparente.

Este capítulo está dividido em duas partes principais. A primeira é reservada a um estudo orientado sobre o contratualismo, com ênfase no consenso e na posição de norteador desse consenso social, não sendo a intenção esgotar ou trazer novidades para o assunto. A segunda parte se destina à apresentação dos estudos de futuros e da técnica de cenários futuros, com ênfase na aplicação da ideia ao campo amplo da política pública transparente.

O CONTRATUALISMO

> *Os povos podem ser mobilizados em função do nacionalismo, do patriotismo ou de outros motivos coletivos. Porém, quando se diz ao indivíduo que o interesse dele é supremo, será difícil depois convencê-lo até mesmo a subordinar parte desse interesse aos interesses dos outros.*
>
> ERIC HOBSBAWM (2000)
> *O novo século*

O CONCEITO

Em uma visão mais estreita, o contratualismo se manifesta na figura do contrato social, que se define como acordo entre indivíduos independentes com respeito a disposições básicas que deverão determinar seus relacionamentos sociais e políticos. [...] O acordo pode ser feito entre pessoas relevantes, ou entre uma pessoa (o soberano potencial) e todas as outras, podendo implicar acordos entre grupos preexistentes [Campbell, 1996:137].

Em uma visão mais ampla, o contratualismo pode ser visto como uma escola que

compreende todas aquelas teorias políticas que veem a origem da sociedade e o fundamento do poder político (chamado, quando em quando, *potestas, imperium*, Governo, soberania, Estado) num contrato, isto é, num acordo tácito que assinalaria o fim do estado natural e o início do estado social e político [Matteucci, 1997:272]

O contratualismo é, na verdade, uma escola definida por usar uma mesma sintaxe ou uma mesma estrutura conceitual — o consenso —, para racionalizar a força, regrar as relações e alicerçar o poder, em sua dinâmica e estrutura. Surgiu e se desenvolveu na Europa, tendo como maiores expoentes J. Althusius (1557-1638), T. Hobbes (1588-1679), B. Spinoza (1632-1677), S. Pufendorf (1632-1694), J. Locke (1632-1704), J. J. Rousseau (1712-1778) e I. Kant (1724-1804). Destes, podemos destacar, conforme Chevallier (2001), três importantes obras: *Leviatã* (Hobbes, 2001); *Segundo tratado sobre o governo* (Locke, 1963) e *Do contrato social* (Rousseau, 1971).

A discussão em torno do contratualismo pode sugerir, de forma rápida, três níveis de explicação:

- de ordem antropológica — sustenta que a passagem do homem do estado de natureza para o estado de sociedade é um fenômeno histórico verdadeiro. Tal passagem da horda primitiva/ordem tribal para o estado de vida social mais complexa regulada por um poder político é resultado do consenso;
- de ordem jurídica — que defende ser o estado de natureza uma hipótese lógica que realça a ideia racional ou jurídica de Estado,

como autoridade de caráter político surgida como resultado do consenso entre os membros para representar e encarnar seus direitos. Este nível é fortalecido pelo grupo que toma o direito criado pelo soberano como substituto do direito consuetudinário, usando todos os meios para garantir a lei, inclusive a força, sobre a qual o Estado detém o monopólio;

- de ordem política — despreocupados de discussões de ordem histórico-antropológica e de base filosófico-jurídica do Estado racional, os autores/defensores desse nível de explicação detêm-se apenas na visão do contrato como norteador da ação política e como delimitador da ação daquele que detém o poder, estando intimamente ligado à figura do constitucionalismo.

São muitos os desdobramentos a merecerem destaque em torno do tema em estudo, o que não é possível, considerando o objetivo deste trabalho. Entretanto, é indispensável alguma reflexão sobre os aspectos tidos como importantes para a análise entre cenários futuros e o contratualismo visto pelo ângulo do consenso social, a saber: o estado de natureza e sua transformação em estado de sociedade, a construção do consenso social e seu poder sobre a sociedade e a estrutura e construção do poder político.

O ESTADO DE NATUREZA

Existe, entre os contratualistas, uma divergência sobre o estado de natureza, que seria aquela condição inicial da qual o homem teria saído ao associar-se por meio do pacto com outros tantos homens. Para uns, é uma hipótese de trabalho de ordem lógica e negativa que indica como seria o homem no estado natural para justificar como deve ser o mesmo homem sob a égide do estado social. Outros não acatam essa ontologia perversa e má do ser humano. Percebe-se, pois, que entre os autores não há certezas: para Hobbes e Spinoza o estado de natureza é de egoísmo e de guerra; para Pufendorf e Locke é de paz e para Rousseau é de felicidade.

INTRODUÇÃO AO ESTUDO DAS POLÍTICAS PÚBLICAS

Essa discussão perde valor quando deixamos de ver as divergências pela ótica fática para observá-las segundo a ótica de categoria. Vejamos um exemplo dessa proposta no quadro 26.

QUADRO 26
Estado de natureza

	Para Hobbes	Para Rousseau
O fato	Existe o domínio das paixões, a guerra, o medo, a pobreza, a desídia, o isolamento, a barbárie, a ignorância, a bestialidade e onde a vida do homem é solitária, mísera, repugnante, bruta e breve.	Existe o homem livre, com o coração em paz e o corpo saudável, satisfazendo suas necessidades básicas, querendo apenas viver e ficar ocioso.
A categoria	Os homens vivem conforme seus instintos e são iguais na motivação pela vida (sensações e emoções) e nas causas das discórdias (competição, desconfiança, glória, comida, posse da fêmea etc.). Cada um tem direito a todas as coisas de todos. É a guerra de todos os homens contra todos os homens, onde o "homem é o lobo do homem" (*homo homini lupus*).	

Fonte: Casamasso (2001).

Para melhor ilustrar o estado de natureza, podemos passar os olhos nos diversos modelos de relações sociais — quer efetivos, quer teóricos — ao longo da humanidade como a conhecemos, a fim de observarmos a existência ou não dos atributos que permitem categorizar o estado de natureza conforme a proposta.

Para o marxismo, centrando atenção no modo de produção, podemos ter:

Modelo...				
Tribal →	Escravagista →	Feudal →	Capitalista →	Comunista
Sem estrutura definida	Senhores X escravos	Senhores X servos	Burguesia X proletariado	Sem classes (não alcançado até hoje)

Para Deutsch (1980), a evolução tem outra categorização:

Feudalismo → Despotismo esclarecido → Governo constitucional → Democracia

Mesmo no campo filosófico-religioso, temos a oportunidade de encontrar categorizações para a evolução da natureza humana, por exemplo, em Kardec (1983:293), usando o conceito de aristocracias (poder dos melhores):

Aristocracias					
Do patriarca →	Da força bruta →	Do nascimento →	Do dinheiro →	Da inteligência →	Do intelecto-moral

Não é preciso muito esforço para entender que a categorização de estado de natureza é possível e razoável, resultando na necessidade de estruturar-se um estado social sob as premissas apresentadas pelos seus membros, gerando o consenso social.

A CONSTRUÇÃO DO CONSENSO SOCIAL

A construção do consenso social, que resulta em um novo modelo social baseado em um novo modelo de política, pode ser estudada por diversos ângulos. Cremos que o menos indicado seja o do altruísmo humano, que busca aprimorar-se como ser social por meio do estabelecimento de nova rotina social. Ao contrário, a existência do consenso se deve à tentativa de manutenção de características de valores pessoais. De outro modo, ficaria difícil explicar por que o homem (egoísta e individualista, que busca o próprio bem-estar) aceita uma estrutura social que lhe apresenta obrigações e limites (e na qual, provavelmente, tem ganhos no longo prazo).

Os contratualistas modernos apresentam duas propostas (Campbell, 1996:137):

- Buchanan e Tullock, concordando com Hobbes, na teoria da escolha coletiva, "examinam os procedimentos decisórios relevantes para determinação de quanto é racional para os indivíduos agindo egoisticamente aceitar as restrições implícitas à ação coletiva";
- Rawls, acompanhando Locke, Rousseau e Kant, diz que a "metodologia do contrato social tem sido usada também para servir de

base a uma teoria liberal moderna de justiça que combina compromisso com fortes direitos individuais a amplos mecanismos redistributivos".

Está claro por que acreditamos que a busca pelo consenso social não é um ato altruísta, mas que deve responder, a curto e/ou a longo prazo, por uma necessidade humana. Em uma visão bastante pragmática, o consenso atenta contra a natureza egoística e individualista do homem e, por tal, é crível que primeiro ele, o consenso, seja mantido pela disciplina da vontade para, posteriormente, ser transformado em valor no patrimônio individual, quando surgirá espontaneamente como produto da inteligência moralizada.

Como estratégia, assim como nos cenários, o contrato e o consenso social são construídos pela ótica prescritiva ou normativa, o que distancia dos sujeitos a forma concreta consensuada, atenuando as resistências e mantendo os indivíduos unidos em torno do objetivo maior do contrato e do consenso social. Vive-se, na verdade, o *vir a ser* e não o *está sendo*!

A CONSTRUÇÃO E A ESTRUTURA DO PODER

Podemos entender o contratualismo como uma teoria prescritiva, conceitualmente construída sobre as origens da sociedade na direção de uma *sociedade desejada*, sob o rigor da racionalidade, que trabalha com mais vigor a origem e o fim da sociedade. Como tal, sua contribuição é sempre citada quando se estuda a necessidade de limitar o poder do governo, por meio de um documento escrito, para garantir os recíprocos direitos/deveres e, além disso, sua história poderá acolher soluções políticas divergentes, quando não antagônicas, todas com o propósito de gerir o consenso, por exemplo:

- a corrente absolutista (Hobbes, Spinoza, Pufendorf), que pretende ser diferente do despotismo, tendo as ordenações do Estado origem na lógica que busca o bem do cidadão;
- a corrente liberal (Locke e Kant), que propõe o limite do poder monárquico por meio de assembleias representativas, que têm a função de legislar;

OS CENÁRIOS FUTUROS COMO CONSENSO SOCIAL

- a corrente democrática (Rousseau), que pretende conformar os indivíduos com a racionalidade da vontade geral soberana.

Como resultado do controle do poder do soberano e da ação do governo, garantindo a manutenção, estabilidade e reciprocidade no binômio direito/dever, temos os textos constitucionais, expressão maior do *que se quer* e do *que se busca* para uma nação, sempre projetando o futuro pretendido.

No estudo da construção e estrutura do poder, devemos diferenciar dois importantes tipos de pacto (Matteucci, 1997:279):

Temos de um lado, o "pacto de associação" entre vários indivíduos que, ao decidirem viver juntos passam do estado de natureza ao estado social; por outro, o "pacto de submissão" que instaura o poder político e ao qual se promete obedecer.

Esses dois tipos de pacto mais comuns entre os contratualistas podem ser bem diferenciados se organizarmos as ideias em forma de quadro, como a seguir.

QUADRO 27
TIPOS DE PACOTES SOCIAIS

Aspectos	Pactos	
	De associação	De submissão
Resultado imediato	Cria o direito.	Instaura o monopólio da força.
Nasce o foco do	Direito privado.	Direito público.
Posição dos contratantes	Paritária.	Subordinação.
Relação dos contratantes	Compromisso com os demais, sendo livre para aceitar ou não os resultados do pacto.	Não pode deixar de aceitar os resultados do pacto.
Princípio	Fraterno da igualdade.	Paterno da dominação.
Relação	Dá-se entre iguais.	Dá-se entre governantes e governados.

continua

INTRODUÇÃO AO ESTUDO DAS POLÍTICAS PÚBLICAS

Aspectos	Pactos	
	De associação	De submissão
Sujeitos	Pessoa física ou associações de pessoas (família, corporações etc.).	As associações criadas no primeiro pacto.
Ruptura	Dissolve-se a sociedade.	Dissolve-se o governo, mantendo a sociedade.
Grau de dependência	É premissa para o pacto de submissão.	É consequência do pacto de associação.

O contratualismo, na construção e na estrutura do poder, apresenta algumas interessantes pressuposições que lembram a teoria política liberal, como indica Lessnoff (1986 apud Campbell, 1996:137):

- é voluntarista — visto que a autoridade política depende de atos da vontade humana;
- é consensual — visto que todas as vontades dos sujeitos se subordinam a uma legitimada;
- é individualista — visto que a autoridade política legítima se fundamenta na aceitação pelo indivíduo;
- é racional — visto que o consenso é fruto da vontade individual e produto da atividade eminentemente racional.

O CONTRATUALISMO CONTEMPORÂNEO

Após um período no ostracismo, o contratualismo retoma ocupando importante espaço nas discussões sobre filosofia política, agora com o nome *pacto social* (Campbell, 1996:137):

- Rawls busca uma maximização da igualdade e propõe um sistema racional que atenda ao princípio da justiça distributiva, que chama de equidade, diminuindo a tensão entre a vontade e a necessidade gerais e o interesse particular exclusivo;
- Buchanan defende a função constitucional como instrumento que estabelece a "regra do jogo", que pode ser modificada desde que

fomente uma convivência construtiva, no novo "jogo de força" dos interesses individuais;

- Nozick, seguindo Locke, acredita que os indivíduos apenas concordariam com um Estado-mínimo, que lhes garantisse os chamados direitos naturais pré-sociais (direito de vida, por exemplo).

PRIMEIRAS CONCLUSÕES

Como conclusão preliminar, podemos indicar o contrato social (fator indispensável para a construção do Estado democrático) como uma "ideia de acordo de cada um com todos sobre regras fundamentais" (Bobbio, 2000:686).

Esse aprendizado coletivo histórico do consenso social pode ser redirecionado e, ao invés de construir um Estado artificial ou um governo com regras externas e superiores ao grupo de sujeitos, pode criar um cenário futuro, também externo e superior ao grupo, que sirva de orientação e guia para as decisões coletivas, compatibilizando interesses individuais e necessidades coletivas: as políticas públicas transparentes.

OS ESTUDOS DE FUTUROS E OS CENÁRIOS FUTUROS[37]

O interesse pelo futuro se perde na história do homem. Vamos encontrar essa busca pelo desvelar do futuro em numerosas civilizações antigas dedicando-se à pesquisa por meio de métodos muitas vezes engenhosos e muitas vezes místicos.

Conta Schwartz (1991:91) que:

Na época em que os faraós governavam o Egito, havia um templo acima do rio Nilo, além das cataratas da Núbia, onde agora se localizam os desertos ao norte do Sudão. Três rios juntavam-se naquela região para formar

---

[37] A partir, também, de Chrispino (2009).

o Nilo, que fluía 1.600 quilômetros para produzir um evento milagroso todos os anos, a inundação de sua bacia, que permitia aos fazendeiros egípcios plantar e colher no verão sem chuvas.

A cada primavera os sacerdotes se reuniam à margem do rio para verificar a cor da água. Se estivesse clara, o Nilo Branco, que fluía do lago Vitória através dos pântanos sudaneses, dominaria a enchente. A cheia seria moderada e tardia; os fazendeiros produziriam um mínimo de colheita. Se a corrente aparecesse escura, as águas fortes do Nilo Azul, que se juntava ao Nilo Branco em Cartum, prevaleceriam. A enchente encharcaria o suficiente para saturar os campos e produzir uma colheita farta. Finalmente, se a correnteza demonstrasse predominância das águas marrom-esverdeadas do Atbara, que vinha dos pântanos etíopes, então as enchentes seriam prematuras e catastroficamente elevadas. As plantações corriam o risco de ser destruídas pelas águas; na verdade, o faraó poderia ter que usar suas reservas de estoques de grãos.

Todos os anos os sacerdotes enviavam mensageiros para informar ao faraó a cor da água. Talvez tenham usado luzes e sinais de fumaça para mandar notícia rio abaixo. Então o faraó saberia quão prósperos seriam os fazendeiros de seu reino e como poderia aumentar os impostos. Dessa forma, saberia se podia permitir-se conquistar novos territórios. [...] os sacerdotes do Nilo sudanês foram os primeiros previsores do futuro a longo prazo.

Já Hélio Jaguaribe (1996),[38] apresenta a importância dos estudos de futuros para o Império Romano e os romanos:

Não vou fazer uma história da prospectiva pré-científica, o que seria interessante, mas estranho ao objeto imediato deste estudo. Mas, lembrando a fase relativamente mais recente, que é a romana, chamaria a atenção para o fato de que aquele povo, extremamente prático, que deu a mais extraordinária demonstração de capacidade organizatória e administrativa de toda

---

[38] Disponível em; <http://dx.doi.org/10.1590/S0011-52581996000300002>. Acesso em: 20 jan. 2002.

OS CENÁRIOS FUTUROS COMO CONSENSO SOCIAL

a história da Humanidade, de tal sorte que os impérios contemporâneos ficam infantis comparados ao Império Romano, tinha a obsessão da previsão do futuro através de processos que eram praticados até já avançada a República. Vem a prática divinatória, portanto, desde o período da Roma monárquica até, digamos, o tempo de Cícero, quando essa prática começa a ser objeto de crítica. O próprio Cícero diz que um augúrio[39] não podia olhar para o outro sem ambos rirem, porque ele já se dava conta de que havia uma total impostura na ideia de augúrios. A verdade, entretanto, é que o Colégio dos Augúrios era uma instituição fundamental, a ser consultada para o começo de qualquer coisa. A palavra "inaugurar" significa que o augúrio inicialmente justifica o início de uma ação "*in augurius*".

Os romanos tinham dois grandes tipos de adivinhação do futuro supostamente válidos: aquele que eles herdaram dos etruscos, que era o haruspicius, o exame das entranhas de certos animais, e aquele que era dotado de mais credibilidade e à qual se dedicava particularmente o Colégio dos Augúrios, que eram os vários *auspicia*. O principal deles eram os *auspicia avibus*, forma pela qual, em determinado momento, se observava o voo de pássaros, com toda uma codificação do que significava, se o bando ia para um lado ou para o outro. O *auspicius* romano não era, como um pouco é a nossa prospectiva, voltado para cenários macroscópicos, de relativo longo prazo. Ele se voltava para o provável resultado de uma certa ação: "vamos começar uma guerra, vamos ganhar ou perder?" Assim como os *auspicia avibus*, havia vários outros *auspicia* através das estrelas: *auspicius coelo*; através das galinhas sagradas: *auspicius pullaris* etc.

Havia, finalmente, outro tipo de capacidade de previsão, que era o da Pitonisa. A ideia de que o grande deus do futuro, Apolo, através dos seus oráculos, o mais célebre dos quais era o de Delfos, iluminava a Pitonisa e permitia que ela predissesse o que ia acontecer. É surpreendente como a Pitonisa tinha uma extraordinária lucidez analítica. Hoje ela seria, obviamente, uma excelente cientista política. Ela tinha a linguagem suficientemente elíptica para servir para várias alternativas.

---

[39] Aquele que fazia augúrio: profecia feita pelos áugures, sacerdotes romanos, a partir do canto e voo dos pássaros. Augurar: fazer augúrio ou prognóstico.

INTRODUÇÃO AO ESTUDO DAS POLÍTICAS PÚBLICAS

É interessante referir também os Livros Sibilinos, que tinham uma antiguidade mal conhecida. Supõe-se que viessem de Cuna e que continham, de uma forma muito mais crítica do que a da Pitonisa de Delos, indicações sobre o futuro romano.

É certo que a preocupação envolvendo o futuro e o estudo de futuros não está circunscrita às civilizações antigas. Atualmente, inúmeras universidades, empresas e associações se dedicam a tal prática por meio de inúmeras técnicas, que podem variar de acordo com o comprometimento de aspectos qualitativos ou quantitativos na elaboração do estudo final.

O QUE SÃO CENÁRIOS FUTUROS

Segundo Ávila (1989:20), em raro artigo sobre cenários na literatura brasileira, à época,

> o termo cenário, introduzido no "planejamentês" por Hermann Kahn, recebeu sua primeira definição como "sequência de eventos construídos com o propósito de focalizar processos causais e ponto de decisão. Para Kahn, o objetivo dos cenários é apresentar, de forma clara e persuasiva, um número de possibilidades para o futuro.

Para Heijden (2009:290),

> o cenário é uma história, uma narrativa que liga eventos históricos e presentes com outros eventos hipotéticos ocorrendo no futuro. Uma história deve ter um começo, um meio e um fim. Para estabelecer a plausibilidade, cada cenário deve ser ancorado claramente no passado, com o futuro emergindo do passado e do presente de maneira contínua.

É possível dizer que os cenários podem possuir os seguintes objetivos principais, nessa visão:

OS CENÁRIOS FUTUROS COMO CONSENSO SOCIAL

- desenhar alguns quadros futuros, permitindo estimar se as políticas traçadas na atualidade e suas consequências podem consumar ou evitar o que se deseja como futuro;
- facultar melhores condições na escolha de políticas e estratégias porque, conhecendo a atualidade e as possibilidades de futuros, antecipam-se os riscos inerentes a cada uma dessas escolhas;
- antecipar um quadro de futuros possíveis, trazendo luzes e visão global para o decisor do processo de planejamento estratégico.

Diferentes conceitos podem ser identificados a partir de outro trabalho de Ávila (1989), com grande riqueza e precisão na pesquisa sobre conceito e metodologia de cenários, que servirá de ponto de partida para o atual projeto de pesquisa.

Marcial e Grumbach (2002:18), em interessante obra, comentam que

os estudos prospectivos não têm como objetivo prever o futuro e, sim, estudar as diversas possibilidades de futuros plausíveis existentes e preparar as organizações para enfrentar qualquer uma delas, ou até mesmo criar condições para que modifiquem suas probabilidades de ocorrência, ou minimizar seus efeitos. Apesar de serem muitas vezes confundidos com previsões ou projeções, trata-se de estudos de futuro com abordagem completamente diferente.

Para Rattner (1979:79), "cenários não devem ser considerados semiprevisões do futuro, e sim caminhos possíveis em direção ao futuro".

Para Norse (1979, apud Ávila, 1989:43), "cenários não são e não devem ser entendidos como prognósticos. Representam apenas uma forma de aumentar a compreensão das consequências de eventos potenciais e políticas de longo prazo, a nível regional ou nacional".

Para Fahey e Randall (1998), cenários são projeções de um futuro potencial.

Para Wilkinson (1998), o cenário é uma ferramenta, como um jogo que produz vários futuros possíveis e plausíveis, que auxilia na decisão de longo prazo. Esses jogos de cenários são, essencialmente, histórias construídas que modelam futuros distintos e plausíveis, nos quais poderíamos vir a viver e trabalhar algum dia, se cumpridas as etapas de sua construção.

Para Peter Schwartz (2000), conhecido especialista no tema, cenário é uma ferramenta que permite ordenar as percepções sobre as alternativas de futuro que poderiam ser alcançadas com decisões tomadas hoje. Na prática, a construção de cenários futuros se assemelha a um jogo de construção de histórias que poderão acontecer, construídas em torno de um evento, de um motivo. As histórias são métodos conhecidos desde há muito para organizar coerentemente os acontecimentos e os conhecimentos. Enfim, *cenários são histórias sobre possíveis futuros*. Essas histórias são capazes de expressar perspectivas múltiplas em determinado evento complexo. Os cenários dão significado e vida a esses eventos, em determinado ponto do tempo e em certos contextos. Para esse mesmo autor, os cenários não dizem respeito a predizer o futuro, e sim a perceber futuros no presente e, por isso, lidam com dois mundos: o mundo dos fatos e o mundo das percepções.

Para qualquer uma das definições de cenários, fica claro que, no conjunto do planejamento, *o cenário não é um fim em si mesmo, mas, sim, uma projeção de vontade que serve como norteador para as decisões e para antecipar possíveis problemas. Não se constroem cenários para admirá-los enquanto obra.* Eles são construídos para que, a partir deles, sejam desenvolvidas outras etapas do planejamento e da gestão. Os cenários, quando prontos, chamam à cena os atores do planejamento, que podem identificar, por exemplo, as ameaças/oportunidades e os pontos fortes/fracos de cada cenário. Os gestores, a partir dessas identificações, estabelecerão metas setoriais e/ou rotinas administrativas por segmentos menores. *Neste processo, que se reconstrói continuamente, desenvolve-se a cultura da visão de futuro.*

TIPOS DE CENÁRIOS

As classificações que buscam apresentar os tipos de cenários são numerosas e variam por autores. Geralmente, apresentam-se dois tipos de cenários: o cenário *no* futuro e e cenário *evoluindo até o* futuro.

OS CENÁRIOS FUTUROS COMO CONSENSO SOCIAL

Mais uma vez vamos iniciar este tópico recorrendo à pesquisa de Ávila (1989), que apresenta algumas classificações de cenários. Para Godet (1977, apud Ávila, 1989), existem duas categorias de cenários: os cenários de situação — que descrevem pontualmente uma situação no futuro, tal qual uma fotografia — e os cenários de evolução — que descrevem os caminhos a serem percorridos, tal qual um filme. Propõe também a distinção entre cenários tendenciais e cenários contrastados. Os primeiros são aqueles esperados com maior probabilidade sem que sejam uma extrapolação, enquanto os cenários contrastados são resultantes de ações extremas e externas sobre os cenários tendenciais.

Ávila (1989) propõe que se classifiquem os cenários utilizando-se de dois grupos: (1) exploratórios ou antecipatórios; e (2) normativos ou descritivos. Essa interessante classificação pode ser melhor entendida a partir do quadro 28.

QUADRO 28
Grupos de cenários segundo Ávila

	Exploratório	Antecipatório
Descritivo	Dadas as causas, quais os efeitos esperados?	Dados os efeitos, quais as causas possíveis?
Normativo	Dados os meios, quais objetivos podem ser alcançados?	Dados os objetivos, que meios podem ser usados?

Para fins didáticos, podemos definir as combinações citadas da seguinte forma:

- cenários descritivos: tendem a partir do hoje e criam as possibilidades de futuro (causa/efeito);
- cenários normativos: são desenhados no futuro e perseguidos (meios/objetivos);
- cenários exploratóriso: dão atenção aos meios e/ou causas (presente real/futuro);
- cenários antecipatórios: dão atenção a um futuro e o perseguem (futuro desejado/puxam a decisão a partir do presente real).

INTRODUÇÃO AO ESTUDO DAS POLÍTICAS PÚBLICAS

Ainda segundo Ávila (1989), há diferentes níveis de acerto nos cenários tendenciais e cenários periféricos. Os primeiros seriam aqueles que mais provavelmente seriam alcançados enquanto os periféricos seriam consequências de acontecimentos extremos.

É possível identificar bons exemplos de construção de cenários no cotidiano: as Utopias de Platão, Thomas Morus e Francis Bacon são exemplos de cenários antecipatórios por não descreverem caminhos, mas estágios finais desejados. Estão, por sua vez, carregados de ideologias, de objetivos finais, caracterizando, por isso, cenários normativos.

Outro conjunto de exemplos são as expedições diversas. Quando Amyr Klink, a família-navegadora Schürmann, os alpinistas ou mesmo os bandeirantes da história brasileira pensam em desenvolver suas expedições, eles o fazem a partir de cenários descritivos. Precisam chegar a um determinado ponto (antecipatório) ou precisam vencer um determinado espaço para ver onde se chega (exploratório).

METODOLOGIAS PARA CONSTUÇÃO DE CENÁRIOS

Sendo uma metodologia não rígida e não matemática que agrega valores, ideologias e percepções de futuro, é de se esperar que exista grande número de opções metodológicas, que variam desde a origem de seus formuladores até o perfil dos "clientes do cenário". Ringland (1998), ao tratar do assunto, faz interessante relação entre o grupo formulador do cenário e a sua metodologia.

QUADRO 29
Formuladores de cenários e suas metodologias

Origem	Metodologia
Battelle's Basic	Usa um modelo baseado em impacto de decisão por computador para formular prováveis cenários.
Comprehensive Situation Mapping (CSM)	É um sistema, baseado em computador, em que se busca ir do conceito para a simulação de sistemas com uso de probabilidades.

continua

OS CENÁRIOS FUTUROS COMO CONSENSO SOCIAL

Origem	Metodologia
Computer-Driven Simulatinos	É uma ferramenta para decisões de administração baseada em computador.
The Copenhagen Institutte for Future Studies	Essa é uma organização que desenvolve cenários considerando fatores sociais.
The European Comission	É desenvolvido a partir de uma metodologia chamada *shaping factors*, resultante de uma adaptação do método Delphi.
The French School	Uma ferramenta baseada na aproximação a partir de eixos de impacto, como roteiros de filme, em que as altas interações entre os eixos são consideradas.
The Futures Group	Usa tendências e seus impactos para análise e construção de roteiros de filme de futuro.
Global Business Network (GBN)	Usa especialistas para identificar tendências e seus impactos e construção de histórias de futuro.
Northeast Consulting Resources Inc. (NCRI)	Metodologia do mapeamento de futuro, é baseada em conjuntos finitos de eventos e estados engrenados, buscando desenvolver estratégia de mercado.
Stanford Research Institute (SRI)	Usa profissionais experimentados para criar aproximações dirigidas em roteiros de filme como ferramenta estratégica para a decisão.

VARIÁVEIS NA CONSTRUÇÃO DE CENÁRIOS

A ideia de cenários é a de projeção de possíveis futuros. Logo, por mais que queiramos variar os métodos de formulação de cenários, é previsível que o conjunto de variáveis existentes na sua construção seja o mesmo, ainda que se considere a hipótese de que algumas delas terão maior ou menor peso, de acordo com o método, com o grupo formulador ou mesmo do objetivo de cenário a ser construído.

A nosso ver, os estudos de cenários construídos com instrumentos eminentemente quantitativos não captam as grandes variações e não são capazes de absorver a contribuição singular do homem, que é a criatividade.

A seguir, como fizemos em Chrispino (2009), apresentamos uma simplificação de um modelo de cenário, dando ênfase à qualidade da análise, valorizando o espaço de contribuição do especialista e tendo a entrevista

INTRODUÇÃO AO ESTUDO DAS POLÍTICAS PÚBLICAS

como meio de comunicação. Seguindo o modelo da GBN, vamos apresentar três grandes grupos: as forças motrizes, os elementos predeterminados e os elementos de incerteza crítica.

Forças motrizes

Uma vez que encaremos os cenários como resultantes de um conjunto de forças que inter-relacionam e agem de forma sistêmica, podemos imaginar, para cada tema de cenários, um conjunto de forças motrizes. É certo que a capacidade de perceber forças motrizes e suas intensidades depende da percepção do observador e de sua experiência.

As forças motrizes servem como orientadoras de tendências e estão interligadas entre si. Logo, não devem ser vistas exclusivamente como forças tendenciais crescentes... isso seria arriscado. Apesar de incomum, o observador deve considerar a possibilidade regressão de tendência e fazer constar essa possibilidade em um dos cenários projetados.

Para Schwartz (2000), forças motrizes são

> elementos que acionam o mapa dos cenários, que determinam o desenrolar da história. Num romance de mistério, o motivo é uma força motriz; na verdade, boa parte do trabalho do romance policial consiste em criar uma força motriz crível para um assassinato que seria inexplicável de outra forma. Em história de aventura, uma força motriz é a busca que impele a jornada. Outra é a oposição — um vilão, uma força da natureza ou tribo inimiga que resiste à busca do herói.

Ele propõe sua classificação em cinco categorias, a saber:

- Social: nesta força motriz estão temas como emprego, demografia, salário real, investimento social etc., assuntos envolvendo valores da sociedade e sua interferência no cenário. Relações entre fatores quantitativos, como demografia e suas consequências sociais. Podemos formular algumas questões ilustrativas: Como será a família no final

OS CENÁRIOS FUTUROS COMO CONSENSO SOCIAL

da próxima década? Como tendem a ser o estilo de vida, os valores de relação social etc.?

- Econômica: nesta força motriz estão temas como PIB, balança de pagamentos, dívida interna/externa, reformas fiscal e tributária, estabilidade do sistema financeiro. Nesta categoria está

  (1) a tendência da macroeconomia — como a economia internacional e as taxas de juros influenciarão na economia local?

  (2) a microeconomia — quais as novas tendências na administração de negócios? O que se espera da competitividade de mercado?

  (3) as tendências em torno do tema emprego/trabalho — qual o perfil do novo trabalhador? Qual o impacto das mudanças de gestão na relação custo/benefício, no número de empregados e outros?

- Política: nesta força motriz estão temas como situação partidária, tendências políticas dominantes e movimentos de resistência, ONG's, controle da sociedade pelos três poderes, reformas políticas etc. Como o próprio nome diz, esta força motriz tenta identificar a influência de algumas orientações políticas possíveis na formulação de futuros, podendo ser subdivididas em três:

  (1) Eleitoral: Quem será o próximo Presidente? Ele será reeleito? Qual a composição das forças de oposição e de situação? Que programas/projetos/ações estão fortalecidos?

  (2) Legislativo: Haverá mudanças na CLT? Na Previdência? Na gestão da coisa pública? A nova legislação partidária tornar-se-á realidade? Os impostos serão mudados?

  (3) Judiciário: Qual a posição do Supremo Tribunal Federal frente aos questionamentos da população sobre mudanças e leis apresentadas pelo Executivo e Legislativo? Bill Clinton será afastado? A Microsoft será separada?

- Tecnologia: como a tecnologia modificará o quadro de emprego e em que velocidade? Que novas tecnologias poderão abrir novos campos de produção de bens e serviços? Qual o tempo de produção e disseminação de novas tecnologias de impacto nos setores produtivos?

- Ambientais: o impacto dos danos ecológicos nos negócios humanos e o aumento de consciência do público em relação à ecologia. Esta pode

INTRODUÇÃO AO ESTUDO DAS POLÍTICAS PÚBLICAS

ser uma área decisiva para algumas ações empresariais, dependendo de como esta se relaciona com o meio ambiente, ou como uma determinada comunidade rege na proteção ambiental [Schwartz, 2000].

Heijden (2009) chega a propor que fiquemos atentos a forças motrizes subjacentes ao universo em observação para os cenários.

Elementos predeterminados

Os chamados elementos predeterminados são aqueles que estarão presentes em qualquer tipo de cenário temático, independentemente dos processos ou meios de construção. O melhor exemplo é a projeção demográfica. A construção de um cenário sobre a educação ou mobilidade urbana daqui a 10 anos considerará um elemento predeterminado, independentemente das ideologias subjacentes à construção ou mesmo do tipo de cenário (normativo ou descritivo).

Em publicação, Schwartz (2000:18) descreve mais detalhadamente sua maneira de ver os elementos predeterminados e, após apontar diversos exemplos, escreve que eles são forças críticas que afetam o mundo de modo inesperado para a maioria daqueles que necessitam tomar decisões, mas que podem ser previstos com certeza, "porque já vimos seus primeiros estágios na atualidade. Sabemos que são inevitáveis porque já estão ocorrendo".

Elementos ou eixos de incerteza crítica

Os cenários são construídos ou formulados a partir de forças motrizes que interagem de forma a encaminhar para este ou aquele ponto o desenho do futuro, onde os eventos identificados e ordenados se estruturam numa história. São forças variáveis pois dependem de processos externos de decisão, são relativamente previsíveis, possuem o colorido e a intensidade de quem as interpretou para o cenário.

OS CENÁRIOS FUTUROS COMO CONSENSO SOCIAL

Os cenários são formulados também a partir dos fatores predetermi-nados que existem independentemente da vontade do formulador ou de quem deseja o cenário,

Nesse universo, devemos contar com as forças de incerteza crítica, que são indispensáveis à flexibilidade da previsão de cenários. Essas incerte-zas são tão importantes quanto o próprio tema que produz os cenários. Escrevemos que:

> São elas que permitem dar apoio e suporte à construção do cenário. Os militares, por exemplo, ao discutirem as incertezas de um cenário de ba-talha, diriam ao general: "Sabemos que eles vêm pelo Leste, general, mas não sabemos se atravessarão a montanha ou a floresta, de dia ou de noite. Eis o que faremos em cada caso!".
>
> As incertezas críticas poderiam ser conceituadas como o eixo em torno do qual se constroem as possibilidades das histórias de futuro. São sem-pre eixos monotemáticos específicos onde os extremos do eixo represen-tam posições contrárias. O cenário é sempre construído a partir de um tema objetivo e, sobre este tema, é identificado eixo, ou eixos, importante permitindo imaginar que, se o futuro caminhar para um dos extremos, construir-se-á um cenário; se caminhar para o outro extremo, produzirá um segundo cenário. Se existir, e é comum que exista, mais de um eixo de incerteza crítica, é possível construir um par de eixos cartesianos e ima-ginar que os quadrantes entre cada parte do eixo facultarão um cenário, produzindo 4 cenários diferentes e plausíveis, com interações entre os dois eixos [Chrispino, 2009:48].

Podemos imaginar que um cenário futuro, segundo Wilkinson (1998), pode ter um eixo indivíduo-sociedade, onde num extremo está a valori-zação da pessoa e, no outro, a tendência de fortalecimento do coletivo, do social. Podemos imaginar outro eixo como, por exemplo, a coerência/coe-são e a fragmentação. Isso quer dizer que, definido o tema sobre o qual será desenvolvido o cenário, devemos considerar esse tema um eixo com dois extremos: um fortemente positivo e outro fortemente negativo. São eixos de antônimos ou contrários sobre o mesmo tema.

7

À GUISA DE CONCLUSÃO: O CENÁRIO SERVINDO À SOCIEDADE

O futuro tem muitos nomes: para os fracos,
ele é inatingível; para os temerosos, ele é desconhecido;
para os corajosos, ele é a chance.

Victor Hugo

A creditamos que o texto anterior tenha permitido a identificação de pontos comuns entre o consenso social e o cenário futuro, no que tange a sua elaboração e sua função de direção externa ao grupo que o produziu. A intenção foi demonstrar o quanto o cenário futuro pode auxiliar a difundir as políticas públicas pretendidas para o conjunto da sociedade. Eis algumas compatibilizações possíveis.

QUADRO 30
Comparações entre o contrato social e cenários futuros

O contrato social/consenso social	O cenário futuro
Divide o antes e o depois dos sujeitos.	Divide também, no sentido que agora as atenções estão voltadas para um mesmo ponto.

continua

INTRODUÇÃO AO ESTUDO DAS POLÍTICAS PÚBLICAS

O contrato social/consenso social	O cenário futuro
Cria um ente externo (o Estado) que serve de referência aos sujeitos e à coletividade.	Cria um ente externo (o cenário futuro) que serve de referência aos sujeitos e à coletividade.
Acolhe diferentes sujeitos com interesses pessoais e coletivos distintos na sua formulação (pacto de associação).	Acolhe diferentes sujeitos com interesses pessoais e coletivos distintos na sua formulação (pacto de associação).
Entende que o poder de dirigir está no Estado (pacto de submissão).	Entende que o poder de orientar esta no cenário (pacto de submissão voluntária).
Pressupõe que os sujeitos têm poder de propor mudanças nas regras por meio de seus representantes.	Pressupõe que os sujeitos têm poder de propor mudanças nas regras por meio de seus próprios atos cotidianos.
Indica um texto escrito que define o rumo.	Indica uma "história do futuro" que define o rumo.
Apresenta um texto que limita a ação dos detentores do poder.	Apresenta uma "história do futuro" que limita a ação dos detentores do poder, permitindo a fiscalização pelos sujeitos sociais.
O texto escrito é genérico e não atende a interesses pessoais.	A história do futuro é genérica e não atende a interesses pessoais.

Ao fim, gostaríamos de fazer um exercício criativo, lembrando Paulo Moura (1994:33):

O futuro é, basicamente, uma construção humana. Ou seja, nós construímos o nosso futuro.

E, no espírito que norteia este trabalho, reescreveríamos essa máxima da seguinte forma:

O futuro e a sociedade são, basicamente, uma construção humana. Ou seja, nós construímos nosso futuro e nossa sociedade.

Ou ainda, de forma mais direta:

O futuro da sociedade é, basicamente, uma construção humana. Ou seja, nós construímos o futuro de nossa sociedade.

À GUISA DE CONCLUSÃO

Ou, pela ótica dos cenários futuros, tendo a sociedade como foco:

A sociedade do futuro é, basicamente, uma construção humana. Ou seja, nós construímos a nossa sociedade do futuro.

Se buscássemos aplicar esses grandes princípios ao universo social, veríamos que podemos usar essa ferramenta poderosa para apontar os consensos e ter os cenários como norteadores de decisões e de políticas públicas de toda ordem.

A definição de cenários futuros ou mesmo o desenvolvimento de estudos de futuros em torno de temas a serem decididos — os contratos sociais da atualidade — permitiriam maior transparência nas decisões de governo. Só aí teríamos a ação do governo como digno depositário do poder delegado pelo povo para decidir sobre os pontos vitais de seu futuro. Até então, o que temos é um conjunto de ações esparsas e desconexas, pontuais e sem justificativas plausíveis.

O Brasil se ufanou de discutir e elaborar um chamado *Cenários Brasil 2020*. Depois das primeiras matérias jornalísticas e das entrevistas de praxe, nos anos subsequentes, ninguém mais ouviu falar dos cenários que deveriam nortear as decisões políticas e servir de instrumentos de acompanhamento e cobrança pela sociedade.

Precisamos mudar a prática de embarcar em navio sem saber para onde se vai, pois quem compra a passagem tem o direito de saber seu destino.

Quem se habilita a *capitão de navio* tem o dever de dizer para onde vai, quanto tempo vai levar, quanto vai custar e se o tempo está bom... Isso não é favor, é obrigação para com quem paga a conta: a sociedade!

Sem querer entrar no mérito de cada proposta ou exemplo de políticas decididas ao arrepio da vontade e da necessidade do povo e sem justificativas plausíveis — o que demandaria prazerosamente um capítulo para cada item —, poderíamos enumerar alguns exemplos de discussão em que o uso do estudo de futuros pela técnica de cenários facilita:

- o processo decisório e a manifestação dos envolvidos diretamente e da sociedade;

INTRODUÇÃO AO ESTUDO DAS POLÍTICAS PÚBLICAS

- a percepção da gravidade do problema quando visto pela ótica do futuro;
- a aglutinação de forças na solução do problema;
- a criação de mecanismos de avaliação prospectiva, que permite a correção de rumos desde antes.

A grande questão é saber se aqueles que pagam a conta estão dispostos a solicitar aos mandatários que governem utilizando-se de políticas públicas transparentes a partir de cenários de futuro... de nosso futuro!

REFERÊNCIAS

ALECIAN, Serge: FOUCHEER, Dominique. *Guia de gerenciamento no setor público.* Rio de Janeiro: Revan; Brasília, DF: Enap, 2001.

ALGARTE, Roberto Aparecido; GRACINDO, Regina Vinhaes. *Produção de pesquisa em administração da educação no Brasil*: relatório final da pesquisa. Brasília, DF: Anpae, 1998.

ALMEIDA, André Mendes de; MORAIS, David. *Os fundos setoriais.* Brasília, DF: Funadesp, 2002.

ANDERSON, Carter. No governo, PT encolhe os pobres. *O Globo*, Rio de Janeiro, p. 15, 8 jun. 2003.

ARRETCHE, Marta T. S. Tendências no estudo sobre avaliação. In: RICO, Elizabeth Melo (Org.). *Avaliação de políticas sociais*: uma questão em debate. 3. ed. São Paulo: Cortez, 2001.

ÁVILA, Henrique de A. *Uma metodologia de construção de cenários*: o caso do transporte urbano do Grande Rio no ano 2000. Dissertação (mestrado) — Instituto Alberto Luiz Coimbra de Pós-Graduação e Pesquisa de Engenharia (Coppe), Universidade Federal do Rio de Janeiro, Rio de Janeiro, 1989.

BANCO INTERAMERICANO DE DESENVOLVIMENTO (BID). *A política das políticas públicas*: o progresso econômico e social na América Latina — Relatório 2006. Rio de Janeiro: Elsevier; Washington, DC: BID, 2007.

BARDACH, Eugene. *The eight-step path of policy analysis*: a handbook for practice. San Diego, CA: Berkeley Academic Press, 1996.

BARROSO, Luís Roberto. *O direito constitucional e a efetividade de suas normas*: limites e possibilidades da Constituição brasileira. Rio de Janeiro: Renovar, 1993.

BARZELAY, Michael. *La nueva gestión pública*: un acercamiento a la investigación y al debate de las políticas. México, DF: Fondo de Cultura Económica, 2003.

BASTOS, Celso Ribeiro. *Curso de direito constitucional.* 15. ed. São Paulo: Saraiva, 1994.

BAUMAN, Zygmunt. *Em busca da política.* Rio de Janeiro: Jorge Zahar, 2000.

INTRODUÇÃO AO ESTUDO DAS POLÍTICAS PÚBLICAS

BAZZO, Walter A.; LINSINGEN, Irlan von; PEREIRA, Luiz T. do Vale. *Introdução aos estudos de CTS (Ciência, Tecnologia e Sociedade)*. Madri: Organização dos Estados Ibero-americanos para a Educação, a Ciência e a Cultura (OEI), 2003.

BELLONI, Isaura; MAGALHÃES, Heitor de; SOUSA, Luzia Costa de. *Metodologia de avaliação de políticas públicas*. 2. ed. São Paulo: Cortez, 2001.

BERGUE, Sandro T. *Modelos de gestão em organizações públicas*: teorias e tecnologias para a análise e transformação organizacional. Caxias do Sul, RS: Educs, 2011.

BOBBIO, Norberto. *Estado, governo e sociedade*: por uma teoria geral da política. Rio de Janeiro: Paz e Terra, 1987.

_____. *Teoria geral da política*: a filosofia política e as lições dos clássicos. Org. Michelangelo Bovero. Rio de Janeiro: Campus, 2000.

_____. *Direita e esquerda*. São Paulo: Unesp, 2001.

_____. et al. *Dicionário de política*. Brasília, DF: UnB, 1997.

BOMFIM, Manoel. *O Brasil na América*: caracterização da formação brasileira. Rio de Janeiro: Francisco Alves, 1929.

BOTELHO, Isaura. Dimensões da cultura e políticas públicas. *Perspectiva*, São Paulo, v. 15, n. 2, p. 73-83, abr./jun. 2001.

BUCCI, Maria Paula Dallari. Políticas públicas e direito administrativo. *Revista de Informação Legislativa*: Brasília, DF, v. 34, n. 133, p. 89-987, jan./mar. 1997.

_____. *Direito administrativo e políticas públicas*. São Paulo: Saraiva: 2002.

CALMON, Paulo C. P. *Análise de políticas públicas*: um texto introdutório: notas de aula. Brasília, DF: Enap, 1999. Disponível em: <http://repositorio.enap. gov.br/bitstream/handle/1/1063/Programa%20da%20Disciplina%20%20 D%204.1%20%E2%80%93%20Introdu%C3%A7%C3%A3o%20%C3%A0s%20 Pol%C3%ADticas%20P%C3%BAblicas%20%20-%20APO%202012. pdf?sequence=1>. Acesso em: 25 nov. 2015.

CAMPBELL, Tom D. Contrato social. In: OUTHWAITE, William; BOTTOMORE, Tom (Ed.). *Dicionário do pensamento social do século XX*. Rio de Janeiro: Jorge Zahar, 1996. p. 137-138.

CARDOSO, Fernando Henrique. Aspectos políticos do planejamento. In: MINDLIN, Betty. *Planejamento no Brasil I*. 5. ed. São Paulo: Perspectiva, 2001.

CARVALHO FILHO, José dos S. *Manual de direito administrativo*. 8. ed. Rio de Janeiro: Lumen Juris, 2001.

CASAMASSO, Marco A. *Notas de aula sobre ciência política*. Teresópolis, RJ: Feso, 2001.

CASTRO, Cláudio Moura. Leva cinquenta anos? *Veja*, São Paulo, ed. 1.849, p. 22, 14 abr. 2004.

CHALMERS, Alan. *A fabricação da ciência*. São Paulo: Unesp, 1994.

CHEVALLIER, J. J. *As grandes obras políticas*: de Maquiavel a nossos dias. Rio de Janeiro: Agir, 2001.

REFERÊNCIAS

CHRISPINO, Alvaro. *Cenários futuros e os cenários em educação*: um exemplo aplicado à educação média. Tese (doutorado) — Faculdade de Educação, Universidade Federal do Rio de Janeiro, Rio de Janeiro, 2001a.

_____. Os cenários futuros como consenso social: do contrato social ao universo educacional. *Revista Brasileira de Estudos Pedagógicos*, Brasília, DF, v. 82, n. 200/201/202, p. 40-56, 2001b.

_____. O uso de indicadores sentinela na gestão de sistemas educacionais. *Revista Electrónica Iberoamericana sobre Calidad, Eficacia y Cambio en Educación*, v. 5, n. 2e, p. 9-23, 2007.

_____. *Os cenários futuros para a educação*. Rio de Janeiro: FGV, 2009.

_____; OLIVEIRA, F. B.; REZENDE, F. P. Análise e proposta de formação de educadores e administradores em políticas públicas. *Ensaio: Avaliação e Políticas Públicas em Educação*, Rio de Janeiro, v. 20, n. 76, p. 555-586, jul./set. 2012 Disponível em: <www.scielo.br/scielo.php?script=sci_pdf&pid=S0104-40362012000300008&lng=en&nrm=iso&tlng=pt>. Acesso em: 25 nov. 2012.

COHEN, Ernesto; FRANCO, Rolando. *Avaliação de projetos sociais*. 3. ed. Petrópolis: Vozes, 1993.

COSTIN, Claudia. *Administração pública*. Rio de Janeiro: Elsevier, 2010.

COUTO, Cláudio Gonçalves. Constituição, competição e políticas públicas. *Lua Nova*, São Paulo, n. 65, p. 95-135, 2005. Disponível em: <www.scielo.br/>. Acesso em: 21 dez. 2007.

CRESPIGNY, Anthony; CRONIN, Jeremy. *Ideologias políticas*. Brasília: UnB, 1999.

CUNHA, Edite da P.; CUNHA, Eleonora S. M. Políticas públicas sociais. In: CARVALHO, Alysson et al. (Org.). *Políticas públicas*. Belo Horizonte: UFMG, 2002.

DAGNINO, Renato. *Ciência e tecnologia no Brasil*: o processo decisório e a comunidade de pesquisa. Campinas, SP: Unicamp, 2007.

_____ et al. *Gestão estratégica da inovação*. Taubaté, SP: Cabral Universitária, 2002.

DALLARI, Dalmo de A. *O futuro do Estado*. São Paulo: Saraiva: 2001.

D'ARAUJO, Maria Celina (Coord.). *Governo Lula*: contornos sociais e políticos da elite do poder. Rio de Janeiro: Cpdoc, 2007.

DELBECQ, A L. et al. Group *Techniques for Program Planning*. Glenview, IL: Foreman and Company, 1975.

DEUTSCH, Karl Wolfgang. *Deutsch na UnB*: comentários e debates. SIMPÓSIO INTERNACIONAL. 11-15 ago. 1980. Brasília, DF: UnB, 1980.

_____. *Curso de introdução à ciência política*. Brasília: UnB, 1984. v. 2.

DI PIETRO, Maria Sylvia Zanella. *Direito administrativo*. 13. ed. São Paulo: Atlas, 2001.

DROR, Yehezkel. *A capacidade para governar*: informe ao Clube de Roma. São Paulo: Fundap, 1999.

DYE, T. *The policy analisys*. Alabama: The University of Alabama Press, 1976.

_____. *Understanding public policy*. Englewood Cliffs, NJ: Prentice-Hall. 1984.

INTRODUÇÃO AO ESTUDO DAS POLÍTICAS PÚBLICAS

DYSON, Freeman. *Mundos imaginados*. São Paulo: Companhia das Letras. 1998.

EASTON, D. *The political system*. Nova York: Willey, 1953.

ENGEL, Wanda. Uma velha novidade. *O Globo*, Rio de Janeiro, 10 jun. 2003, p. 7.

FAÇANHA, Luís Otávio de F; MARINHO, Alexandre. *Programas sociais*: efetividade, eficiência e eficácia como dimensões operacionais da avaliação. Rio de Janeiro: Ipea, 2001. Texto 787.

FAHEY, Liam; RANDALL, Robert M. *Learning from the future*: competitive foresight scenarios. Nova York: Jonh Wiley & Sons, 1998.

FAORO, Raymundo. *Os donos do poder*: formação do patronato político brasileiro. São Paulo: Globo, 1996. 2v.

FARIA, Regina M. Avaliação de programas sociais: evoluções e tendências. In: RICO, Elizabeth Melo (Org.). *Avaliação de políticas sociais*: uma questão em debate. 3. ed. São Paulo: Cortez, 2001.

FERGE, Zsuzsa. Política social. In: OUTHWAITE, William; BOTTOMORE, Tom (Ed.). *Dicionário do pensamento social do século XX*. Rio de Janeiro: Jorge Zahar, 1996. p. 586-589.

FRANCO, Ilmar. Panorama político. *O Globo*, Rio de Janeiro, 17 jun. 2008, p. 2.

FRANKL, Viktor E. *Em busca de sentido*: um psicólogo no campo de concentração. Petrópolis: Vozes, 1991.

FREY, Klaus. Políticas públicas: um debate conceitual e reflexões referentes à prática da análise de políticas públicas no Brasil. *Planejamento e Políticas Públicas*, Brasília, DF, Ipea publicações, n. 21, jun./2000.

FREYRE, Gilberto. *Casa grande e senzala*. Rio de Janeiro: Global, 2004.

FRISCHEISEN, Luiza Cristina Fonseca. *Políticas públicas*: a responsabilidade do administrador e o Ministério Público. São Paulo: Max Limonad, 2000.

FUKUYAMA, F. *Construção de Estados*: governo e organização no século XXI. Rio de Janeiro: Rocco, 2005.

GARCIA, Maria. Políticas públicas e atividade administrativa do Estado. *Cadernos de Direito Constitucional e Ciência Política*, São Paulo, n. 15, 1996.

GASPARI, Elio. *A ditadura envergonhada*. São Paulo: Companhia das Letras, 2002.

_____. Dando, não paga. *O Globo*, Rio de Janeiro, 11 maio 2003, p. 16.

GIDDENS, Anthony. *A terceira via e seus críticos*. Rio de Janeiro: Record, 2001.

_____. A vida em uma sociedade pós-tradicional. In: GIDDENS, A.; LASH, S.; BECK, U. *Modernização reflexiva*. São Paulo: Unesp, 2012.

GRAGLIA, E. *Diseño y gestión de políticas públicas*: hacia un modelo relacional. Córdoba: Educc, 2004.

GRAU, Eros Roberto. *O direito posto e o direito pressuposto*: políticas públicas e análise funcional do direito. São Paulo: Malheiros, 1998.

GRUMBACH, Raul. *Prospectiva, a ciência do futuro*: a chave para o planejamento estratégico. Rio de Janeiro: Catau, 1997.

REFERÊNCIAS

HAM, Cristopher; HILL, Michael. *The policy process in the modern capitalist state.* Londres: Harvester Wheatsheaf, 1993.

HECLO, H. Review article: policy analysis. *British Journal of Political Science*, Londres, v. 2, n. 1, p. 83-108, jan.1972.

HEIJDEN, Kees van der. *Cenários*: a arte da conversação estratégica. Porto Alegre: Bookman, 2009.

HOBBES, T. *Leviatã*. Rio de Janeiro: Martin Claret, 2001.

HOBSBAWM, Eric. *O novo século*: entrevista a Antonio Polito. São Paulo: Companhia das Letras, 2000.

HÖFLING, Eloisa de Mattos. Estado e políticas (públicas) sociais. *Cadernos Cedes*, Campinas, v. 21, n. 55, p. 30-41, 2001. Disponível em: <www.scielo.br/scielo>. Acesso em: 6 jan. 2008.

HOLANDA, Sérgio Buarque de. *Raízes do Brasil*. São Paulo: Companhia das Letras, 2006.

HOUAISS, Antonio; VILLAR, Mauro de Salle. *Dicionário Houaiss da língua portuguesa*. Rio de Janeiro: Objetiva, 2001.

HOWLETT, M.; RAMESH, M.; PERL, A. *Política pública*: seus ciclos e subsistemas. Rio de Janeiro: Elsevier, 2013.

JAGUARIBE, Hélio (Org.). *Brasil, sociedade democrática*. Rio de Janeiro: José Olympio, 1985.

_____ (Org.). *Brasil, 2000*: para um novo pacto social. Rio de Janeiro: Paz e Terra, 1986.

_____ (Org.). *Brasil, reforma ou caos*. Rio de Janeiro: Paz e Terra, 1989.

_____. Brasil e mundo na virada do século. *Dados*, Rio de Janeiro, v. 39, n. 3, 1996. Disponível em: <http://dx.doi.org/10.1590/S0011-52581996000300002>. Acesso em: 20 jan. 2002.

JASANOFF, Sheila. Procedural choices in regulatory science. *Technology in Society*, v. 17, p. 279-293, 1995.

KAHN, H.; WIERNER, A. J. *The year 2.000*: a framework for speculation on the next 33 years. Nova York, Macmillan, 1968.

KAMEL, Ali. *Não somos racistas*: uma reação aos que querem nos transformar numa nação bicolor. Rio de Janeiro: Nova Fronteira, 2006.

KARDEC. Allan. *Obras póstumas*. Rio de Janeiro: Federação Espírita Brasileira, 1983.

KOHAMA, Heilio. *Contabilidade pública*: teoria e prática. 7. ed. São Paulo: Atlas, 2000.

KON, Anita (Org.). *Planejamento no Brasil II*. São Paulo: Perspectiva, 1999.

LAFER, Celso. O planejamento no Brasil: observações sobre o Plano de Metas (1956-1961). In: MINDLIN, Betty. *Planejamento no Brasil I*. 5. ed. São Paulo: Perspectiva, 2001.

LAVINAS, Lena (Coord.) *Avaliação do programa Bolsa-Escola de Recife*. Brasília, DF: Ipea, out. 2000.

INTRODUÇÃO AO ESTUDO DAS POLÍTICAS PÚBLICAS

_____. *Combinando compensatório e redistributivo*: o desafio das políticas sociais no Brasil. Brasília, DF: Ipea, [s.d].

LEVY, E.; DRAGO, P. A. (Org.). *Gestão pública no Brasil contemporâneo*. São Paulo: Fundap, 2005.

LOCKE, J. *Segundo tratado sobre o governo*. São Paulo: Instituo Brasileiro de Difusão Cultural, 1963.

LOWI, T. J. American business, public policy, case studies, and political theory. *World Politics*, v. 16, n. 4, p. 677-715, 1964.

MALONE, John. *O futuro ontem e hoje*: de Júlio Verne a Bill Gates. Rio de Janeiro: Ediouro. 1998.

MALUF, Rui Tavares. *Prefeitos na mira*. São Paulo: Biruta, 2001.

MAQUIVAEL, Nicolau. *O príncipe*. 19 reimp. São Paulo: Cultrix, 2014.

MARCIAL, Elaine C.; GRUMBACH, Raul J. dos Santos. *Cenários prospectivos*: como construir um futuro melhor. Rio de Janeiro: FGV, 2002.

MARTINS, Paulo E. M.; PIERANTI, Octavio P. *Estado e gestão pública*: visões do Brasil contemporâneo. 2. ed. Rio de Janeiro: FGV, 2007.

MATTEUCCI, Nicola. Contratualismo. In: Bobbio, Norberto et al. *Dicionário de política*. Brasília, DF: UnB, 1997. p. 272-283.

MATUS, Carlos. *Política, planejamento & governo*. Brasília, DF: Ipea, 1993. 2v.

_____. *Estratégias políticas*: chimpanzé, Maquiavel e Gandhi. São Paulo: Fundap, 1996.

_____. *O líder sem Estado-Maior*. São Paulo: Fundap, 2000.

MEDAUAR, Odete. *Direito administrativo moderno*. 7. ed. São Paulo: Revista dos Tribunais, 2003.

_____. *Controle da administração pública*. São Paulo: Revista dos Tribunais, 2012.

MELO, Marcus André. As sete vidas da agenda pública brasileira. In: RICO, Elizabeth Melo (Org.). *Avaliação de políticas sociais*: uma questão em debate. São Paulo: Cortez, 2001.

MINDLIN, Betty. *Planejamento no Brasil I*. 5. ed. São Paulo:. Perspectiva, 2001.

MINISTÉRIO DO PLANEJAMENTO, ORÇAMENTO E GESTÃO (MPOG). Programa Qualidade no Serviço Público (PQSP). *Autoavaliação da gestão pública*. Brasília, DF: MPOG, 2000a.

MINISTÉRIO DO PLANEJAMENTO, ORÇAMENTO E GESTÃO (MPOG). *Programa de Qualidade e Participação na Administração Pública* (QPAP). Brasília, DF: MPOG, 2000b.

MINOGUE, Kenneth. *Política*: uma brevíssima introdução. Rio de Janeiro: Jorge Zahar, 1998.

MINTZBERG, H.; RAISINGHANI, D.; THEORET, A. The structure of 'Unstructured' Decision Process. *Administrative Science Quaterly*, v. 21, p. 246-75, 1976.

MONTEIRO, Jorge V. *Como funciona o governo*: escolhas públicas na democracia representativa. Rio de Janeiro: FGV, 2007.

REFERÊNCIAS

MOREIRA NETO, Diogo de Figueiredo. *Direito da participação política*. Rio de Janeiro: Renovar, 1992.

_____. *Sociedade, Estado e administração pública*. Rio de Janeiro: Topbooks, 1995.

_____. *Legitimidade e discricionariedade*. 3. ed. Rio de Janeiro: Forense, 1998.

_____. *Considerações sobre a Lei de Responsabilidade Fiscal*: finanças públicas democráticas. Rio de Janeiro: Renovar, 2001a.

_____. *Curso de direito administrativo*. 12. ed. Rio de Janeiro: Forense, 2001b.

_____. *Mutações do direto público*. Rio de Janeiro: Renovar, 2006.

_____. *Mutações do direto administrativo*. 3. ed. Rio de Janeiro: Renovar, 2007.

_____. *Curso de direito administrativo*. 15. ed. Rio de Janeiro: Forense, 2009.

_____. Poder, direito e estado. Belo Horizonte: Fórum, 2011.

_____. *Curso de direito administrativo*. 16. ed. rev. e ampl. Rio de Janeiro: Forense, 2014.

MORO, Sergio Fernando. Considerações sobre a operação Mani Pulite. *Revista CEJ*, Brasília, DF, n. 26, p. 56-62, jul./set. 2004.

MOURA, Paulo C. *Construindo o futuro*: o impacto global do novo paradigma. Rio de Janeiro: Mauad, 1994.

MUKAI, Toshio. *Direito administrativo sistematizado*. São Paulo: Saraiva, 2000.

MYERS, David G. *Psicologia social*. 6. ed. Rio de Janeiro: LTC, 1999.

NASSAR, Raduan. *Um copo de cólera*. São Paulo: Companhia das Letras, 2013.

NIRENBERG, Olga. *Formulaciòn y evaluaciòn de intervenciones sociales*. Buenos Aires: Noveduc, 2013.

OLIVEIRA, José Antônio Puppim de. Desafios do planejamento em políticas públicas: diferentes visões e práticas. *Revista de Administração Pública*, Rio de Janeiro, v. 40, n. 2, 2006.

ORGANIZAÇÃO PARA A COOPERAÇÃO E O DESENVOLVIMENTO ECONÔMICO (OCDE). *O cidadão como parceiro*: manual da OCDE sobre informação, consulta e participação na formulação de políticas públicas. Brasília, DF: MPOG, 2002.

OSBORNE, David; GAEBLER, Ted. *La reinvención del gobierno*: la influencia del espíritu empresarial en el sector público. Barcelona: Paidós Ibérica, 1994.

OUTHWAITE, William; BOTTOMORE, Tom (Ed.). *Dicionário do pensamento social do século XX*. Rio de Janeiro: Jorge Zahar, 1996.

PASQUINO, Gianfranco. Corrupção. In: BOBBIO, Norberto et al. *Dicionário de política*. Brasília, DF: UnB, 1997.

PEREIRA, Merval. A máquina petista. *O Globo*, Rio de Janeiro, 26 set. 2007a, p. 4.

_____. Modelos de choque. *O Globo*, Rio de Janeiro, 6 out. 2007b, p. 4.

PETERS, B. G. *American public policy*. Chatham, NJ: Chatham House. 1986.

POLAK, Frederick. *The image of the future*. Elsevier Scientifican Publishing, [s.d.].

PONTES, Jorge. Corrupção sistêmica institucionalizada. *O Globo*, 25 dez. 2014, p. 13.

PRADO JR., Caio. *Formação do Brasil contemporâneo*. São Paulo: Brasiliense, 1970.

RATTNER, Henrique. *Estudos do futuro*: introdução à antecipação tecnológica e social. Rio de Janeiro: FGV, 1979.

_____. Política de ciência e tecnologia no limiar do século. In: RATTNER, Henrique (Org.). *Brasil no limiar do século*: alternativas para a construção de uma sociedade sustentável. São Paulo: Edusp, 2000.

REDORTA, J. *Cómo analizar los conflictos*: la tipologia de conflictos como herramienta de mediación. Barcelona: Paidós Ibérica, 2004.

REZENDE, Fernando; CUNHA, Armando (Coord.). *Contribuintes e cidadãos compreendendo o orçamento federal*. Rio de Janeiro: FGV, 2002.

_____; _____. *O orçamento público e a transição do poder*. Rio de Janeiro: FGV, 2003.

REZENDE, Flávio da Cunha. Por que reformas administrativas falham? *Revista Brasileira de Ciências Sociais*, São Paulo, v. 17, n. 50, p. 123-142, out. 2002.

REZENDE, Sergio; VEDOVELLO, Conceição. Agências de financiamento como instrumento de política pública em ciência, tecnologia e inovação: o caso da Financiadora de Estudos e Projetos (Finep). *Parcerias Estratégicas*, Brasília, DF, v. 11, n. 23, p. 75-94, dez. 2006.

RICO, Elizabeth Melo (Org.). *Avaliação de políticas sociais*: uma questão em debate. 3. ed. São Paulo: Cortez, 2001.

RINGLAND, Gill. *Scenarios planning*: managing for the future. Nova York: John Wiley & Sons, 1998. Parte II.

ROUSSEAU, J. J. *Do contrato social*. São Paulo: Cultrix, 1971.

RUIZ, Teresa Bardisa. Teoría y práctica de la micropolítica en las organizaciones escolares. *Revista Iberoamericana de Educación*, n. 15, set./dez. 1997. Micropolítica en la escuela. Disponível em: <www.rieoei.org/oeivirt/rie15a01.htm.>. Acesso em: 2 dez. 2007.

SAGASTI, Francisco R. *Tecnologia, planejamento e desenvolvimento autônomo*. São Paulo: Perspectiva. 1986. Série Debates 186.

SAINT-EXUPÉRY, Antoine de. *O pequeno príncipe*. Rio de Janeiro: Agir, 1969.

SANTOS, Clézio S. dos. *Introdução à gestão pública*. São Paulo: Saraiva, 2006.

SANTOS, Marília Lourido dos. *Políticas públicas (econômicas) e controle*: cidadania e justiça. Rio de Janeiro: AMB, 2002.

SAVIANI, Demerval. Educação e políticas especiais. In: INEP. *Políticas públicas & educação*. Brasília, DF: Inep; São Paulo: Fundação Carlos Chagas; Campinas: Unicamp, 1987.

_____. *Educação brasileira*: estrutura e sistema. São Paulo: Autores Associados, 1996.

SCHWARTZ, Peter. *The art of the long view*. Nova York: Currency Doubleday, 1991.

_____. *A arte da visão de longo prazo*. São Paulo: Best Seller, 2000.

SECCHI, Leonardo. *Políticas públicas*: conceitos, esquemas de análise, casos práticos. São Paulo: Congage Learning, 2010.

SILVA, José Afonso da. *Curso de direito constitucional positivo*. 11. ed. São Paulo: Malheiros, 1996.

REFERÊNCIAS

SILVA, Lino Martins. *Contabilidade governamental*: um enfoque administrativo. 5. ed. São Paulo: Atlas, 2002.

SINGER, Benjamin D. The future focused role image. In: TOFFLER, Alvin (Org.). *Learning for tomorrow*. Handorn House Publishing, [s.d.].

SOMBRA, Severino. *Técnica de planejamento*. 3. ed. Rio de Janeiro: Associação Brasileira de Planejamento, 1952.

SOUZA, Artur de Brito Gueiros. Atribuição de responsabilidade na criminalidade empresarial: das teorias tradicionais aos modernos programas de compliance. *Revista de Estudos Criminais*, v. 54, p. 93, 2014.

SOUZA, Celina. Políticas públicas: uma revisão da literatura. *Sociologias*, Porto Alegre, ano 8, n. 16, p. 20-45, jul./dez. 2006. Disponível em: <www.scielo.br/scielo.php?script=sci_arttext&pid=S1517-45222006000200003&lng=pt&nrm=iso>. Acesso em: 11 mar. 2012.

SUBIRATS, J. et al. *Análisis y gestión de políticas públicas*. Barcelona: Ariel, 2012.

TOBA, Marcus M. Do Plano Diretor. In: MEDAUAR, Odete; ALMEIDA, Fernando D. M. de (Coord.). *Estatuto da Cidade*. 2. ed. São Paulo: Revista dos Tribunais, 2004.

TRANSPARÊNCIA BRASIL. *Portal institucional*. Disponível em: <www.transparencia.org.br>. Acesso em: 22 out. 2007.

TREVISAN, Antoninho Marmo et al. *O combate à corrupção nas prefeituras do Brasil*. Cotia, SP: Ateliê Editorial, 2003.

TROSA, Sylvie. *Gestão pública por resultado*: quando o Estado se compromete. Rio de Janeiro: Revan; Brasília, DF: Enap, 2001.

VALLE, Vanice Regina Lírio do. *Políticas públicas, direitos fundamentais e controle judicial*. Belo Horizonte: Fórum, 2009.

VIANA, Ana Luiza. Abordagens metodológicas em políticas públicas. *RAP*, Rio de Janeiro, v. 30, n. 2, p. 5-43, mar./abr. 1996.

VIANNA, Luiz Werneck et al. *A judicialização da política e das relações sociais no Brasil*. Rio de Janeiro: Revan, 1999.

VINCENT, Andrew. *Ideologias políticas modernas*. Rio de Janeiro: Jorge Zahar, 1995.

WEBER, Max. *Economia e sociedade*: fundamentos da sociologia compreensiva V. Trad. Regis Barbosa e Karen Elsabe Barbosa. Rev. téc. Gabriel Cohn. Brasilia, DF: UnB; São Paulo: Imprensa Oficial do Estado de São Paulo, 2004. v. 2.

WEISS, J. A. Coping with complexity: an experimental study of public policy decision-making. *Journal of Policy Analysis and Management*, v. 2, n. 1, p. 66-87, 1982.

WILDAVSKY, A. *Speaking truth to power*: the art and craft of policy analysis. Boston: Little Brown, 1979.

WILKINSON, Lawrence. *How to build scenarios*. [S.l.]:[s.n.], 1998. Disponível em: <www.wired.com>. Acesso em: 22 out. 2007.

ZOUAIN, Deborah M. *Gestão de instituições de pesquisa*. Rio de Janeiro: FGV, 2001.

ANEXO

Utilizemos quatro exemplos de problemas mundiais para ilustrar a necessidade de olhar o futuro como primeiro exercício de planejar políticas, retirados de notícias de jornais de grande circulação, o que demonstra que qualquer cidadão pode estar informado a ponto de pensar o futuro. Os exemplos selecionados, que seguem a regra de estar longe de nosso tempo para análise mais imparcial, são: metas de desenvolvimento do milênio, a disseminação da Aids na África, a situação geral da Rússia e os problemas causados pelo tabagismo.

1º EXEMPLO DE EXERCÍCIO DE CENÁRIOS FUTUROS: AS METAS DE DESENVOLVIMENTO DO MILÊNIO

As metas de desenvolvimento do milênio (MDM) foram estabelecidas por consenso entre os 189 países que participaram da Cúpula do Milênio, realizada na ONU, em 2000. A conferência prevê algumas metas consensuadas a serem atingidas até 2015. Como já estamos em 2015, este exercício permite também discutir se os cenários desenhados à época para 2015 aconteceram (ou não e por quais motivos). São elas:

Pobreza
Reduzir pela metade o número de pessoas que vivem com menos de US$ 1 ao dia. Atualmente, essa marca é de 1,2 bilhão de pessoas no mundo.

continua

INTRODUÇÃO AO ESTUDO DAS POLÍTICAS PÚBLICAS

Ensino
A meta é aumentar o número de crianças no chamado ciclo básico de ensino completo. Atualmente, 113 milhões de crianças estão fora da escola.
Gênero
Superar as disparidades no acesso à educação entre meninos e meninas. Atualmente, dois terços dos analfabetos do mundo são mulheres.
Mortalidade infantil
Reduzir as mortes em crianças com menos de cinco anos. Atualmente, 11 milhões de bebês morrem no mundo por ano.
Saúde materna
Diminuir a mortalidade materna. Atualmente, nos países pobres e em desenvolvimento, a cada 48 partos uma mãe morre.
Aids
Combater a Aids e outras doenças que afetam os países pobres, como malária e tuberculose.
Meio ambiente
Garantir o acesso a água potável e saneamento básico. Atualmente, 1 bilhão de pessoas ainda não possui acesso a água potável.
Parceria mundial
Reduzir a dívida externa de países pobres, propiciar acesso a mercados e tecnologias, capacitar profissionais.

Mesmo assim, tendo um referencial de futuro a ser alcançado, com metas negociadas, permitindo a criação de indicadores de processo e transparência nas decisões e nos usos de recursos orçamentários e financeiros, muito pouco foi/é/será alcançado. O mesmo relatório divulgado pela ONU[40] indica dificuldades no cumprimento das metas:

	Pobreza	Fome*	Ensino primário	Igualdade entre gêneros	Mortalidade antes dos cinco anos	Acesso a água	Acesso a saneamento
Mundo	😐	🙁	🙁		🙁	😐	🙁
Brasil	🙁	😐	😐	🙂	😐	🙁**	🙁***

continua

---

[40] *O Globo*, 8 jul. 2003, por Luciana Rodrigues e Flávia Oliveira.

ANEXO

	Pobreza	Fome*	Ensino primário	Igualdade entre gêneros	Mortalidade antes dos cinco anos	Acesso a água	Acesso a saneamento
América Latina e Caribe	☹	☹	☺	☺	😐	😐	☹
Europa central e do leste e CEI	☹	☺	☺		☹	☺	
Estados árabes	☺	☹	☹	☹	☹		
Ásia do sul	😐	☹	☹	☹	☹	😐	☹
Leste asiático e Pacífico	☺	😐	☺	☹	☹	☹	☹
África subsaariana	☹	☹	☹		☹	☹	☹
☺ já cumprida		😐 deverá ser cumprida até 2015			☹ não deverá ser cumprida		

* No ritmo atual, essa meta só será alcançada entre 2020 e 2050.
** No Brasil essa taxa cresceu de 83% para 87% entre 1990 e 2001. O que não fica explícito é que menos de 60% da zona rural possuem água potável.
*** Em uma década, esse índice, no Brasil, cresceu apenas 5%: de 71% (1990) para 76% (2001).

2º EXEMPLO DE EXERCÍCIO DE CENÁRIOS FUTUROS: O PLANEJAMENTO DE POLÍTICAS PARA A AIDS NA ÁFRICA[41]

A Aids tornou-se a principal causa de morte na África, já tendo matado mais pessoas que as 11 guerras africanas que ocorrem na atualidade (2000). Segundo o Banco Mundial, o quadro da população com mais de 15 anos de idade contaminada pela Aids alcança os seguintes índices nos países africanos e americanos:[42]

---

[41] Avanço da Aids dissemina o caos na África. *O Globo*, 7 maio 2000, por Cilene Guedes.
[42] Banco Mundial alerta para o devastador impacto econômico da Aids. Agência EFE, 26 jul. 2003.

INTRODUÇÃO AO ESTUDO DAS POLÍTICAS PÚBLICAS

Países africanos	% da população com mais de 15 anos	Países americanos	% da população com mais de 15 anos
Botsuana	38,8	Haiti	6,1
Zimbábue	33,7	Bahamas	3,5
Suazilândia	33,4	Guiana	2,7
Namíbia	22,5	República Dominicana	2,5
Zâmbia	21,5	Trinidad e Tobago	2,5
África do Sul	20,1	Honduras	1,6
		Panamá	1,5
		Barbados	1,2
		Jamaica	1,2
		Peru	1,2
		Guatemala	1,0
		Canadá	0,3
		Chile	0,3
		Equador	0,3
		México	0,3
		Uruguai	0,3
		Nicarágua	0,2
		Cuba	0,1

80% dos mortos por Aids na África tinham entre 20 e 50 anos.

Em povoados do Quênia, África do Sul e Malauí, 50% a 70% dos adultos estão infectados.

A África subsaariana, com 1/10 da população mundial, concentra 2/3 dos portadores do vírus da Aids. 20% dos adultos da região podem estar contaminados.

As altas taxas de contaminação nesse segmento da população trazem consequências graves para o futuro do continente africano, que se aliam à fome, à miséria e à guerra.

As mortes se concentram na faixa etária produtiva, tendo impactos econômicos e sociais de difícil reversão:

- na área econômica, porque compromete a força de trabalho e a capacidade de soerguimento econômico, fazendo cair a expectativa de vida de 59 anos, em 1990, para 45 anos, em 2010 (na Zâmbia, é

ANEXO

de 38 anos; em Botsuana e Malauí, é de 39 anos).[43] A Aids está destruindo "seletivamente o capital humano, isto é, a experiência de vida acumulada, suas habilidades de trabalho, seu conhecimento" (BID, 2007). A força de trabalho tenderá a ser exclusivamente infantil, impedindo que a criança compareça à escola. O número de matrículas nas primeiras séries nesses países já está sendo afetado. A renda *per capita* caiu 20% na região subsaariana;

- o relatório da Onuaids (programa conjunto das Nações Unidas de combate à Aids) de 2003, informa que "a África Subsaariana continua sendo a região mais afetada pela Aids, com 25 milhões de infectados";[44]

- na área social, além de dizimar uma geração, comprometendo a transferência natural de conhecimento e cultura, deixa uma legião de órfãos de pai, de mãe ou de ambos, que ficam entregues à própria sorte, estando sujeitos ao recrutamento pelas milícias, pela criminalidade, pela prostituição e sujeitos também à morte por contaminação. O número de órfãos na África, em 2001, era de 11 milhões e pode chegar a 20 milhões em 2010.[45] Vejamos os dados:

País	Número de órfãos
Nigéria	995.000
Etiópia	989.000
Congo	927.000
Quênia	892.000
Uganda	884.000 (11%)
Tanzânia	815.000
Zimbábue	782.000 (7%)
África do Sul	662.000
Zâmbia	572.000 (9%)
Malauí	468.000

---

[43] Aids aumenta o analfabetismo na África. *O Globo*, 25 maio 2003, p. 44. Entrevista de Pedro Cavalcanti Ferreira.

[44] Disponível em: <www1.folha.uol.com.br/folha/ciencia/ult306u12116.shtml>. Acesso em: 25 nov. 2015.

[45] Aids tirou futuro de uma geração de africanos. *O Globo*, 18 ago. 2003, p. 20, por Emily Wax, do *Washington Post*.

INTRODUÇÃO AO ESTUDO DAS POLÍTICAS PÚBLICAS

- segundo outro estudo da Organização Mundial de Saúde (OMS), divulgado em 2006, o número de casos de Aids passará de 2,8 milhões em 2002 para 6,5 milhões em 2030.[46]

Para dificultar o cenário, (a) as crendices como a de que a relação sexual com uma jovem virgem pode curar a Aids vem causando alto número de novas infecções entre mulheres jovens; (b) militares infectados vêm estuprando mulheres de facções inimigas; (c) o governo da África do Sul sequer reconhece a Aids como doença viral; e (d) pode surgir a seguinte questão governamental: se as crianças órfãs estão tão sujeitas a morte por contaminação — como seus pais — por que investir nelas agora?

3º EXEMPLO DE EXERCÍCIO DE CENÁRIOS: QUAL O FUTURO DA RÚSSIA?[47]

A Rússia de hoje em nada se parece com a outrora terra dos tzares. Segundo a revista *Newsweek*, não há lugar pior no mundo para um homem jovem!

O maior país do mundo passa por uma situação alarmante que está a solicitar políticas urgentes e de impacto imediato. Vejam os números:

População
A população russa poderá cair dos atuais 145 milhões para 55 milhões em 2075.
Expectativa de vida
Atualmente os homens vivem, em média, 59 anos (cinco a menos do que há uma década) e as mulheres vivem 72 anos.
Fertilidade
É a mais baixa do mundo. Atualmente é de 1,7 filho por mulher, com tendência de redução para 1 filho por mulher nos próximos 10 anos. A taxa de reposição populacional para a Rússia é de 2,14 filhos por mulher. Uma das causas desse problema é a alta taxa de esterilidade das mulheres russas. Estima-se que 1/3 das russas sejam estéreis por conta da prática excessiva de abortos e que 15% dos casais sejam estéreis. Entre as mulheres russas, 5% enfrentam problemas médicos na gravidez.

continua

---

[46] Mortes por Aids dobrarão até 2030. *O Globo*, 29 nov. 2006, p. 34.
[47] Um pesadelo demográfico. *O Globo*, 5 ago. 2001, por Ana Lúcia Azevedo.

ANEXO

Alcoolismo
Um russo bebe o equivalente a 14 litros de álcool puro por ano, sendo que 2/3 dos russos em idade produtiva sofrem de alcoolismo ou de doença associada ao álcool. O álcool está relacionado a 40% dos acidentes de trânsito e à redução da expectativa de vida dos homens. Uma garrafa de vodca custa menos que um chiclete.

4º EXEMPLO DE EXERCÍCIO DE CENÁRIOS: OS PROBLEMAS DO TABAGISMO

Diz-se comumente que fumar é um direito individual. Um ato consequente da livre escolha do indivíduo e que as políticas de restrição ao uso do fumo em ambientes públicos ou fechados é um "atentado" à liberdade individual etc., etc., etc. Poucos conseguem ver as consequências do tabagismo como um problema de saúde pública e de impactos coletivos, uma vez que as doenças causadas pelo tabagismo (como pelo alcoolismo) causam afastamento do emprego, diminuindo a produção, causam internações em hospitais públicos, causam aposentadorias precoces, mortes prematuras etc., com impactos nos cofres públicos, onerando a sociedade que paga a conta. A decisão de fumar é individual, como dizem, mas a conta é socializada!

Depois de três anos de negociação, 190 países aprovaram, em Genebra, o primeiro tratado de redução do consumo de tabaco no mundo[48] ou 0,5% dos dependentes, que chegam à incrível marca de 1,1 bilhão de pessoas.[49] A Organização Mundial de Saúde estima que o tabaco mate 5 milhões de pessoas por ano. Vejamos os números:

---

[48] Saiba mais sobre o tabagismo. *O Globo*, 22 maio 2003, por Deborah Berlinck.
[49] Onde há fumaça. *O Globo*, 20 jun. 2003, coluna Joelmir Beting.

INTRODUÇÃO AO ESTUDO DAS POLÍTICAS PÚBLICAS

Consumo mundial	
Anos	Bilhões de cigarros
1950	1.686
1960	2.150
1970	3.112
1980	4.338
1990	5.419
2000	5.500

Mortes relacionadas, segundo a OMS	
Anos	Óbitos
1950	300 mil
1975	1,5 milhão
2000	4,2 milhões
2025-2030	10 milhões

Outras informações relevantes para decisão de futuro sobre o tabaco:

- há, no mundo, 1 bilhão e 200 milhões de fumantes, totalizando 1/3 da população mundial. Relacionam-se 6 milhões de mortes anuais com doenças associadas ao fumo;[50]
- há, no Brasil, 35 milhões de fumantes (aproximadamente 25% da população). Destes, 3 milhões estão entre 10 e 19 anos. Relacionam-se 120 mil mortes anuais com doenças associadas ao fumo;
- um em cada dois fumantes de longo prazo morrerá vítima de males ligados ao tabaco;
- a OMS estima em 2 bilhões o número de fumantes passivos no mundo, dos quais 50 mil morrem por ano em consequência dessa condição;
- a OMS estima que o número de óbitos relacionados ao tabagismo passará de 5,4 milhões, em 2002, para 8,3 milhões, em 2030. O fumo matará uma em cada 10 pessoas;
- as doenças relacionadas ao fumo matam uma pessoa a cada oito segundos, ou 4 milhões por ano no mundo. Se o consumo continuar a crescer, em 2030 o fumo matará 10 milhões de pessoas por ano, ou uma a cada três segundos;
- de 1950 a 2000, o fumo matou cerca de 60 milhões de pessoas nos países ricos, mais do que a II Guerra Mundial. Nas duas primeiras

---

[50] Disponível em: <http://prevencao.cardiol.br/>. Acesso em: 16 out. 2004.

ANEXO

décadas deste século, a previsão é que 100 milhões morram por causa do tabaco;

- o fumo é a causa conhecida ou provável de pelo menos 25 doenças, entre elas câncer de pulmão, enfisema e bronquite. O tabaco aumenta a gravidade de doenças cardíacas;

- em 1996, foi sancionada a Lei nº 9.294, que restringe o uso e a propaganda de fumo, bebidas alcoólicas, medicamentos e defensivos agrícolas. Em seu art. 2º, a lei proíbe o uso de cigarros e similares (charutos, cachimbos etc.) em recinto coletivo, salvo em áreas destinadas a esse fim e que apresentem condições de arejamento e isolamento adequados. Passados oito anos da vigência da referida lei, somente agora se iniciam ações efetivas para a restrição do uso do fumo em locais públicos como, *shopping centers*, com a devida reação dos fumantes;

- os estudos do Inca[51] mostram que:
  a) o tabagismo é responsável por:
  - 200 mil mortes por ano no Brasil (23 pessoas por hora);
  - 25% das mortes causadas por doença coronariana — angina e infarto do miocárdio;
  - 45% das mortes causadas por doença coronariana na faixa etária abaixo dos 60 anos;
  - 45% das mortes por infarto agudo do miocárdio na faixa etária abaixo de 65 anos;
  - 85% das mortes causadas por bronquite e enfisema;
  - 90% dos casos de câncer no pulmão (entre os 10% restantes, 1/3 é de fumantes passivos);
  - 30% das mortes decorrentes de outros tipos de câncer (de boca, laringe, faringe, esôfago, pâncreas, rim, bexiga e colo de útero);
  - 25% das doenças vasculares (entre elas, derrame cerebral);
  b) o tabagismo ainda pode causar:
  - impotência sexual no homem;

---

[51] Disponível em: <www.inca.gov.br/tabagismo/>. Acesso em: 16 out. 2004.

INTRODUÇÃO AO ESTUDO DAS POLÍTICAS PÚBLICAS

- complicações na gravidez;
- aneurismas arteriais;
- úlcera do aparelho digestivo;
- infecções respiratórias;
- trombose vascular;
- as doenças cardiovasculares e o câncer são as principais causas de morte por doença no Brasil, sendo que o câncer de pulmão é a primeira causa de morte por câncer. As estimativas sobre a incidência e a mortalidade por câncer no Brasil, publicadas anualmente pelo Inca, apontaram que, em 2003, 22.085 pessoas deveriam adoecer de câncer de pulmão (15.165 entre homens e 6.920 entre mulheres), causando cerca de 16.230 mortes. Desse total de óbitos, 11.315 ocorreriam entre os homens e 4.915 entre as mulheres.

Um recente estudo apresenta o seguinte resumo:

Cinco milhões de fumantes morreram no ano 2000 no mundo, diz estudo[52]
Reuters

LONDRES — O fumo matou perto de 5 milhões de pessoas no mundo todo em 2000, sendo que os homens têm uma probabilidade três vezes maior do que as mulheres de sofrerem morte prematura, de acordo com um estudo publicado nesta quarta-feira pelo jornal *Tobacco Control* (Controle do Tabaco).

As principais causas de mortes relacionadas ao cigarro foram doenças cardiovasculares, que mataram mais de 1 milhão de pessoas no mundo industrializado e 670 mil nos países em desenvolvimento, disseram os autores do estudo. Depois vieram o câncer do pulmão, em países industrializados, e a obstrução crônica das vias respiratórias, que inclui doenças como bronquite, em países em desenvolvimento.

Mais da metade das mortes foi registrada entre fumantes com idades entre 30 e 69 anos, disseram os pesquisadores das universidades de Harvard e de Queensland.

A equipe usou análises estatísticas e pesquisou dados populacionais e de mortalidade em 14 regiões do mundo. Ela atribuiu o crescimento do hábito de fumar no mundo desde 1975 a uma em cada 10 mortes entre todos os adultos e quase uma em cinco entre homens.

O número de doenças relacionadas ao tabagismo foi similar entre países ricos e pobres, e a América do Norte teve o maior número de mortes entre fumantes no mundo industrializado, respondendo por cerca de 25% do total da mortalidade adulta.

---

[52] Disponível em: <http://oglobo.globo.com/online/plantao/147179525.asp>. Acesso em: 24 nov. 2004.